小学数学课堂教学

案例透视

斯苗儿 著

人民教育出版社

图书在版编目（CIP）数据

小学数学课堂教学案例透视/斯苗儿著. —北京：人民教育出版社，2003
（2021.12 重印）
　　ISBN 978-7-107-17167-3

　　Ⅰ. 小⋯　Ⅱ. 斯⋯　Ⅲ. 数学课—课堂教学—教案（教育）—小学　Ⅳ. G623.502

　　中国版本图书馆 CIP 数据核字（2003）第 101273 号

小学数学课堂教学　案例透视

出版发行	人民教育出版社
	（北京市海淀区中关村南大街 17 号院 1 号楼　邮编：100081）
网　　址	http://www.pep.com.cn
经　　销	全国新华书店
印　　刷	人民教育出版社印刷厂
版　　次	2003 年 12 月第 1 版
印　　次	2021 年 12 月第 7 次印刷
开　　本	890 毫米×1 240 毫米　1/32
印　　张	14
字　　数	353 千字
印　　数	26 001～28 000 册
定　　价	23.70 元

版权所有·未经许可不得采用任何方式擅自复制或使用本产品任何部分·违者必究
如发现内容质量问题、印装质量问题，请与本社联系。电话：400-810-5788

写在前面的话

"优化课堂教学过程,提高课堂教学效率"是一个老课题,但不同的时代应赋予不同的内涵。在全面推进素质教育的今天,如果问及什么是素质教育?怎样实施素质教育?几乎每一位教师都可以流利地回答:面向全体学生,使他们在德、智、体等诸方面得到发展,注重创新精神和实践能力的培养。课堂教学是落实素质教育的主渠道,学生是课堂学习的主人,教师的教要为学生的学服务……但广大教师恰恰对备课、上课和评课这些日常的工作感到茫然,在课堂实践中常常面临这样的困惑:老教材能体现新理念吗?如何体现开放?研究性学习是怎么回事?怎样发挥学生主体的作用?如何提供丰富的现实背景?怎样培养学生的应用意识?教师究竟该扮演怎样的角色?黑板还要不要?应用题的基本数量关系怎么办?如何体现算法多样化?……说明"怎样的课是一节好课"和"怎样才能上好一节课"仍然是他们最为关心而又把握不定的问题。于是,在课堂上,就难免看到一些与素质教育要求相违背的做法。

为此,近几年来我们围绕课堂教学改革中的一些热点和难点问题进行了一些研究和探索,从认识到实践都积累了一些经验和体会,不少研究成果已在中国教育学会小学数学教学专业委员会会刊《小学数学教育》上发表,尤其是2001年以来,该刊开辟了"案例透视"专栏,本人撰写的一些片段与评析进行了连载,引起了广大教师的热切关注。本书的内容就是在此基础上加以系统整理的,我们想借此机会对自己的工作做一个总结和提升,以期引起更多的专家和教师对课堂教学研究的关注,

写在前面的话

从而让我们的研究更为深入和持久。

本书分上、下两篇。上篇，主要陈述对课堂教学的一些基本理念和想法。力图站在"以学生发展为本"的高度，从"以学论教"的角度着重与大家讨论两个问题，一是怎样评价一节课，二是怎样备好一节课。下篇，围绕"怎样上好一节课"，就广大教师在课堂教学改革中所面临的种种困惑，用大量的课堂教学案例，分专题依据教学设计的一般原理和方法进行剖析，力求反思自己的日常教学行为，感悟什么样的行为能促进学生的发展，什么样的教学行为不能促进学生的发展，甚至有碍学生的发展；从而不断地改进和规范自己的课堂教学行为，哪怕是一句课堂教学用语。

我们没有把握说，这本书能解决广大教师在课堂实践中面临的所有问题。但可以肯定地告诉您，这是一本实实在在的书。作为一名小学数学教研员，自然多了一份作为旁观者去感悟课堂的责任，常常为教师们大胆的改革意识和创新意识所感动，也不断地为课堂上出现的"败笔"感到遗憾和愧惜。于是，厚厚的一叠听课笔记便成了自己研究教学的宝贵财富，书中展现在大家面前的就是从这些听课笔记中提炼出来的、发生在日常教学中的生动的具体的事件，既有完整的典型课例的实践与反思，也有片段的摘录与评析。一个个典型的课例都来自于我们对课堂的潜心探索和实践，都曾在每一位执教教师的教学生涯中有过里程碑的意义。片段尽管短小，但如果能用心感悟，不管是成功的，还是失败的，都能给您以启迪。笔者的体会与思考，虽说不上是真知灼见，但也不乏冷静和理性的思考。

为此，借本书即将出版之际，感谢一如既往地关心与支持我工作的、在一线默默耕耘的老师们！也感谢在成长过程中给予我热情帮助的领导、同事和朋友们！

在本书的撰写过程中，得到了全国小学数学教学专业委员会理事长张卫国编审、副理事长周玉仁教授、著名特级教师郑俊选老师，以及浙江大学王权教授、盛群力教授等专家的热情鼓励和悉心指导，在此表示衷心的感谢！

最后特别要表示敬意和感谢的是全国小学数学专业委员会张卫国理事长、《小学数学教育》编辑部的贾振东老师和人民教育出版社的卢江、杨刚老师，他们从本书的策划到编辑出版倾注了大量的心血，并作了字斟句酌的修改。

由于成书时间仓促，加上笔者水平有限，书中有不少观点和做法还不甚成熟，敬请广大读者批评指正。

斯苗儿
2003 年 9 月于杭州

◆ 序 ◆

斯苗儿同志在杭州大学教育系学校教育专业毕业后，当了几年小学数学教师，然后又分别担任区、省教研员从事小学数学教研工作。由于有了几年教学实践，对课堂教学有特别浓厚的兴趣，十几年来结合自身的工作听了几百节课。她比较注意积累和思考，听课时作了详细的记录，课后还有自己的反思和感悟。十几年来高达尺许的笔记成了她"研究教学的宝贵财富"。古人说"厚积而薄发"，"厚积"以后必须经过整理、归纳、思索、探讨、研究后，才能有收获、有成果，只有这样才有可能发展成为一种观点或思想方法。本书作者的"冷静和理性的思考"也可以称之为一种观点和思想方法。

什么样的课是一节好课？怎样评价一节课？如何把握教学的起点？如何体现开放？如何呵护学生的创新意识？研究性学习是怎么回事？怎样组织小组合作学习？如何引导学生的操作活动中学习数学？如何让学生体验数学知识的产生和发展过程？计算课该如何上"活"？如何体现算法多样化？应用题的基本数量关系怎么办？黑板还要不要？……这一系列当前小学数学课堂教学中令人困惑的热点和难点问题，本书都通过具体的教学片段或典型课例予以展示，并有作者的"评析"、"体会和思考"。正如作者所说，这些"评析"、"体会和思考""虽说不上是真知灼见，但也不乏冷静和理性的思考"。只有"冷静和理性的思考"才能面对"时髦"、"前卫"的潮流和热闹的炒作保持清醒的头脑，能客观地正视事物的过去、当前的态势或未来将要发生情况和变化。

每个人的一生所拥有的时间都相差不多，但是所做工作的数量和业绩相差就比较悬殊。这涉及到一个人做事是否有恒心和勤奋的

· 1 ·

序

程度如何。有一个成语叫"天道酬勤",意思就是要勤学,即"博学以文",勤看、勤听、勤记,即"多闻,择其善者而从之,多见而识之;知之次也",要"视思明"并"听思聪",勤问,即"疑思问"和"敏而好学,不耻下问"。一个人如能这样,不管做什么工作都能充分发挥其潜能,能全面而深刻地观察、理解现实,看出事物的一些本质特征。这样,做学问、干事业也才能有所成就。本书的教学片段和典型课例在小学数学课堂教学中还是比较常见的,作者通过听课的详细记录,并进行思考与探索,能够觉察到其中别人所没有觉察到的观点和思想。把它们表述出来,成了别人似乎都没有说过的道理。所谓创造性或独创性并非因为一定是创造出了什么新东西,而仅仅因为能发现或说出一些好像过去没有发现的问题或观点和思想。

这些读后的感触和感想权以充作本书之序。

张卫国
2003 年 10 月于北京

目　　录

序 …………………………………………………………… 1

上篇　基本理念

一、怎样评价一节课 ………………………………………… 2
　（一）怎样的课是一节好课 ……………………………… 3
　（二）怎样评价一节课 …………………………………… 6
　（三）课堂教学评价应注意的几个问题 ………………… 16

二、怎样备好一节课 ………………………………………… 19
　（一）课堂教学设计的现状 ……………………………… 19
　（二）课堂教学设计需要重新确立的理念 ……………… 22
　（三）课堂教学设计应遵循的原则 ……………………… 25
　（四）课堂教学设计的主要策略 ………………………… 27

下篇　案例透视

一、教学片段的摘录与评析 ………………………………… 42
　（一）从课堂教学用语看师生关系的新变化 …………… 42
　（二）怎样营造学生喜欢的氛围 ………………………… 53
　　　　——听钱金铎老师执教的两节课有感
　（三）如何呵护孩子们的创新意识 ……………………… 62
　（四）怎样把握教学的起点 ……………………………… 71

目　录

（五）怎样组织小组合作学习……………………………82
　　　——从蒋莉老师执教的"两位数加一位数的进位
　　　加法"谈起
（六）如何让学生感悟"无限"……………………………92
（七）如何引导学生在操作活动中学习数学……………101
（八）如何让学生体验数学知识的产生和形成过程……113
（九）如何体现"小课堂、大社会"……………………128
（十）如何用好开放题……………………………………143
（十一）教学需要怎样的情境……………………………154
（十二）黑板还需要吗……………………………………166
　　　——从计算机辅助教学引起的尴尬谈起
（十三）"老"教材如何体现新理念………………………176
（十四）计算课该如何上"活"……………………………192
（十五）应用题该如何上出"应用味"……………………205
　　　——"较复杂的分数（百分数）应用题"教学
　　　比较
（十六）教学要关注学生的生活经验……………………214
　　　——从"时、分的认识"的教学谈起
（十七）怎样扩大学生探索的空间………………………222
　　　——有感于"三角形的面积计算公式的推导"
（十八）好课可以有不同的教法…………………………231
　　　——"分数的意义"教学方案三则
（十九）不要被教材束缚了手脚…………………………255
　　　——听"有趣的图形"一课有感
（二十）计算教学面临的困惑……………………………262
　　　——从"两位数加减两位数"的教学谈起
（二十一）返璞归真：让数学课具有"数学味"…………272
　　　——记"认识人民币"一课的两次教学

（二十二）课堂常规：在自由与限制中把握分寸 …… 285
　　——从课堂上遭遇的尴尬场景谈起

二、典型课例的实践与思考 ………………………………… 294
　（一）圆柱和球 ……………………………………… 294
　（二）直线、线段和射线 …………………………… 304
　（三）长方形和正方形的周长 ……………………… 309
　（四）平均数 ………………………………………… 317
　（五）分数的意义 …………………………………… 329
　（六）质数与合数 …………………………………… 338
　（七）真分数与假分数 ……………………………… 342
　（八）能被2、3、5整除的数的特征 ……………… 347
　（九）万以内数的大小比较 ………………………… 356
　（十）多位数的读法 ………………………………… 365
　（十一）一个因数是一位数的进位乘法 …………… 372
　（十二）除数是一位数的笔算除法 ………………… 382
　（十三）除数是小数的除法 ………………………… 389
　（十四）利息的计算 ………………………………… 399
　（十五）百分数的应用 ……………………………… 410
　（十六）列方程解应用题 …………………………… 421
　（十七）百分数的综合应用 ………………………… 426

主要参考文献 ……………………………………………… 434

上篇 基本理念

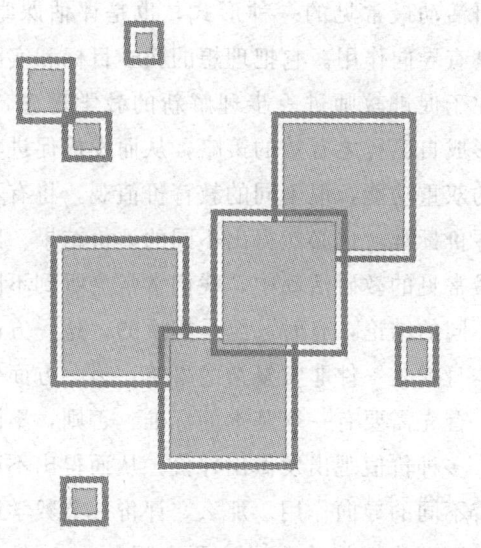

一、怎样评价一节课

——对当前小学数学课堂教学评价的几点思考

课堂教学评价，通俗地讲，就是听课、评课。听课、评课是学校教研活动最常见的一种形式，也是评估课堂教学质量的重要手段，具有导向作用。它把理想的教学目标和实际教学进行比较，其目的在于促进教师进一步理解新的教学理念，反思自己的教学行为，形成自己行之有效的策略，从而发挥促进学生发展和教师专业成长的双重功能，但不同的教育价值观，将有不同的评价标准；不同的评价标准，也必然得出不同的评价结果。因此，在听课、评课这些最常见的教研活动中，我们常常会听到不同的教师对同一节课作出不同的结论，有时甚至是相反的。这一方面说明衡量一节课的优劣本身就是一件非常复杂的事情，另一方面也说明评价一节课的好坏，首先需要有一个基本的标准，否则，不同的人就可以从多种角度、多种价值观出发做出评价，从而得出不同的结论，对教学实践起着不同的导向作用。那么，评价一节数学课最基本的标准是什么呢？下面我们就着重讨论两个问题，一是"怎样的课是一节好课"，二是"怎样评价一节课"。

（一）怎样的课是一节好课

　　许多学者、教学研究人员和教师结合教学改革实验或教学实践对这一问题进行了研究，提出了各自不同的看法。有人认为：观念新、基础实、思维活的课是一节好课。也有人认为：目标明确、层次清楚、方法妥当、效果良好的课是一节好课。还有人认为：能关注学生主动参与、让学生受益一生的课是一节好课……这些其实都从不同的侧面概括了好课应具有的一些特征。我们认为：好课首先应该具有鲜明的时代特征，体现时代对课堂教学的要求。因为任何时期我们都可以从教学目标、教学内容、教学过程、教学方法、教学手段、教学效果、教师素质等方面去评价一节课，但什么样的目标、什么样的过程……不同的时代会赋予不同的内涵。如过去我们信奉"知识就是力量"，拥有知识的多少就成了衡量人才的主要标准。于是，传授知识的多少就成了衡量一节课优劣的主要指标。而现在已进入了信息时代，科学知识突飞猛进，学校教育给予的知识已不足以供学生享受终生，学生可持续发展的能力显得尤为重要，显然就不能简单地把知识传授作为课堂教学的主要任务和目的，而应着眼于素质教育对人才培养的要求，把是否落实素质教育的要求作为衡量一节课优劣的最根本的准则。本书后面所提供的一些对比案例有力地证明了这一点。因此，按照时代要求，一节好的数学课从促进学生发展的角度来看就应该具有以下几个基本的特征：

1. 能着眼于学生全面素质的提高。

　　随着时代的发展，数学教育的价值观也发生了深刻的变化，数学教育已从以获取知识为首要目标转变为首先关注人的发展。国家《全日制义务教育数学课程标准（实验稿）》（以下简称为《数学课程标准》）明确了数学教学的总体目标是："通过义务教育阶段的数学学习,学生能够:"获得适应未来社会生活和进一步发展所必需的重要数学知识(包括数学事实、数学活动经验)以及基本的数学思想方法和必要的应用技能;初步学会运用数学的思维方式去观察、分析现实社会,去解决日常生活中和其他学科学习中的问题,增强应用数学的意识;体会数学与自然及人类社会的密切联系,了解数学的价值,增进对数学的理解和应用数学的信心;具有初步的创新精神和实践能力,在情感态度和一般能力方面都得到充分发展。"从这一总体目标中,我们可以清晰地看到:数学教学已不再是以"传授数学知识"为中心了,而是更加关注在数学教学的过程中学生思维方式的变化、问题解决能力的培养和良好的情感和态度的形成等等。与之相应的课堂教学评价就必须着眼于学生全面素质的提高,不仅要关注学生基础知识和基本技能的掌握,还要关注他们的数学能力、情感、态度和价值观等方面的进步和发展。

2. 能关注每一个学生的发展。

受教育机会平等是国家用法律规定的一项基本教育原则,也只有这样,才能提高整个中华民族的素质。"义务教育阶段的数学课程应体现基础性、普及性和发展性,使数学教育面向全体学生。"这是《数学课程标准》强调的基本理念之一。课堂作为学生学习的主要场所,同样要体现享受教育的平等,面向全体学生。面向全体,就必须关注每一个学生的发展,让人人学有所获,但学生的个体差异客观存在,如果让他们接受同一种模式的教育,显然就不符合教育平等的原则。教师必须对每个学生负责,在课堂教学中承认差异实行因材施教,使所有学生都具备必要的数学素养,努力使每个学生都得到对他们现有水平来说是最大可能的发展。这就意味着不仅要致力于绝大多数中等水平的学生,还要使那些在数学方面学有余力的学生脱颖而出,学习有困难的学生学有所得,达到基本要求。

3. 能让学生主动积极地参与。

课堂教学要关注学生的主动参与。这是因为,在教育过程中,学习是学生主动建构的过程，学生主体是唯一的内因，尽管教师起着主导作用，但属于外因，外因必须通过内因起作用。没有学生的积极参与，任何教育均不可能产生什么效果，学生主动积极地参与的程度如何，就直接影响到课堂教学效率的高低。在课堂教学中，教师只有始终把学生当作主体对待，有鲜明的主体意识，才能使他们积极地接受教育；只有在激活学生思维的"深"度上下功夫，让学生通过自身的分析、综合、比较、抽象和概括内化为自己的知识，主动获取知识；在调动学生主动性的"广"度上下功夫，使每一个学生都积极地参与到知识的形成过程之中，做到全体学生的共同提高，才能真正发挥学生的主体作用，调动学生的主体积极性，进而培养学生自主学习能力和自我发展能力。因此，应把课堂上教师是否重视学生学习的主动性和积极性作为课堂教学评价的重要指标。

4. 能注重创新精神和实践能力的培养。

时代呼唤创造型的人才，创造型的人才的培养有赖于教育。数学课堂教学不仅要提高学生的基本数学素养，而且要培养学生的创新意识和实践能力。为此，教师必须注重培养学生的批判意识和怀疑意识，要鼓励学生对书本的质疑和对教师的超越，赞赏学生独特性和富有个性化的理解和表达。积极引导学生从事数学实验活动和实践活动，培养学生乐于动手、勤于实践的意识和习惯，切实提高学生的动手能力、实践能力。因此，课堂上教师是否能活跃课堂的研讨氛围，让学生敢于质疑问难，以及对于学生的创新意识是否呵护、如何呵护等，都应成为新时期课堂教学评价的重要内容。

（二）怎样评价一节课

怎样评价一节课？这牵涉到课堂研究的方式与方法。从目前这一方面的研究成果来看，一般采用定性描述和定量分析相结合的方法。大多是从教学目标、教学内容、教学过程和方法、教师素质、教学效果和教学特色等方面制定评价指标，再把这些评价指标分解为若干可观察的评价项目，每个项目赋予权重。但在实际操作过程中，由于课堂教学本身的复杂性，有许多评价项目很难精确地加以量化，再加上课堂研究的技术还较为初步，即使进行定量分析，给出的分数也只能是粗略的、相对的。简单的量化也较难反映事物的客观本质。事实上，大量的听课和评课活动是日常的教研活动，以研讨和交流为目的，课堂教学评价往往采用定性分析的方式，在听课结束后，对照一定的标准分析这节课的优点和不足，提出进一步的改进办法，从而把握学科教学改革的方向。下面我们仅从定性分析的角度加以探讨。

1. 确立"以学生发展为本"的课堂教学评价的总体思路。

课堂上学生是学习的主体，教师的教应该为学生的学服务，教师教的效果要体现为学生学的效果。因此，我们评价一节课应从学生全面发展的需要出发，围绕"在课堂上学生能否进行积极有效的学习"展开，学生在课堂上的表现应成为课堂教学评价的主要内容。不仅包括学生在课堂上学了什么，还应包括学生是怎么学的。如他们在师生互动、自主学习、同伴合作中的行为表现、参与热情、情感体验和探究、思考过程，自我监控与反思的意识和能力等等。通过了解学生在课堂上如何讨论、如何交流、如何合作、如何思考、如何获得结论等等行为表现，以促进教师转变观念，改进教学，更好地体现"以学生发展为本"的课堂教学理念，从而进一步发挥教学评价的作用。

值得注意的是，我们强调对学生"学"的评价，并没有忽视对教师"教"的评价，而是想强调对教师"教"的评价也要围绕学生的"学"而展开。对教师"教"的评价不仅要关注教师的言语表达是否流畅、板书设计是否合理等，还要关注教师的教是否为学生提供了有利于学习的心理氛围、是否注重学生主体作用的发挥、是否注重学生思维和能力的发展、是否引发了学生积极的情感体验、是否引导学生进行自主学习、是否注重学生学习策略的引导等。

2. 积极倡导改革意识。

要在课堂教学中落实素质教育，真正发挥主渠道的作用，转变观念是前提，因为教育现代化的核心是观念的现代化，尤其是教育价值观的现代化。但观念的转变需要有一个过程，要把观念转化为课堂教学行为恐怕需要更长的过程。因此，就目前的课堂教学现状来看，从认识到实践教师都面临着种种的问题和困惑，我们认为，课堂教学评价应从教学改革的走向上加以把握，积极倡导改革意识，鼓励教师做大胆的探索和尝试。

（1）整体意识。

用系统论的观点来看，一节课是一个整体，一门学科是一个整体，在小学阶段的各门学科又构成了一个整体教学内容，共同担负着提高学生素质的任务，如学生良好的精神品格的培养，学习能力的培养和提高等，决不是某一门学科单独所能完成的。就这一点而言，教师必须淡化学科的个性，注重学科间的整合，注意各门学科之间的相互渗透和沟通。为此，要在课堂中培养学生的全面素质，在教学目标的制定和把握上就必须跳出认知技能的框框，注重目标的整体性和全面性。

（2）应用意识。

数学是一门应用性很强的学科，数学的应用也已渗透到社会的方方面面。但在实际的课堂教学中，很少讲知识的来源和实际运用，学生的应用意识淡薄。我们曾在一次毕业班的教育质量调查卷中出了这样一题：一种大米每 500 克售价 1.48 元，张大妈买 20 千克这种大米，要付多少钱？被抽测的1900名毕业生，此题的答对率为 78%，低于全卷答对率（全卷答对率为 85%）。错误的答案五花八门，有 0.0592 元、0.000592 元、1480000 元、770.4 元、481.48 元、521.48 元、370000 元等。出现这些错误，除了学生对该题的数量关系不清以外，还在于这些学生对"0.000592元，370000元，148000元，0.0592元……"究竟是多少钱，缺乏思考，数学应用意识淡薄，学生头脑中的数学知识与实际生活全然脱节。

可见，在课堂教学中必须积极倡导应用意识，要求教师根据教育目标，遵循学生的认知规律，有目的地培养一种应用数学的欲望和意识，尽可能地让学生了解数学知识来源于生产和生活实践，参与知识的形成过程。特别强调数学在实际中的应用，培养学生自觉运用数学知识解决实际问题的能力。

（3）创新意识。

要培养学生的创新意识，教师首先应该具有创新意识。面对发展中的教育对象和随时可能出现的教育问题，课堂教学没有一成不变的公式可以套用，每一节课都需要教师独立思考，勇于创新。而从小学数学教学设计现状来看，尽管许多教师有较强的敬业精神和钻研精神，但无论在教学的模式还是在教学方法上都是"继承多于创造"，也很少有自己的教学风格。但改革本身就意味着创新，没有创新，就谈不上改革。教师的教学创新能力是影响素质教育落实的重要因素。所以，我们认为在课堂教学评价中要积极倡导教师的创新意识，鼓励他们在教学研究上作积极的尝试和探索，不断地超越已有的教学经验，超越已有的模式。但创新不等于"标新立异"。

（4）超前意识。

教育是今天播种，明天开花结果的事业，教育为未来服务是人们的共识。一个现代的教师不应拿昨天的经验来禁锢自己，紧跟时代,勇于开拓,与时俱进。即使是一节课,也必须把准教育改革的方向,着眼于未来。课堂教学评价必须用发展的眼光来思考:今天是一节好课,明天还是不是?今年是一节好课,明年甚至几年以后还是不是?要积极倡导超前意识,使课堂教学中所反映的教学思想能站在时代的前沿。

(5) 主体意识和服务意识。

教学是一种涉及教师与学生双方的活动过程,教师和学生各自扮演着不同的角色,学生是数学学习的主人,教师是数学学习的组织者、引导者和合作者。教师必须充分认识到:课堂是学生学习的场所,但不是学习的惟一场所,学生的学习渠道已日益拓宽;学习活动离不开学生的主动性和积极性,他们在从事学习活动之前,都或多或少会有自己的经验积累。作为教师,要有鲜明的主体意识和服务意识,在课堂上需要时时关注学生的学习基础、学习方式和学习困难,关注在40分钟里他们的变化和发展,工作的着力点应该是组织好学生的学习活动,根据学生的情况,适时地给予点拨和指导。

(6) 效率意识和训练意识。

优化课堂教学过程的最终目的是为了提高课堂教学的效率。教师在课堂教学中,要充分利用教学时间,着意提高教学效率,做到省时低耗、优质高效。一方面,一节课只有40分钟,要完成教学目标,又要使每个学生在原有基础上都有新的收获,就必须具有效率意识。教师必须注意尽量发挥单位时间的最大效益,使教学活动紧凑严密。依据学生的学习心理特点,合理安排教学时间。另一方面,对于数学课来说,无论概念、定义、法则的形成,必要的计算技能的巩固,解题策略的运用都离不开一定数量的练习,所以要真正提高课堂教学效率,教师必须有训练意识,提供足够的练习时间和练习量。

3. 认真观测从意识到行为的具体策略。

意识总要通过具体的教学行为来体现。在课堂教学评价中，要认真观测教师把这些意识转化为教学行为所采用的策略，看它们是否合适，是否有效。在课堂上，教师始终处于两难境地，如既要因材施教，又要面向全体；既要继承传统，又要开拓创新；既要教师主导，又要学生主体等等，所以能否正确处理课堂教学中的种种关系是衡量课堂教学成功与失败的重要标志。

（1）正确处理好继承与创新的关系，要求具有敢于创新的意识和大胆尝试的精神。

随着时代的变迁，社会的进步，先进的教育观念逐步深入人心；教学方法和手段的不断更新，人们对传统的东西将更多地投以审视的目光，企图摆脱传统的羁绊，而有所创新，有所发展。但任何教育的改革都不可能超越时代的需要，课堂教学的改革往往与教育教学理论和学习理论的研究息息相关。如信息时代的到来，终身教育的主张便应运而生；建构主义理论和多元智力理论的形成和发展，使学生学习的主动性和差异性得到了空前的重视。为此，我们在着手课堂教学改革时，要充分地认识到教学观念的更新和教学策略的变换并不意味着割断历史，做简单的相互替代，必须从历史的、辩证的角度、用发展的眼光来看待问题。我国是一个具有数千年文明的国家，有丰富的小学数学教学实践和改革的经验。其中，既有反映小学数学的教学规律、至今仍有生命力的精华。譬如：注意以旧引新，寻找新旧知识的关联和生长点；教师系统传授教材内容，精心处理重点、难点；精心组织练习，小步快进，当堂反馈校正，力求把问题解决在课内……因此，我们在教学内容、教学模式和教学方法等方面做大胆的尝试的同时，我们还应十分重视对于前人科学成果的继承，在继承、反思我国传统教学优点与不足的基础上，扬长避短，充分挖掘我们这个文明古国的"土特产"，以科学、审慎的态度来分析批判以往国内外小学数学教学中失败的教训，处理好继承与创新的关系。

主要观测：

①教学思想有没有站在时代的前沿？

②在教学设计上有没有新的思路？在课堂教学模式上有没有新的探索，新的尝试？

（2）正确处理好主体与主导的关系，要求做到服务与指导相结合，教师"教不越位"，学生"学习到位"。

在教学过程中，学生是学习的主体。为此，教师不仅考虑到教师怎样教，而且考虑到学生怎样学，使教学真正从学生的学出发，能依据教学大纲的要求，围绕教材的重点、难点，有的放矢地进行教学设计。特别是能顺着学生的思路来设计教学过程，不回避问题，随时根据学生学的情况调整教学，加强提问的启发性。值得注意的是：尽管现代教育倡导建立平等、合作的师生关系，尽管教师作为知识传递者或学生信息来源的身份，在信息网络时代，会逐步地淡化，但这种平等和合作更多地体现在教师和学生人格上，在学生的学习活动中教师仍然起主导作用，只是教师发挥主导作用的方式方法需要发生变化。因为教学过程是教师有目的、有计划地组织学生进行的活动，从教学起点的把握、教学目标的制定、教学策略的选择和学习效果的评估等都需要教师去把握。教师作为组织者、引导者和参与者，自然也包括了讲解、讲述、指导、辅导，以及释疑问难、激励评价等等。课堂教学改革的实践也已证明，教师的主导作用与学生的主体作用的有机统一，才能获得最佳教学效果。教师就需要处理好主体与主导的关系，力求服务与指导相结合。要为学生多创造一点思考的时间，多一点活动的余地，多一点表现自我的机会，多一点体尝成功的愉快。

主要观测：

①制定的教学目标是否具体、明确、恰当？

②是否重视充分暴露学生的思维过程，鼓励质疑问难？

③是否及时收集反馈信息，调整教学过程？

④是否尊重学生原有的生活经验和知识基础，能充分估计教学的起点，找准教学难点？

(3) 正确处理好多数与少数的关系，力求面向全体学生。

教师必须按照社会要求，按照国家与上级规定的教学计划、课程标准或教学大纲去组织学生的学习活动，必须让学生在规定的期限内学会某些知识、形成某种技能、掌握某些本领，一般来说，这些都是符合人们认识规律与儿童身心发展特点的，也是于大多数儿童的成长有益的。但是，这种统一的规定性要求，不可能完全适合于每个儿童，况且学生自身素质及其所生活的环境的差异客观存在。而素质教育要求面向全体学生，每个学生都在原有基础上得到最大可能的发展。可见，普遍要求与个别差异之间不可避免地会产生矛盾。这一矛盾在中国目前的教育条件下，还可能会长期困扰实际的课堂教学。要解决这一矛盾，教师在班级授课制的条件下，让更多的人实现有效学习的关键是处理好统一要求与个体需要之间的关系，积极针对差异采取一些因人施教的策略，能尽可能让全体学生都参与教学过程，力求面向全体学生。

主要观测：

①是否力求改变单一的课堂交往形式，建立多向的师生、生生课堂交往形式？如采用小组讨论，同桌合作的策略。

②是否注重练习的层次性，设计一些"上不封顶，下要保底"的开放题？

③是否给每个学生都有充分表现自我的机会，特别是对学习有困难的学生？

(4) 正确处理好学与用的关系，注重学用结合。

"初步学会应用所学的数学知识和方法，解决简单的实际问题"是小学数学的教学目标之一。一方面，课本中有许多知识的教学都有利于培养学生的应用意识，特别是几何知识和一些应用题的学习，都是从实际出发，经过分析整理编成数学问题的。另一方面，数学知识来源于生活实践，由于课本的容量有限，使得许多学生熟悉的喜闻乐见的生活事例未能进入课本，教师就必须处理好学与用的关系，注重学用结合，使学生初步理解和认识数学知识的发生和发展过程，进一步认识和体会数学知识的重要用途，增强应用意识。

主要观测：
①是否充分挖掘教材中蕴涵的因素？
②是否注意用生活中的情景和数据编制数学问题？
③是否创造机会，让学生用所学的知识来解决简单的实际问题？

（5）正确处理好手段与目的的关系，注重实效。

小学数学教学手段现代化是教育现代化的重要组成部分。随着科学技术的发展，幻灯机、投影仪、录音机、电视机、录放像机和计算机等现代化的电教设备，在课堂教学中，越来越得到广泛的应用。特别是计算机辅助教学，它能集图、声、色、文于一体，直观、形象、动态地展示知识的形成过程，激发学生的兴趣，加大课堂教学密度等。但这里有几个问题值得注意：一是教学手段毕竟是为完成教学目的服务的。它受到学校的电教设备、教师应用现代教育技术能力和教学内容等因素的制约。况且，传统的教学手段并不代表传统的教学思想；相反，现代化的教学手段也并不意味着现代化的教学思想。二是现代化教学手段的运用绝不排斥其他教具、学具的使用；相反，各种教学手段的密切配合才能发挥更大的作用。这就要求教师必须处理好手段与目的的关系，注重实效。

主要观测：
①是否注重多种手段的优化组合？
②多媒体的使用是否恰到好处，真正起到突破难点的作用？

（6）正确处理好基础与发展的关系，着眼于全面素质的落实。

学生在课堂上除了接受知识，还带着自身的情感、动机、需要等一并投入了课堂，他们是一个个活生生的个体。在课堂上，他们除了与教师交往以外，还有与同伴之间的相互交往。因此，学生的课堂学习远不只是学习知识，掌握基础知识和基本技能，还要学会数学思考，提高自己的数学能力、学习审美情操、发展个性等。他们是把整个生命投入课堂的，这就要求教师能立足于生命的高度来看待课堂教学，要把学生良好的意志品格、群体工作合作能力、行为习惯及交往意识与能力等的培养也作为教学目标，并贯穿于整个教学过程，处理好基础与发展的关系，着眼于全面素质的培养和提高。但这并不是说可以削弱基础知识和基本技能的培养，而是要求把数学思考和问题解决的能力、情感和价值观的培养与具体知识的教学结合起来，数学能力与数学知识和技能密切相关，一个数学知识贫乏的人不可能表现出良好的数学能力。因此，我们说数学知识和技能是数学能力的基础。

主要观测：

①基础知识和基本技能是否扎实掌握？

②是否注意营造生动、活泼、主动、和谐的课堂气氛？

③是否有意改变学生被动、单一的学习方式？

④是否能适时适宜培养学生良好的个性心理品质？

(7) 正确处理好尊重教材与灵活处理教材的关系，做到源于教材，又不拘泥于教材。

教材是落实教学大纲，实现教学计划的重要载体，也是教师进行课堂教学的主要依据。但教材内容和教学内容并不是等值对应。因为教学内容来自于师生对课程内容与教材内容及教学实际的综合加工，不仅包括教材内容，而且还包括了师生在教学过程中的实际活动的全部，教材内容只不过是教学内容的重要成分。况且，教材本身还有一个不断完善的过程。教材写的一课时、两课时是为了方便教师教学，只是一种参考，不是神圣不可侵犯的。因此，教师必须充分发挥自身的创造性，把学生作为教学的基本出发点重新处理教材，做到尊重教材与灵活处理教材相结合，确定符合实际的内容范围和难度要求。每一节课都应当具有针对性，没有一个适合任何学生的教材和教案，教师在设计一节课具体的课时，实际上就从事着一项创造性的活动。

主要观测：

①是否改变呈现方式？

②是否适时调换例题和习题？

③是否充分挖掘教材中蕴涵的数学思想方法？

(8) 处理好过程与结果的关系，既重过程，又重结果。

结论与过程的关系是教学过程面对的一对十分重要的关系。从教学角度来讲，所谓教学的结论，即教学所要达到的目的或需获得的结果；所谓教学的过程，即达到教学目的或获得所需结论而必须经历的必要程序。教学的重要目的之一，就是使学生理解和掌握具有统一性的正确结论，所以必须重结论，重过程的目的是为了获得更好更多的结果，而不是不要结果。但是，如果不经过学生一系列的质疑、判断、比较、选择，以及相应的分析、综合、概括等多样化的过程，即如果没有求异的思维过程和多样化的认知方式，没有多种观点的碰撞、争论和比较，具有统一性的结论就难以获得，也难以真正理解和巩固。更重要的是，没有以多样性、丰富性为前提的教学过程，学生的创新精神和创新思维就不可能培养起来。所以，必须重结果，又重过程。所以在教学中，我们强调过程，强调学生探索新知的经历和获得新知的体验，但绝不是不要结果。

主要观测：

①是否鼓励算法多样化？

②是否给学生提供自主探索的机会？

③是否组织评价和交流？

（三）课堂教学评价应注意的几个问题

课堂教学评价一直是教师评价中的重要组成部分，从促进教师专业成长的角度，我们尤其关注课堂教学评价对教师教学监控能力的影响。教学监控能力是指教师为了保证教学的成功、达到预期的教学目标，而在教学的全过程中，将教学活动本身作为意识的对象，不断地对其进行积极、主动的计划、检查、评价、反馈和调节的能力。这种能力主要分为三个方面：一是教师对自己教学活动事先设计和安排；二是教师对自己实际教学活动进行有意识的监察、评价和反馈；三是教师对自己的教学活动进行调节、校正和有意识的自我控制。它不仅对教师的教学活动有着重要的影响，而且通过其教学活动影响学生的能力发展和学业的提高，是当代教师应具有的核心素质。教师的教学监控能力的发展可以划分为四个水平，即前监控水平、被动监控水平、主动监控水平和自动化监控水平。每一种水平都代表了教师的一种组织教学的经验的形式。监控能力的发展总体上呈现出这样的发展趋势：从不自觉经自觉达到自动化，从他控到自控，敏感性逐渐加强，迁移性逐渐提高。而课堂教学评价能够促进教师教学监控能力的发展。所以我们认为，在进行课堂教学评价时必须十分尊重教师的主体地位，必须注意以下几个问题：

1. 坚持以鼓励为主。

一节课不可能尽善尽美，也不可能一无是处。我们在评价的时候，重点要关注教师新的教育理念的体现，积极倡导改革意识，热情鼓励教师对课堂教学改革投入更大的热情，大胆实践，积极探索，而不在某些细节上精雕细刻，过分追求教学环节上的天衣无缝，允许教师在探索的过程中走一些弯路，甚至有一点失败。其实"完美无缺"的课过去没有，现在没有，将来也不可能有。

2. 注重教师的自我评价。

评价的指导思想不是为了鉴定和选拔，而是为了改进或形成教学策略，为教师改进教学提供依据，促进教师自身的专业成长，而不是给教师分成三六九等。注重教师的自我评价，目的是让他们逐步养成自我评价的习惯和意识，逐步摆脱专家、领导、同事等评价的被动依赖，通过自己的分析与反思，找出不足，不断改进，从而实现由经验型教师向学者型教师的转变。

3. 注意评价的动态性。

一个教师的课堂教学，往往都经历着一个由初识——摸索——成熟——发展——提高的发展过程。在这个过程中，实践——评价——反思——实践——发展又往往是伴随在一起的，不断地评价是促使教师提高课堂教学水平的重要手段。但不能以一节课就把一个教师的教学能力盖棺定论。

附：

小学数学课堂教学评价参考

	评议内容	评议意见
整体意识和应用意识	1. 教学目标的整体性和全面性。	
	2. 注重学用结合。	
	3. 注意学科之间的相互渗透。	
创新意识和超前意识	1. 能创造性运用教材，优化内容。	
	2. 在教学策略上有新的举措。	
主体意识和服务意识	1. 能充分估计教学的起点，把握重点，找准难点。	
	2. 重视学生获取知识的过程，暴露思维过程。	
	3. 能鼓励学生质疑问难。	
	4. 重视反馈，及时调整教学过程。	
	5. 注重学习能力的培养，注重学法指导。	
	6. 善于创设一个轻松愉快的课堂气氛。	

续表

评议内容		评议意见
效率意识和训练意识	1. 能面向全体，提高单位时间的受益面，采用小组讨论，同桌合作等。	
	2. 善于理清知识间的内在联系，教学环节流畅，注重一题多用。	
	3. 有一定的练习时间和练习量。	
	4. 教学手段的运用能注重实效。	
	5. 能把握最佳的教学时机，时间分配合理。	
教师素质	1. 有良好的基本功，如：板书，口头表达能力，驾驭现代教育技术的能力等。	
	2. 有丰厚的数学功底，课堂用语规范，科学。能充分挖掘教材中蕴涵的数学思想方法等。	
	3. 有自觉监控课堂的能力。	
总体评价		

二、怎样备好一节课
——关于小学数学课堂教学设计的原则与策略研究

备课历来是教师最主要的工作之一，它作为教学活动的准备阶段，是优化课堂教学过程，提高课堂教学效率的前提和保证，起着至关重要的作用。"以学生发展为本"的课堂教学评价的总体思路的转变，必然要求教师课前准备的关注点和备课的方式发生一系列变化。究竟怎样去备好一节课？需要我们重新思考。下面就依据教学设计的一般原理和方法，从分析课堂教学设计的现状着手，综合一些成功的课例，就课堂教学设计的观念、原则和策略问题做一初步的探讨。

（一）课堂教学设计的现状

课堂教学是一种师生双边参与的动态变化的过程，学生和教师各自扮演不同的角色，学生是学习的主人，是课堂上主动求知、主动探索的主体；教师是教学的主人，是学习过程的组织者、引导者和合作者。教师的教应该为学生的学服务，教师教的过程要顺应学生学的过程，教师教的效果要体现为学生学的效果。这些是现代课堂教学中应有的理念。审视当前的课堂教学现状，能够真正把这些理念转化为课堂教学行为的老师并不是很多。我们查阅了大量的小学数学课堂教学的案例,发现在教师的备课工作中还存在着许多问题,直接影响了课堂教学的效率。主要表现在:

1. 分析学生流于形式。

许多教师在备课时,往往首先考虑教师怎么教,而不是首先考虑学生会怎么学,把教学过程看成是学生配合教师完成教案的过程。尽管也强调备课要备学生,在教案中却很少涉及对学生情况的分析,最多只是在教法上考虑了不同年龄阶段的问题,对学生已有知识基础的分析只是来自于按教材的编排体系,认为应该具有这样或那样的学习基础,至于学生是否真正具有这样的基础却很少考虑,使分析学生流于形式。

2. 处理教材未能很好发挥教师的主动性和创造性。

不少教师驾驭教材的能力不强,过分地迷信教材。对教学内容的处理大多只是局限于补充、调整一些习题上,很少更改例题,把着眼点放在理顺教材本身的知识结构上。

3. 制定目标过分重视认知性目标,忽视过程性目标。

就算有些教案涉及发展性目标,大多来自于教学参考用书,教师未能根据学生情况和教材情况及时加以调整,阐述过于笼统,缺乏针对性。

4. 设计教学过程忽视教学过程的复杂性。

把错综复杂、动态的教学过程以"剧本"的形式加以具体描述,所形成的大部分教案(包括部分优秀教案)都是直线型的,教学过程的设计除了课堂进行的程序外,重点是按教材逻辑,分解、设计一系列问题或相关练习,对于实施过程中可能发生的"意外事件"未做任何准备,教师心目中甚至教案上就有明确答案设定。

5. 撰写教案模式化。

教师撰写的教案基本上由教学目标、教学内容、教学准备、教学过程四个部分组成,大量的篇幅是用来写教学过程的。这样的体例缺乏个性，不利于教师的自我反思能力的提高，也难怪一些教师上完一节课，如果要说课，就觉得没有东西好说，因为这样的教案只是教学准备的结果，没有反映教学准备的过程。

（二）课堂教学设计需要重新确立的理念

课堂教学改革必然涉及教育观念和教育教学方式的变革。尤其是教育观念，它起着指导和统率作用，有什么样的教育思想和观念，就有什么样的课堂教学和效果。因此，教师在备课前必须对以下三个问题作出回答：怎样的课是一节好课？数学教学的目的是什么？学生是怎样进行数学学习的？对这些问题的不同回答就反映了不同的数学教学的价值观、学生观和课堂教学的效率观。传统教育以知识教育为中心，把拥有知识的多少作为判断人才优劣的标准，教师的备课就以教材为中心，把传授知识作为主要任务。现代教育以人为本，课堂教学必须以学生发展为本，教师要真正把"以学生为本"的理念体现在课堂教学过程中。其实，这些问题我们在前面讨论"如何评价一节课"时已作了明确的回答，这里不妨再重申一下。

1. 如何看待数学教学？

"以学生发展为本"的课堂教学的根本任务就要更多地侧重于促进学习者的发展，更多地关注学习者学习能力、习惯和态度的形成，关注学习者的主动求知与实践参与，关注学习者的价值观念与情感态度在学习活动中的作用。小学数学教学作为促进学生整体发展的一个组成部分，就要求结合有关内容的教学，培养学生进行初步的观察、操作、猜测、分析、综合、抽象、概括的能力，使学生感受数学与现实生活的密切联系，培养学生的探索意识，初步学会运用所学的数学知识和方法解决一些简单的实际问题。在解决问题的过程中让学生学会合作、学会表达、学会交流。因为我们不应该也不可能将学生今后要学的数学全教给他们，而应该使学生学会学习。可见，21世纪这个科技竞争更加激烈的时代，对小学数学教育提出了新的更高的要求,数学教学的任务不仅要提高学生的基本数学素养,而且要培养学生的创新意识和实践能力。为此,数学教育的目标应该包括培养学生高层次的数学思考能力、创新精神和解决实际问题的能力。数学教育要关注学生的创新意识和创新能力的发展,使数学教育具有时代的特点,使学生的创新意识和"双基"训练达到科学的平衡。

2. 如何看待学生的数学学习?

建构主义理论认为,学习不是知识由教师向学生的传递,而是学生主动建构自己知识的过程。学生并不是空着脑袋走进教室的,在日常生活中,在以往的学习中,他们已经积累了丰富的经验,小到身边的衣食住行,大到宇宙、星体的运行,从自然现象到社会生活,他们都有自己的看法。而且,有些问题即使他们还没有接触过,没有现成的经验,但当问题一旦呈现在他们面前,他们往往可以基于相关的经验,依靠他们的认知能力,形成对问题的解释。所以,在课堂教学这个师生双边参与的动态变化的过程中,学生是学习的主人,是课堂上主动求知、主动探索的主体;教师是学习过程的组织者、引导者和合作者。教学不能无视学生的原有经验,即使是一年级的学生,他们在学习新知识之前,已有了一定的生活经验和实践积累。以此为依据的数学教学活动应该是:从学生的生活经验和知识背景出发,向他们提供充分的从事数学活动和交流的机会,帮助他们在自主探索的过程中真正理解和掌握基本的数学知识与技能、数学思想和方法,同时获得广泛的数学活动经验。

3. 如何看待课堂教学?

教学是教师和学生之间的共同活动。但双方有着各自的责任和义务,学生在课堂上要学到知识、发展能力;教师要想方设法让学生在课堂上真正受益,学到本领,实现发展。好的教学的标志是能够促进有效学习的进行。也就是说教师的教应该为学生的学服务,教师教的过程要顺应学生学的过程,教师教的效果要体现为学生学的效果。在有效的课堂教学中，学生的"双基"应该是扎实的，思维应该是活跃的，情感体验应该是积极的。这样的课堂无论对学生后继学习还是持续发展能力的培养都应产生积极的影响。

（三）课堂教学设计应遵循的原则

课堂教学设计是一项系统工程。备课，通俗地讲就是教师在上课前所做的一系列准备工作。从教学设计的角度来讲，就是教师依据数学学科和学生的特点，认真钻研教材、分析教学任务、分析教学对象，从而对教学材料进行再组织，设计出教学方案的过程。尽管这一系列活动的具体任务完成的方式各不相同，但都需要遵循以下原则。

1. 主体性原则。

教学的任务是解决学生现有水平与教育要求之间的矛盾。教师在课堂教学中起到调节学生与教材之间的关系的作用。教学设计的目的是为了支持学生的学习过程，营造良好的学习环境。实际上学生知识的获得、能力的提高、行为习惯的养成，归根到底是学生学习的结果。

2. 目标性原则。

教学目标在课堂教学中起定向作用，教学目标既是教学的出发点，也是衡量教学效果好坏的标准。教学设计，很重要的一点就是能帮助教师顺利地实施教学目标。

3. 针对性原则。

课堂教学设计针对具体教学目标和教学对象而精心制定的。教学对象千差万别，教学内容也各有千秋，教学设计需要体现这些差异性，具有针对性，才能收到事半功倍的良好教学效果。

4. 实践性原则。

也称为可操作性原则。教学目标解决的是教师要"教什么"的问题，教学设计要解决的则是"如何教"的问题，更具有策略意义，更具有规划、筹划的意味，必须具有可操作性、实用性。

5. 有效性原则。

教有法，但无定法，贵在得法，贵在有效。教学设计的最终目的是为了提高课堂教学效率。所有教学策略的选定，教学媒体的选择，教学情景的创设以及课堂问题的设计等，都必须注重实效。

6. 整体性原则。

整体性是系统论的一个基本观点。学校的教育系统是一个整体，一门学科的教学系统是一个整体。因此，即使是备一节课，也必须把每一节课放在整个学科教学的系统中加以通盘考虑。

（四）课堂教学设计的主要策略

教师在准备教学时，按教学设计的一般程序必须要解决下列问题：教学起点的分析、教学目标的确定与阐述、教学材料的处理与准备、教学行为、教学组织形式、教学手段的选择、教学流程的确定以及教学方案的撰写等。

1. 深入了解学生，找准教学的起点。

要让学生通过一节课的学习有所收获，首先就要了解学生的原有知识经验基础，也就是确定教学的起点。什么是起点能力？学习者对从事特定的学科内容或任务的学习，已经具备的有关知识与技能的基础，以及对有关学习的认识水平、态度等，就称为起点行为或起点能力。它是影响学生学习新知最重要的因素。传统的教学强调"教师要有一桶水，才能给学生一杯水"。这是对教师具备文化知识的要求，也是对教材钻研程度的要求。值得注意的是，信息时代，学生获取知识的渠道拓宽了，在某些方面学生对信息的掌握可能比教师更快、更多。他们的学习准备状态有时远远超出教师的想像，许多课本上尚未涉及的知识，学生已经知道得清清楚楚了。从这个意义上讲，教师与学生接受信息的速度、容量是平等的，也是互补的，教师事先所设定的教学起点不一定是真实起点。教师要顺着学生的思路设计教学过程，就必须了解教学的真实起点。

如何才能了解学生的情况呢？教师不妨先回答下列问题：学生是否已经具备了进行新的学习所必须掌握的知识和技能？学生是否已经掌握或部分掌握了教学目标中要求学会的知识和技能？没有掌握的是哪些部分？有多少人掌握了？掌握的程度怎样？哪些知识学生自己能够学会？哪些需要教师的点拨和引导？

上述问题可以在课前了解。如：一位教师在设计"两位数减一位数的退位减法"一课时，事先对学生进行了调查。结果发现，学生不仅熟练地掌握"整十数加一位数的口算和20以内的退位减法"，而且大多数对将要学的"两位数减一位数的退位减法"已经有了相当的了解。全班40名学生中，有35人已能正确算出得数，并能口述算理，其余5人能算出得数，但速度较慢，算理表达不清。如果把教学的起点定在"整十数加一位数的口算和20以内的退位减法"，显然不符合实际。为此，这位教师把教学起点调整为"写一个两位数减一位数的减法并且算出得数"。反馈时选择一部分算式呈现在黑板上，让学生把这些算式加以分类。然后引导学生自己得出退位减法的口算方法。这样的设计，可以展示教学过程中学生从不知到知、从知之不多到知之较多的过程。

也可以利用上课的导入环节进行了解。如，一位教师在设计"分数的意义"时，考虑到学生已初步认识了分数，但不清楚学生对分数的意义有没有更深入的了解。上课一开始就在黑板上写了$\frac{1}{4}$，让学生说说关于这个$\frac{1}{4}$已经知道了什么。在学生充分发表意见的基础上，让他们用四幅图分别表示出$\frac{1}{4}$。

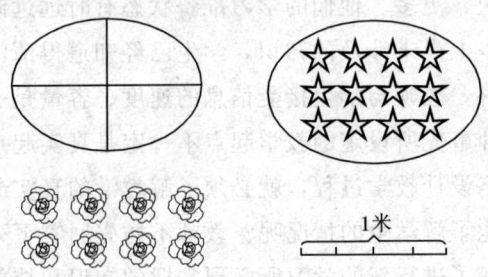

这样，既尊重了学生已有的知识经验，又沟通了新旧知识的联系，很好地把握了教学的起点，突出了教学的重点。只有准确地了解学生的学习现状，才能确定哪些知识应重点进行辅导，哪些可以略讲甚至不讲，从而提高课堂教学的效率。

2. 客观分析教材，优化教学内容。

教材是落实教学大纲，实现教学计划的重要载体，也是教师进行课堂教学的主要依据。但教材内容仅是教学内容的一个组成部分，而不是全部。况且，教材的改革是一个长期的不断完善的过程，尽管编写者遵循教材编写的基本原理，力求符合学生的认知特征，深入浅出，循序渐进地来构建教材体系，都会受到一些客观条件的限制，也无法完全满足现实中的每个学生的需要。如教材内容是一个静止的知识库，与学生接受知识的动态过程不可能完全吻合；教材限于篇幅，不可能把所有的教学内容都写得十分详尽，也不可能把一些定理、法则、公式、规律的发现探索过程叙述得清清楚楚；教材编写的相对稳定性，不可能及时地把一些反映时代的内容收集进去……所以教师必须客观地认识教材，从学生实际出发，对教材内容有所选择，科学地进行教学法加工。教学实践也已证明：同样的教材内容，同样的学生基础，由于教师对教材内容的不同处理，教学效果就不一样，本书下篇"案例透视"中收集的许多教学片段和典型课例都很好地体现了这一点。

要真正地用好教材，教师在分析教材时，不妨对下列问题做出回答：(1) 教材内容是不是达成课时教学目标所必须的？还需要补充什么？有哪些内容与目标无关？哪些内容要渗透数学思想方法？(2) 教学从哪里开始？教材中所呈现的排列顺序能否直接作为教学顺序？(3) 从教学目标来看，本节课教学重点、难点是什么？从学生的实际情况看，本节课的教学的重点、难点又是什么？只有在回答了上述问题之后，才能采用有效的策略，诸如调整教学顺序、提供现实背景、挖掘数学思想方法、改变呈现方式、设计或引进开放题、让学生参与教学材料的提供，甚至重组教材内容等等，使教材内容成为更易于课堂教学表达、有利于学生自主探索的教学材料，从而达到优化教学内容的目的。

仍以上述"两位数减一位数的退位减法"为例。一般课本分了三个层次进行编排:一是准备题,内容如 13－5＝( )、40＋8＝( )等。二是例题如 32－8＝( ),配以小棒图和思考过程。三是巩固练习。教师根据自己所调查到的学生情况,认为教学的重点和学生学习的难点是理解"退一作十",所以在复习铺垫或后面的专项训练中需要补充诸如 45＝30＋( )的习题。如果发现学生对所要学的知识和技能已不成问题,则应该设计一些开放题,渗透数学思想方法的同时,发展学生的思维。在课的最后环节可以设计这样一些习题:45－( )＝( )、( )－6＝( )、( )－( )＝( ),要求在( )里填上适当的数,使这些算式成为当天学过的习题。通过这样的练习,一方面对原有的教材内容做了补充,渗透了极限、函数等思想方法;另一方面,也极大地满足了学生的学习需要。

3. 注意目标的可检测性,制定明确、具体的课时教学目标。

教学目标是教学设计中必须考虑的要素。它是教学的出发点,也是教学的归宿。在认真分析学生和客观分析教材的基础上,就需要教师制定具体的教学目标,具体规定学生在一节课结束时的学业行为。如上述"两位数减一位数的退位减法"的教学目标就可以阐述为:要求全体学生会正确计算两位数减一位数的退位减法,大多数学生在探索口算方法的过程中,思维的灵活性得到发展,并感到数学学习是有趣的。制定教学目标,要注意以下三个问题:

首先必须体现学科教学的整体目标。前面谈到的数学学科教学的总体目标必须通过具体的每一节课来实现,教师在课时教学目标的制定和把握上必须着眼于学生可持续发展能力的培养,跳出认知技能的框框,注重目标的整体性和全面性。这也是每一节课必须注意的问题。如应用题教学不仅仅是结构和数量关系的分析,计算教学不能满足于让学生掌握计算法则,会运用法则进行计算,概念教学也不是让学生去记住一些概念、定义和公式。更要结合有关内容的教学,培养学生进行初步的观察、操作、猜测、分析、综合、抽象、概括的能力，使学生感受数学与现实生活的密切联系，培养学生的探索意识，初步学会运用所学的数学知识和方法解决一些简单的实际问题。在解决问题的过程中让学生学会合作、学会表达、学会交流。

其次是课时教学目标的阐述必须明确而具体，具有可检测性。教学目标的叙写，在于强调教学活动对学生产生具体的行为改变，要说明学生在教学后能学会什么，其行为改变必须是可以检测的。如果说发展性领域的目标是隐性目标，很难在一节课内发生明显的变化，不便于检测的话，那么认知性领域的目标应该是显性的，通过一节课的学习应该有明显的变化，是可以检测的。

第三要编制能反映目标达成与否的测试材料。具体明确的目标往往需要通过一些测试材料来反映。一些课中的练习实际上也在一定程度上起到了检测的作用。

4. 选择有利于改变学生学习方式的课堂教学组织形式，注重小组合作学习。

什么是学习？怎样进行学习？不同的教育观有不同的看法。从教育发展的历史看，学习的方式实质上是不同社会发展阶段对教育要求的体现。实施以培养创新精神与实践能力为重点的素质教育，一个很重要的着眼点就是要改变学生的学习方式。在原有的教育、教学条件下，学生的学习偏重于机械记忆、浅层理解和简单应用，仅仅立足于被动地接受教师的知识传输。也就忽视了学生之间的交往，课堂的交往形式单一。这种学习方式显然不利于学生创新精神和实践能力的培养。

所以，当教学目标确立之后，教师就需要对如何达到目标，选择教学策略、设计教学过程，其中涉及的因素很多，小到课堂教学用语、大到教学组织形式，针对班级授课制的客观条件，必须考虑两点：一是如何帮助学生改变原有的单纯接受式的学习方式，着眼于学生可持续发展能力的获得。在开展有效的接受学习的同时，形成一种对知识进行主动探求,并重视实际问题解决的主动积极的学习方式,真正把学生放在学习的主体地位。二是如何给每个学生提供均等的学习和发展的机会,更好地面向全体学生。这里牵涉的因素很多,如课堂教学用语改变、教学手段和教学方法的选择等,但笔者认为最关键的是课堂教学的组织形式。因为教学组织形式是反映课堂师生、生生之间相互作用的外部结构形式,而师生关系的变革对课堂教学改革起着至关重要的作用。就目前的课堂教学而言,就需要改变长期延续的大课堂教学的课堂教学组织形式,把小组合作学习引进课堂,积极探索把班级、小组、个人多种学习方式相结合的组织形式。国内外的研究和实践,也都验证了小学合作学习作为课堂教学常规组织形式在提高学习效果方面的有效性,小学合作学习已经成为提高教学效率的新策略。

小组合作学习将班级授课制条件下个体间的学习竞争关系改变为"组内合作","组际竞争"的关系,将传统教学与师生之间单向或双向交流改变为师生、生生之间的多向交流,不仅提高了学生学习的主动性和对学习的自我控制,提高了教学效率,也促进了学生之间良好的人际合作关系,促进了学生心理品质发展和社会技能的进步。避免了班级集体教学中往往出现的相当一部分学生由于得不到充分的参与学习活动的机会不得不处于"旁观"、"旁听"地位的被动学习状况,更好地面向全体学生。

但作为一节课的教学组织形式的选择,在采用小组合作学习时教师必须认真回答下列问题:(1)为什么这节课要进行小组合作学习?不用可以吗?(2)如果要用,什么时候进行?问题怎么提?大概需要多少时间?可能会出现哪些情况?教师该如何点拨、引导?(3)如何把全班教学、小组教学、个人自学三种具体的教学形式结合起来,做到优势互补?小学数学学习中,哪些内容适合进行班级集体教学、哪些内容适合小组合作学习、哪些内容适合个人自学?要根据学生情况和学习内容本身的特点有所选择，从而避免一些形式主义的做法，提高小组学习的效率。有些课堂采用小组学习的组织形式，但所讨论的问题没有思考性、启发性和探索性，学生不加思考就能回答；有的所提问题虽有思考性，但学生刚刚转过身，还未进入讨论状态，教师就宣布讨论结束。显然就没有在教学准备时对上述问题做出认真回答，也就违背了前面谈到的课堂教学设计应遵循的有效性的原则，使课堂上的小组合作学习流于形式。

5. 设计板块式的教学方案，探索合理有效的教学顺序。

上课按照什么样的步骤来进行，这是教学过程设计和教案撰写中必然要做出回答的问题。从 20 世纪 50 年代开始，我国的教育深受凯洛夫《教育学》的影响。他把教育的目标定为"传授人类千百年来实践所形成的稳固的知识"，而传授知识的教学过程便是五环节："组织教学——导入新课——讲授新课——巩固练习——布置作业"。经过半个多世纪的演变，五环节稍有变化，但总体精神没有改动。从小学数学新授课的课堂教学结构来看，一般都遵循了这样一条途径：检查复习——揭示课题——新授——巩固——小结——布置作业。有的还对每个环节的教学时间都做了具体的规定。不可否认，这一教学结构是多年教学经验的总结。但它毕竟已经历了半个多世纪，我们应该从中吸取精华，赋予它与时俱进的内涵。要使教学的方案具有效率意义，必须在全面深入研究学生和钻研教材的基础上，设计"板块式"的教学方案，探索合理有效的教学顺序。

顾名思义，"板块"是可以移动的，板块式的教学方案在实际的课堂教学进程中是可以调整的，这里不妨再以"两位数减一位数的退位减法"为例，把单一化的教学方案（图 1）与板块式的教学方案（图 2）所构成的教学流程作一对比分析。

图 1 所遵循的教学流程和教材上教学材料的呈现顺序基本一致。尽管整个教学过程可以在教师的指导下有条不紊地进行，但这仅仅从知识内容出发，离开了教与学的具体行为，特别是低估了教

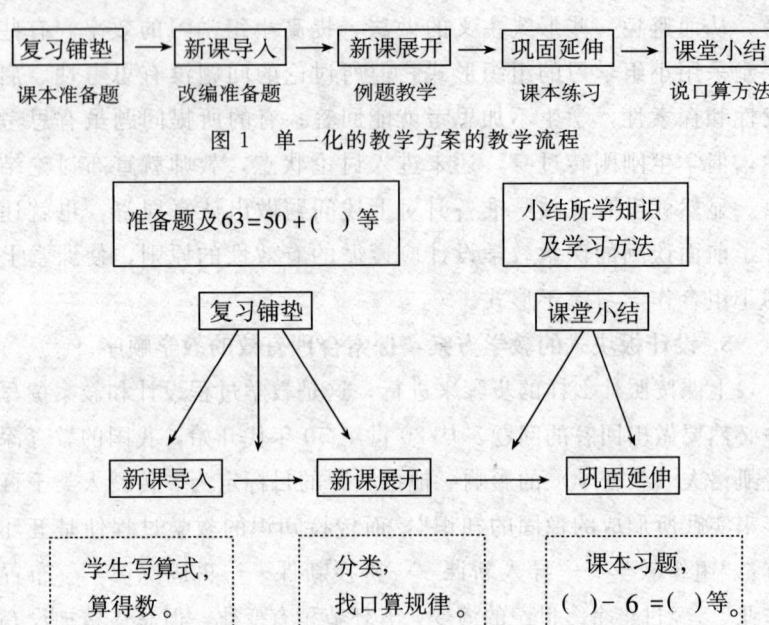

图1 单一化的教学方案的教学流程

图2 板块式的教学方案的教学流程

学对象的复杂性。图2同样把数学课堂教学过程分解为上述五个主要环节，但构成的教学流程具有更大的弹性。如果说"新课导入"、"新课展开"、"巩固延伸"没有多大的移动余地的话，那么"复习铺垫"和"课堂小结"移动的余地就相对较大。复习铺垫从教学的内容上来看，更多的是与新授知识密切相关的基础知识。这里的流程图里说明了两层含义：一是这一环节并不是非要不可，可视学生的情况取舍；二是这一环节并不一定是放在新课导入以前，也可以放在导入以后，甚至放在新课展开以后。这里决定教学环节次序变化的因素就是课堂上的学生行为。

如学习两位数减一位数的退位加法，需复习铺垫的内容就是整十数减一位数的加法和20以内的退位减法。如果学生课前已经掌握了新知识，这个环节显然是多余了；但如果在新课展开之后，发现学生对于需复习铺垫的知识不甚掌握，就可以再次铺垫。这样教师在设计教学方案时，对于复习铺垫的内容，只是作为一个准备随时可用的板块，使课堂教学具有更大的弹性。

6. 充分估计教学过程的复杂性，构建非直线型的教学路径。

课堂教学应该是一个动态的复杂的过程，因为作为教学对象的学生是一个个活生生的个体，他们带着自己的情感、意志、态度等投入课堂学习，正因为如此，课堂上随时都有可能发生"意外事件"。许多教师在备课时非常注意借鉴别人的经验，广泛地收集材料，在筛选材料的基础上，形成教学方案（如图3）。一般教师和优秀教师的区别就在于，前者把上课看作是执行教案的过程，教师

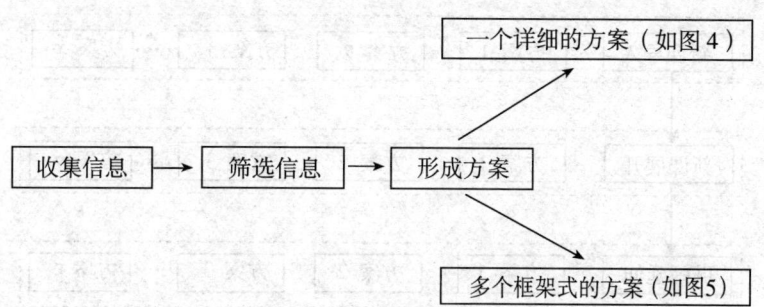

图3　教学方案的构建过程

的教和学生的学在课堂上最理想的过程是遵循上述途径完成教案，非常注重对每个环节设计出非常具体的方案，有的甚至把整个教学过程中教师怎么问、学生怎么答都写得清清楚楚，最后形成一个非常详细的教学方案（如图4）。如果课堂上学生对问题的回答与预定答案一致，就会毫不犹豫地进入下一环节，教师很少有时间和耐心去倾听学生的真实想法。一旦"节外生枝"，要么生拉硬扯地把

图4　一个具体的方案所构成的直线型的教学路径

学生拉回到既定的教学思路上，要么显得束手无策。根本的原因就在于他们构建的教学路径是直线型的，没有可供选择的第二套方案，如有的教师在课前制作了多媒体课件，根本就没有考虑过在没有多媒体辅助的情况下该如何进行教学。而一些优秀教师在收集材料后，往往是在把握环节目标的前提下，会对每个环节设计多个具体方案，力求构建出非直线型的教学路径，以便对付教学过程中各种各样的意外事件。在不断积累的过程中，形成了一个方案库（如图5），他们的教学之所以成功，关键的原因是他们充分估计了教学过程的复杂性，所构建的教学路径不是直线型的，并为此准备了多种备用的方案。

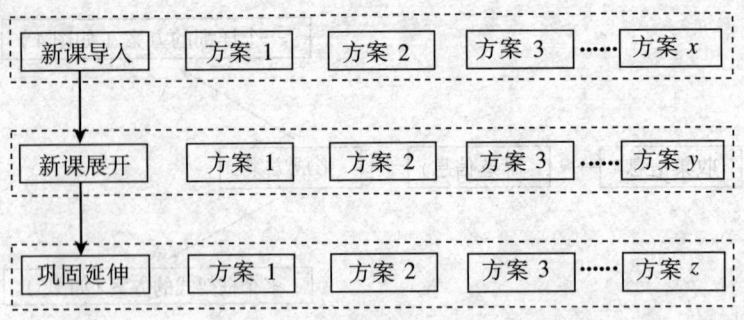

图5　多个框架式的方案所构成的非直线型的教学途径

很明显，图4由于每个环节只有一个方案，这样所能提供的教学路径就只有一条，在课堂上不管发生怎样的情况，都只能按照既定方案执行。而图5由于每个环节都有若干个方案，所能提供的教学路径是多方位的。即使教师在备课时确定了一条理想化的思路，一旦在课堂上遇到"意外情况"，也备有可供选择的教学路径。这里有几点需要说明，一是图中的 x、y、z 并没有规定需要多少个方案，但至少是2个；二是并没有强调几个环节的教学方案的数量需要等额匹配；三是在同一个环节的方案与方案之间并不要求是并列关系，允许交叉，有的可能是对一个方案的某一细小环节的改变，就成为另一个方案。如对于教师的提问，学生就有可能出现三种情况：一种是与教学设计思路吻合的，学生能直接回答的；一种是学生不能直接回答，需要教师点拨引导的；一种是学生的回答超越了问题本身。优秀的教师就会对自己提出的问题有充分的估计，并有配套的调控策略。

7. 改进教案撰写格式，促进教师专业成长。

在关注学生可持续发展能力提高的同时，如何关注教师可持续教学能力的提高？脱产进修、学历提高、观摩教学、师徒结对等，对教师的专业成长来说，都不失为好方法。但是这些仅仅是外部条件，况且许多教师并没有这样的机会。

我们认为能够非脱产性的、批量化的提高教师的教学能力的途径之一就是提高教师自身的反思能力。其中的手段之一就是规范教师的备课程序，改变原有的只重教学流程的教案撰写形式，把课堂教学设计的原则和策略体现在课时教学计划（即教案）中。"以学论教"使教师更多地关注学生在课堂上的可能反应，并思考相应的对策。于是，促使教师从以往"只见教材不见学生"的备课方式中转变出来，注重花时间去琢磨学生、琢磨活生生的课堂，注重提高自己的教学能力，而不是在课堂上简单地再现教材。因此，教案的使用和设计也需要随着新要求的变化而有所改进，以增强其适应性。传统的写教案的格式显然已不能满足"以学论教"评价模式对课堂教学的要求。教师应把学生的有关情况写进教案，包括对学生已有的知识经验的分析，和课堂上学生在每个环节可能出现的情况。应留有空白写上课后的体会，将有助于教师同时并重教与学，便于把课前分析、思考，课中实践、体验和课后总结、补充融为一体。但教案并不是写得越干净就说明教师备课越认真。为此，我们设计了一份教师备课记录表，以反映分析学生、分析教材、构建教学方案和拟定教学思路的全过程（见39页附表）、以及课后反思。这样的备课记录既有助于促进学生的发展，也有助于教师自身的反

上篇　基本理念

思与提高。

初 步 结 论

教学设计的对象是学生。教学设计的成效如何，将取决于对学生情况的了解程度。如果从实验的角度来分析教学设计，那么课堂中的学生是实验对象，实验变量（自变量）教学内容的组织、教学方案的选择、教学环节的调整等都必须随着学生的变化而变化。因变量学生的有关素质才能得到相应的提高。正因为这样，课堂教学设计的总体思路应该是：从了解学生的情况出发，而不是从备教材出发，任何教学活动都要围绕以满足学生的需要作为出发点和归宿。但这些并不意味着教师责任的减轻和教师作用的降低，相反，对教师提出了更高的要求。如果忽视了如何发挥教师主导作用的设计，学生的学习将会成为没有目标的盲目探索，讨论交流将成为不着边际的漫谈，重视过程将会事倍功半。因为，课堂教学是一个动态的、复杂的过程，学生毕竟只是成长中的个体，他们的学习离不开教师的点拨和引导。

附表：教师备课记录表

课题		
学情分析	1. 对基础知识技能的掌握情况如何？	
	2. 对将要学的新知的掌握情况如何？	
	3. 哪些知识学生自己能够学会？	
教材分析	1. 删减、调换、补充哪些内容？哪些内容要渗透数学思想方法？	
	2. 教材中所呈现的排列顺序能否直接作为教学顺序？	
	3. 从教学目标来看，本节课教学重点、难点是什么？从学生的实际情况看，本节课的教学的重点、难点又是什么？	

教学方案构建	教学环节	具体目标	教学材料	呈现方式	学生情况预测	自我评价

教学路径	1. 教学顺序。	
	2. 调控策略（包括课堂教学用语、反馈策略等）。	
课后反思	1. 教学目标是否达到？如果达到的话，标志是什么？	
	2. 事先设计的进程与实际进程之间的差距如何？如果有的话，你是如何处理的？	
	3. 教学中还存在哪些问题？哪个问题显得最为关键？	
	4. 打算在后续的教学中如何解决这些问题？	
	5. 在教学中有无印象最深刻的事件？如果有的话，不妨记录下来。	

下篇 案例透视

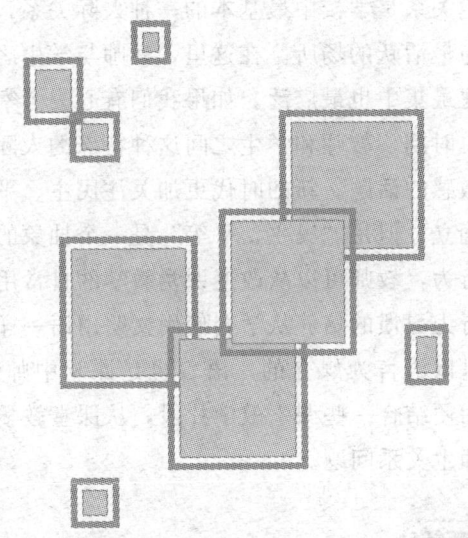

下篇　案例透视

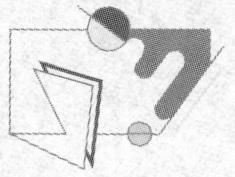

一、教学片段的摘录与评析

（一）从课堂教学用语看师生关系的新变化

师生关系是学校中最基本的一种人际关系，课堂是教学过程中最关键与最活跃的场所。在这里，教师与学生之间，学生与学生之间的交往最集中也最广泛。如果我们有心去考察，就不难发现，在每个历史时期，教师和学生之间这种特殊的人际关系，往往是教育改革最敏感的话题。新的时代更加关注民主、平等的现代新型师生关系的确立。但是"民主、平等"是一个抽象的概念，需要具体化为教学行为，教师可以从改变课堂教学的日常用语做起，就如同公民文明行为习惯的培养从学会使用文明用语一样，因为人类的沟通与合作是以语言为媒介的，语言也是课堂中师生交往最主要的工具。下面便结合一些课堂教学片段，从课堂教学用语的角度探讨课堂中的师生关系问题。

片段与评析

▶ 导入用语 ◀

你已经知道了有关××的哪些知识？

"年、月、日的认识"导入片段（裘俭）

一、教学片段的摘录与评析

教师估计四年级学生已经在日常生活中了解了有关年、月、日的一些知识，上课一开始，就在黑板上板书：年、月、日，紧接着就让学生说一说关于"年、月、日"已经知道了哪些知识，学生们围绕这一问题果真各抒己见。下面就是课堂导入时的一段师生对话：

师：你已经知道了有关年、月、日的哪些知识？谁愿意说给大家听听？

生$_1$：一年有 365 天。

生$_2$：一年有 12 个月。

生$_3$：一个月有 30 天。

生$_4$：不完全是，有的一个月是 31 天。

师：是吗？举例说说。

生$_5$：这个月（指 12 月）就是 31 天。

生$_6$：我还知道 31 天的是大月，30 天的是小月。

生$_7$：从拳头上可以知道月份的大小，（学生边说边举起拳头数了起来）一月大，二月平，三月大……

生$_8$：过了几年之后，会出现 2 月有 29 天。

师：还有要说的吗？

师：（环顾四周见学生们保持沉默）关于年、月、日的知识你们确实知道了很多，这节课我们继续来研究有关年、月、日的问题。刚才有同学说 31 天的是大月，30 天的是小月，那么大月是哪几个月？小月又是哪几个月呢？请大家自学课本。

［评析：上课要找准教学的起点，了解学生的准备状态，这是教学设计的起码要求，然而在实际教学中往往被老师们有意或无意地忽视了。如果上的是一节新授课，教师就更害怕问类似"你已经知道了什么"的问题，担心学生把新课要学的知识说出来。一般情况下，教师一旦提出类似"你已经了解了有关××的哪些知识"后，就立即断定"学了这节课我们就知道了"，紧接着就展开教学。这样使得本可以了解教学起点的提问流于形式。而裘校老师不但提

出了这样的问题,而且让学生充分地说出自己已经知道的知识,确实难能可贵,有鲜明的主体意识。从另一个角度也说明了学生确实不是"一张白纸",已经了解了许多有关"年、月、日"的知识。]

▶ 新课展开用语 ◀

你能自己想办法解决这个问题吗?

请大家试一试,有困难的同学可以与同桌商量一下。

"口算两位数乘一位数"新课教学片段(李蓉)

教师让学生看图列出了 $11×3$ $12×4$ $23×3$ 三个乘法算式,揭示课题"两位数乘一位数"后展开了新知识的教学。

师:两位数乘一位数该怎样进行口算呢?下面以 $12×4$ 为例加以研究,你们能自己想办法算出得数吗?有困难的话可以在四人小组里商量一下。

(说明:$12×4$ 是根据下面一幅苹果图列出的。)

学生讨论后组织交流。

师:你是怎样算出得数的?

$生_1$:$(12+12)+(12+12)=48(个)$。

$生_2$:$10×4=40(个)$,$2×4=8(个)$,$40+8=48(个)$。

$生_3$:$8×4=32(个)$,$4×4=16(个)$,$32+16=48(个)$。

$生_4$:$6×4=24(个)$,$6×4=24(个)$,$24+24=48(个)$。

$生_5$:$15×4=60(个)$,$3×4=12(个)$,$60-12=48(个)$。

生₆：我是把每行12个苹果平均分成2份，每份6个，一共有这样的8份，所以算式是：6×8＝48（个）

教师把上述方法逐一板书在黑板上。

师：还有不同的方法吗？（无人举手）你喜欢用哪一种方法？为什么？

继续让学生用自己喜欢的方法算一算23×3和11×3，在不断比较中让学生自己发现上述方法中生₂的方法是最基本的方法，适用于所有两位数乘一位数的口算。

［评析：如何引导学生参与新知的探究，如何鼓励算法的多样化都是普遍关注的问题。"你们能自己想办法算出得数吗"，李老师之所以能这样要求学生，是因为她充分相信学生有能力自己解决这一问题，上面的教学片段也证明了这一点。"有困难的同学可以在四人小组中商量一下"，说明李老师并不认为所有学生都能独立解决，允许"特事特办"。这样一来，既照顾了个别差异，又发挥了小组学习的优势。学生有困难，可以向同学请教，教师只是一个组织者、引导者。］

▶ 反馈讲评用语 ◀

大家听明白他的意思了吗？谁来重复一遍？

他的方法行吗？请大家试一试。

"质数和合数"新课教学片段（钟麒生）

学生经过自主探索，小组交流，把师生谈话中收集到的数据进行了分类，有的按照是否能被2整除分成了奇数和偶数，有的按照约数的个数分成了两类，有的按照数的位数分成了两位数和一位数。教师在此基础展开了新课教学。

1. 建立质数、合数的概念。

师：同学们分得都有道理，这节课我们就着重来研究按照约数的个数来分类的情况。（指黑板上的2、3、17、19、23）这一类就叫做质数,(指黑板上的 4、9、16)这一类就叫做合数。那么什么叫质数,什么叫合数呢?有困难的同学可以同桌议一议。

生:质数的约数是 1 和它本身。合数的约数是 1 和它本身,还有其他的。

师:谁再来说一说?

指名回答。

师:看看书本上是怎么说的?指导看书,要求同桌互相交流一下。

反馈:你对质数、合数是怎么理解的?

2. 质数和合数的判断。

师:现在我们知道了什么是质数,什么是合数,那么除了黑板上的这些数,你还能举一些例子吗?写在本子上。

根据学生的回答,教师板书。

生:19、23、27、31、59、61 是质数,4、15、20、18、25、10、12、30 是合数。

师:还有吗?还有这么多同学想说,可是黑板只有这么大,怎么办?

生:用省略号表示。

根据学生的回答形成下板书:

质数:5、11、13、17、19、27、31、59、61……

合数:4、6、8、9、24、36、64、25……

师:这几位同学举出的这些数是不是质数?(指板书)我们来判断一下。

生:19、23 是质数,27 不是质数。

师:27 为什么不是质数?

生:因为 27 除了 1 和它本身以外,还有别的约数 3 和 9,所以是合数。(教师调整板书)

师:这些都是合数吗?(学生没有意见)谁能说说 12 为什么是

合数?

……

师:同意他的说法吗?(学生没有异议)你们的例子都举对没有?

同桌互相检查一下。

师:今天在这里上课的有多少同学?想知道钟老师的家乡浙江有多少老师在这里听课吗?听课老师最多的是哪个省,有多少人?……(分别把48、73、51、125写到黑板上。)

师:这些数,哪些是质数,哪些是合数?

教师依次指数,让学生用手势表示(拳头表示质数,五指伸开表示合数)。

师:会场上听课教师一共有2512人,这里的2512是质数还是合数?(大多数学生把五指伸开。)

师:这么大的数你们这么快就能判断出来,谁有好方法来介绍一下?

生:因为除了1和它本身,至少还有约数2。

师:你们听清楚他的意思了吗?谁来重复一遍?(指名回答)就用他的方法来试一试。

出示2884、1386732510,让学生判断。

师生一起小结,得出质数、合数的判断方法。

[评析:教师在反馈讲评中扮演怎样的角色?是裁判还是参与者、引导者?平时的课堂教学,我们常常看到这样的现象,当学生的回答符合教案的设想时,执教者往往按捺不住内心的激动,迫不及待地用"很好"、"你真聪明"之类的语言加以肯定,然后问其他学生:"你们有不同意见吗?"此时此刻,如果我是学生就会这样想:你都说"很好"了,还问我们干嘛!而钟老师在整个教学过程中,都没有以一个"裁判"的身份出现,把每一次反馈评价的权利都交给学生,如"你们的例子都举对了吗?同桌互相检查一下";

"你们听明白他的意思吗?谁来重复一遍";"就用他的方法试一试"等,看似简简单单的几句话,教学民主却随处可见。]

▶ 巩固延伸用语 ◀

学了这些知识你觉得能解决哪些问题?

我们就用刚才学得的本领来解决几个问题。

"求平均数"巩固练习教学片段 (王跃)

在学生知道了平均数的含义,初步学习了求平均数的方法后,设计了如下的巩固练习环节:

师:通过刚才的学习,同学们不仅知道了平均数的含义,而且会求平均数了,你们觉得学了这些能解决哪些问题?

生$_1$:可以算一算我家1~4月的平均用水量。

生$_2$:我妈妈上半年平均每月的收入。

生$_3$:学校平均每月的用电量。

生$_4$:我们小组5位同学的平均体重。

生$_5$:三年级每个班的平均人数。

生$_6$:学校老师的平均住房面积。

……

师:那么多实际问题,课后你们可以选择自己最喜欢的问题想办法加以解决。这里老师也收集了几个问题,你们能用今天学到的本领加以解决吗?

出示课本练习题:(1)张丹同学在五天里做数学题的题数分别是:7题、8题、9题、7题、9题。平均每天做多少题?(2)少先队第四中队种蓖麻,第一天种了180棵,第二天种了166棵,第三天种了149棵。平均每天种了多少课?

学生解答。

[评析:培养学生的应用意识和实践能力,是小学数学教学的重要任务之一,为了落实这一教学目标,目前大多数课比较重视新

课导入和展开环节的设计,也注重变式和提高练习的设计,如引进一些开放题等,但在教师的认识上逐渐地形成了这样一个误区:只有提供丰富的生活背景,改变或调换教材中的例题和习题,才能培养学生的应用意识,否则教学材料就缺乏真实感和亲切感。因此对于巩固练习,特别是课本习题很少注重实践意识和应用意识的培养,常用一些干巴巴的语言加以过渡,如"下面我们来做一些练习"、"这样的题目你会解答吗"等等。王老师由于教学用语的改变,不仅让学生感觉到学了数学知识不仅能解答课本上的习题,还能解决许多实际问题。把课本习题纳入"老师也收集的几个问题"之中,使学生感觉到这些习题不是凭空编造的,而是经过提炼的生活问题,从而使巩固练习环节充满了浓浓的生活气息,体现"小课堂、大社会"的大教育观。长此以往,就能拓宽学生的视野,培养学生的数学意识。]

▶ 课堂小结用语 ◀

你有哪些新的收获?还有哪些问题?
你是用哪些方法学会这些知识的?

"长方形、正方形、三角形、圆的认识"课堂小结片段 (蔡武娟)

师:通过这节课的学习,你有哪些新的收获?

生$_1$:原来只知道四种图形的名称,现在还知道了长方形、正方形都有四条边,四个角都是直角。

生$_2$:长方形的上下两条边一样长,左右两条边也一样长。

生$_3$:正方形的四条边一样长。

生$_4$:三角形有三条边、三个角。

……

师:你们的收获还真不小呢。能不能介绍一下你是怎么学会这些知识的?

生₁：数出来的。

师：数一数，数出了长方形和正方形都有四条边、四个角，三角形有三条边、三个角。还有其他方法吗？

生₂：折一折、比一比就知道了长方形的上下两条边相等。

生₃：还有摸一摸和量一量的方法。

生₄：还有摆一摆。

……

师：（指板书：数一数、摆一摆、折一折、比一比、量一量）这些都是我们学习的好方法，以后还会用到。其实，有困难时，同学之间互相商量也是一个好办法。还有什么问题吗？

生：用小棒摆三角形，为什么有的能摆成，有的不能？

师：你举个例子，行吗？

该生上台在实物投影仪上摆。

师：你们碰到这样的问题了吗？（许多学生表示赞同）这个问题我们课后再去研究，也可以回家与爸爸妈妈一起研究。

［评析：课堂小结是教学过程中必不可少的一个环节，但是究竟该小结什么、怎样小结、在什么时候小结等一些具体的问题还有待于进一步研究。大多数课一般在课的结尾，围绕"今天学了什么"结合板书进行小结，侧重于数学知识本身的梳理。蔡老师不仅注重知识性的梳理，而且注重学习方法的小结，还敢于鼓励学生质疑问难。三句话足以反映"教师为学生服务，力求服务到位"的理念。如果每堂课都能让学生回顾一下学习的方法，说一说还有什么问题，就能逐步让学生学会学习。］

体会与思考

在教育过程中，教师是教育者，学生是受教育者；他们各自占据不同的角色位置，履行不同的职责。教师和学生虽然有权利和义务的不同，但在人格上，即作为人的尊严应该是平等的。这是由于

一、教学片段的摘录与评析

人的尊严是超越年龄、知识、能力和经验水平的，它只取决于人作为人的内在本质。倡导师生关系的民主和平等并不意味着师生在各方面平均等值，毫无差别，也不是师生淡化、模糊或混同各自的角色，更不是教师放松要求，让学生获得无限的自由。毕竟对于学生来说，教师是有知识、有经验、有能力的人，学生则处于成长过程之中，需要得到教师的指导和帮助。这种"你有我无"的"自然不平等"的事实，本来就是教育存在、师生关系确立的内在根据。而是强调教师对学生人性的重视与弘扬。

这仅仅是在认识层面上，要把这些理念转化为实实在在的课堂教学行为，还需要有一个过程。因为我们在长期的传统教学的实践中，已经形成这样一种习惯，时常对学生发号施令，会有意无意地挫伤学生学习的积极性。有时在观摩课上，我们也会一语道破天机，对学生提出类似"请你们配合老师上好课"的要求。记得有一位教师上"圆的认识"一课时，首先创设了一个很好的生活情景，让学生说说为什么自行车的轮胎是圆形的，接着就引导学生自己探索发现圆的特征。在反馈讲评时，教师就提出了这样一个问题："在同一个圆内或等圆内，所有的直径和半径有什么特征？"学生纷纷举手，一位学生说："所有的半径都相等"，还有一位学生紧接着说："直径是半径的 2 倍……"未等这位学生把话说完，教师就马上用商量的口吻说："你这句话等一下再说，好吗？我们先来看看所有的半径有什么特征？"从而打断了学生的发言。从这一简短的教学过程中，我们不难看出，该教师能放手让学生自己去发现圆的特征，而不是由教师直接告诉他们，说明已有了一定程度的主体意识，但是，我们更清楚地看到：当学生的回答没有纳入教师自己的备课思路时，教师就显得有点儿"笨拙"了。既然学生已经发现了"直径是半径的 2 倍"，为什么还要让学生"等一下说"呢？那么现在究竟想让学生说什么呢？尽管教师用很客气的语气，表示对学生的尊重，但是还是未能掩饰住：这位教师与许多教师一样，在他的心目中，上课就是执行教案的过程，最理想的进程就是完成教案，而不是"节外生枝"。教师期望的是学生能按教案设想的作出回答。显然就不可能根据学生的回答，及时调整教学过程了。学生在课堂上实际扮演着配合教师完成教案的角色，久而久之，聪明的学生自然会悟到：老师其实不是想让我们说自己发现的结果，要回答老师的问题，恐怕得先猜测老师想让我们说什么。一句"等一下说"，也能从一个侧面反映出教师的主体意识。

　　从以上正反两方面的例子可以看出，师生关系的民主平等尽管有赖于教育教学观念的彻底更新和教学水平的提高，但也不是无处着手，我们可以从点点滴滴的教学行为改起，哪怕是一句课堂教学用语。教学，究竟谁为谁服务？是学为教服务，还是教为学服务？我们做教师的，要千万小心每一句话，每一个动作，因为这些都可以洞察你的观念。不是吗？一滴水能反映太阳的光辉，课堂教学中教师的一句话又何尝不能反映出教学观念呢？

（二）怎样营造学生喜欢的氛围

——听钱金铎老师执教的两节课有感*

"营造轻松、愉快的课堂氛围"，这句话对教师来说耳熟能详，但有一些课堂，我们依然可以看到教师枯燥乏味地讲、学生昏昏欲睡地听，整个课堂看不到一点生命的活力。而在钱老师的课堂上，我们看到的却是另外一副场景：上课一开始，教师只要廖廖几句话，学生的话匣子就被打开了，到了下课学生还不愿离开课堂，即使是在外地借班上课。这究竟是怎么回事？是钱老师有特异功能吗？我想最主要的原因应该是钱老师与学生建立了平等民主的关系，为他们营造了一个轻松愉快的学习氛围，在这样的氛围中，学生可以按照自己喜欢的方式把自己对问题的理解无所顾忌地表达出来，即使是理解错了、说错了，也能"愉快地站起来，体面地坐下去"。下面就从钱金铎老师设计和执教的《面积和面积单位》、《平均数》两节课中摘录几个片段，谈点滴体会。

片段与评析

在关键处设疑

在学生得出在图形上画出大小相同的方格，数出方格的个数，可以比较两个图形的面积大小后出示：

---

*钱金铎，浙江省特级教师，被浙江省人民政府授予功勋教师称号，现任浙江省舟山南海实验学校副校长。

9格	6格	15格

师：这三个空格中有三个图形，可惜图形看不见，你认为哪个图形的面积大？

生$_1$：15格的大，因为15格最多。

生$_2$：都有可能大，因为格子的大小不一样。

……

师：你们赞成哪一种想法？（大多赞成第二种。）

揭开覆盖纸加以验证，强调比较几个图形面积的大小，必须要有统一的标准。

9格	6格	15格

[评析：很显然，钱老师设计了一道条件不充分的开放题，在这个问题情境中，学生可以从不同的角度得出不同的结论，打破了刚刚建立的"用数方格的办法可以比较两个图形面积大小"的平衡，从而使他们产生了要比较面积的大小，必须有"统一"的方格的心理需求。短短的一个环节实际上是教师带领学生简约地经历了人类探索面积单位的历程。]

一、教学片段的摘录与评析

不断引发学生之间的争论

师：边长是1米的正方形，面积是1平方米。（板书）现在请大家闭上眼睛仔细想一想1平方米究竟有多大，老师在黑板上画1平方米，等会儿把你想的1平方米大小与老师画的1平方米大小比较一下。

师在黑板右上角的地方画出1平方米正方形。

师：好，睁开你聪明的眼睛，找一找，1平方米在哪里？

生纷纷举手，用手比划着，并叫嚷：我知道，我知道……

师：谁愿意上来指一指，说一说。

生：（高兴地上来指着正方形的两条相邻边）这里。

师：是这里吗？（教师指着两边相邻边。）

学生有的说是，有的说不是。

师：下面我们请说"是"的和说"不是"的各派一名代表上来辩论，看谁说得有道理。

生$_1$：（指着一条边）这是1平方米。

生$_2$：不是，这是1米。

生$_1$：边长是1米的正方形面积就是1平方米。

生$_2$：那你指的是边长，1平方米应该是面积就是这里。（用手比划着正方形的面积）

师：现在我们清楚了，1平方米是指边长是1米的正方形的面积大小，不是指边的长短，你们说是吗？

[评析：为了让学生建立1平方米的空间观念，钱老师设计了上述教学环节，我们从教学实录中可以清晰地看到，1平方米和1米的区别是学生在互相争辩中借助教师黑板上画的正方形搞清楚的，而不是教师讲清楚的。其实，从对面积意义的理解，不同物体表面（或图形）大小的比较，到面积单位1平方厘米、1平方分

米、1平方米的认识；从平均数的含义到平均数的计算以及平均数的应用，学生一直有问题在思考和争辩，有时还是自发的。]

敢于说不知道

在巩固练习阶段有这样一个环节：

师：我们学习了平方厘米、平方分米、平方米这三个面积单位。不知道同学们是否理解了，下面我们就运用这个知识来解决一个简单的实际问题。出示：

> 填写不同的面积单位（平方厘米、平方分米、平方米）。
> 火柴盒上面的面积有20（　　）。
> 老师办公室的地面面积有20（　　）。
> 一张《小学生报》的面积约有20（　　）。

生₁：火柴盒上面的面积有20平方厘米。

生₂：老师办公室的地面面积有20平方分米。

生₃：错了，不会这么小。

师：1平方分米有多大？

生：（比划着1平方分米的大小。）

师：（拿出1平方分米的硬纸片示意。）这个正方形的面积有多大？

生：1平方分米大。

师：难道老师的办公室地面就只有20个这样大吗？

生：不是。应该说，老师办公室地面的面积平方米。

师：对了。

生：我知道一张《小学生报》的面积约有20平方分米。

师：可能吗？（拿着1平方分米硬纸片。）

生：可能。

师：谁愿意上来证明一下。

生：（上来示意摆法。）

师：你们的学习很有方法，不但会判断，而且会证明自己的判断是否正确。学习就应该这样。那么今天我们学习的平方米、平方分米、平方厘米与以前学过的米、分米、厘米有什么不同呢？

生：米、分米、厘米是表示物体长短的，是长度单位；平方米、平方分米、平方厘米是表示物体面积大小的，是面积单位。

师：（举着1平方分米的正方形硬纸片）谁能说一说1平方分米与1分米在什么地方？

生：（上来比划指着边长）这是1分米的长度，（摸着正方形的面）这是1平方分米的面积。

师：这是两种不同的计量单位，今后使用时要特别区别清楚。那么，学到这里，你们还有什么问题吗？

生：面积单位还有吗？

师：你们说呢？

生$_1$：还有。还有平方毫米、平方微米。

生$_2$：我认为还有，因为长度单位还有很多。

师：看！学得多有水平，不但能讲出结果，还能说明原因。面积单位确实还有很多，今天我们学的是三个常用的面积单位。

生：用1平方米的正方形去量大的地面面积不方便。

师：很好，以后我们就要学到更简单的测量和计算方法。（板书：计算法）

生：老师，面积单位为什么要用"平方"呢？

师：哦！我也一下子很难说清楚，这可能与面积的意义有关。

生：因为物体表面和平面图形的大小叫面积，面积是平的又是用正方形去量的，所以要用"平方"。

师：想得多有意思！好，由于时间关系，我们先研究到这里。其实有关面积的知识还很多，回想一下今天我们学到了一些什么知识？

生：学习了面积的意义和面积的单位。

生：今天我们还学习了比较面积大小的方法有观察法、重叠法、数格法、测量法，以后还要学习计算法。

生：我们今天还学习了什么叫 1 平方米、1 平方分米、1 平方厘米。

师：大家学得很积极，主动，也很会创造发现。你们看，1 平方分米、1 平方米就是你们通过联想发现的，与数学家想到的是一样的。老师祝贺你们。也相信你们以后会学得更好！

师：下课，同学们再见。

生：（齐）老师再见。

[评析：这是"面积的意义和面积单位"一课的结尾，看着这样的一段师生对话，我深深地为学生质疑问难的精神所感动，更为钱老师敢于说"我也一下子很难说清楚"所震撼。要知道，当着众多听课教师的面向学生表示自己不知道是何等的不容易！我们应该像钱老师那样抛开世俗的偏见，把学生当作真正的朋友，把对学生浓浓的情和深深的爱融入坦诚相见之中。]

适时给予点拨和引导

师：学到这里，我们已经基本掌握了求平均数的一般方法。其实，在求平均数前，我们还可以先估算这个平均数的范围。请大家看这样一个例子："一个小组有 6 个同学，他们的体重分别是 32 千克、30 千克、35 千克、30 千克、33 千克、32 千克，这个小组的平均体重是多少千克？

仔细想一想，这个小组同学的平均体重肯定比多少千克多，比多少千克少？

生$_1$：比 30 千克要多，比 35 千克要少。

生₂：我也认为是这样的。

师：为什么呢？你们能否说出一个道理？

学生同桌或小组进行讨论。

师：谁先发言？

生：因为求6个同学的平均体重，可以看成是"移多补少"，就是要把最重的35千克移一些给最轻的30千克。所以这个平均数肯定不会比35千克多，比30千克少。

师：（带头鼓掌，学生也跟着鼓掌）说得很好。请大家计算出结果，再与刚才估算的平均数范围对照一下，是否对？

生：（学生各自计算：（32＋30＋35＋30＋33＋32）÷6＝32（千克））

师：好。这个结果说明我们刚才估算的结果是正确的。那么这个"32千克"与题目中的"32千克"意思一样吗？

生：不一样。题目中的"32千克"是一个同学的体重，结果中的"32千克"是6个同学的平均体重。

师：说得对！我们解答应用题，不但要会，而且要懂得解答结果的意思。

［评析：这是在学生已经基本掌握了求平均数的一般方法后，教师让学生解决这样一个问题：一个小组有6个同学，他们的体重分别是32千克、30千克、35千克、30千克、33千克、32千克，这个小组的平均体重是多少千克？紧接着的一个反馈讲评过程。当学生各自计算得出：（32＋30＋35＋30＋33＋32）÷6＝32（千克）后，教师便提出了这样一个问题：这个"32千克"与题目中的"32千克"意思一样吗？再次激起了学生的思考，让他们知道同样是"32千克"，却有着不同的含义。从中我们可以看到，钱老师似乎有一只无形的手紧紧拽着学生的思路，每当学生以为问题已经解决时，他总能从不同的角度提出问题，使他们再次深入地思考，促进思维的发展。］

大胆让学生评价教师

师：看到你们这么勤奋好学，又学得那么有水平。老师今天也特别高兴，我相信你们以后会发现和自学到更多的数学知识。其实"平均数"的知识还有很多，在实际生活中应用也很广，你们回忆得起来吗？

生$_1$：我知道，几个评委给一个唱歌的人打分，都是他们的平均数。

生$_2$：给一个做体操的人打分，也是取他们的平均分。

生$_3$：对一幅图画打分也可以取几个人的平均分。

生$_4$：对一个演讲的人也可以取"平均分"。

师：对老师的上课，也可以来评分，这节课你想给老师打多少分？请一组同学回答。

生$_1$：95分（板书：95分）

生$_2$：97分（板书：97分）

生$_3$：98分（板书：98分）

生$_4$：93分（板书：93分）

生$_5$：95分（板书：95分）

生$_6$：98分（板书：98分）

师：如何算出老师上课的分数呢？

生：算6个同学的平均分。

师：你们认为老师的上课分数肯定比几分多，比几分少？

生：比93分多，比98分少。

师：（师生共同演算：$(95+97+98+93+95+98)\div 6=96$）

师：平均分是多少？

生：（齐说）96分。

师：同学们算得很对，但很客气，因为老师并没有上得那

一、教学片段的摘录与评析

么好。

[评析：这是"平均数"一课的结尾，我们暂且不提这一环节的设计对巩固新知识、培养学生应用意识所起的作用。让学生给老师的上课打分，并算出平均得分。这不是每一个教师能做到的，而钱老师敢于放下架子，让学生对自己的课"评头论足"，特别是公开的场合。说明钱老师对教师角色的定位有着更深的理解。确实，教师是为学生服务的，服务的质量如何？是否到位？最有发言权的是学生，而不是听课教师或其他人。学生能给老师打这么高的分数，实在不容易。如果钱老师还能让学生说说为什么打这样的分数，也许还能获得从专家那里都得不到的信息。]

体会与思考

尽管摘录的是几个片段，但足以让我们领略名师的风采。钱老师在课堂上很好地扮演了教师的角色，成功地处理了主体与主导的关系。可见，我们强调学生的主体地位，并不意味着教师责任的减轻和教师作用的降低，相反，这样的课堂对教师提出了更高的要求。也正因为钱老师精心设计了课堂提问，使问题具有思考性和探索性，从而为学生探索和交流创造了条件。如果忽视了教师的主导作用，学生的学习将会成为没有目标的盲目探索，讨论交流将成为不着边际的漫谈，重视过程将会事倍功半。因为，课堂教学是一个动态的、复杂的过程，小学生毕竟只是成长中的个体，他们的学习离不开教师适时的点拨和引导。

我们要学习名师，但对他们成功的经验，我们只能是借鉴，而不是照搬。我们要学习的是从他们的课堂教学中所折射出的那种朴朴实实的教学风格、扎扎实实的教学功底和老老实实的教学态度。

（三）如何呵护孩子们的创新意识

　　课堂，随时都有可能出现一些事先没有想到的"意外事件"，教师怎样处理这些"意外事件"，反映的不仅仅是教学机智，而是教学观念。我们先来看一个课堂教学片段。

　　有一位老师执教"年、月、日"的认识一课，上课一开始，这位老师就向学生提出了这样一个问题："老师是从外地来的，我校的小朋友很想跟你们成为好朋友，他们托我带来这样一个问题：班上有一位叫小芳的，她爷爷今年64岁，只过了16个生日。你们能告诉小芳这是为什么吗？"学生纷纷举手，教师指名一个学生回答。这名学生答道："因为小芳的爷爷那时候穷，所以才过了16个生日"。

　　"哈哈——"场上听课的老师笑了，同学们也笑了，而惟独这位执教老师露出了非常尴尬的神情，并果断地下了结论："学了这节课你就知道了，今天我们就来学习有关年、月、日的知识。"紧接着教师就板书课题，教学新课。

　　这是我几年前在一次大型的观摩活动中看到的一个教学片段。如果把这个问题来问我们自己，自然就能很轻松地回答：爷爷的生日是2月29日。那是因为我们知道有关闰年的知识。可是我们的学生并不知道啊。那位学生能想到"因为穷，爷爷才过了16个生日"已经很不简单了，更何况这个问题本身就是开放的，答案可以是多种多样。除了"穷"，也有可能因为"忙"，也有可能爷爷不喜欢过生日……由于教师事先没想到学生会这样回答，又怕"浪费"自己宝贵的上课时间，尽管尴尬但也只能很果断地让学生就此刹车。说穿了，还是一个观念问题，如果教师能把学生真正地当作课堂的主人，那么就会充分地尊重学生已有的生活经验，让他们在充分发表意见的基础上，适时适宜地加以点拨和引导。如，据小芳说，她爷爷不管穷不穷、忙不忙，每个生日都要以各种形式来庆贺，但还是只过了 16 个生日，你们说究竟是什么原因呢？这时揭示课题也为时不晚。

随着时间的流逝，那位上课老师的姓名我早已淡忘，但那一段师生对话却常常在我的耳边回荡，教师面对学生的回答时刹那间那尴尬的神情还时时浮现在我的眼前，也不断地引起我的深思。课堂上究竟有多少精彩的充满自信的回答，一次次被教师用貌似温柔的话语给否定了，许多教师是无意的，而且是出于善意的，问题的严重性也就在于此：教师们总是从善良的愿望出发，总是有意或无意地以成人的思维为标准来评价、引导孩子，教育、制约孩子。要是长此以往，学生的创新意识又从何而来呢？！我们究竟该如何呵护孩子们的创新意识？不妨再来看几个课堂教学片段。

片段与评析

我对"从左往右读"有意见

万以内数的读法教学片段（徐勤芳）

当学生概括得出法则后，教师让学生谈谈有什么意见。大多数学生表示没有意见，但有一位学生却对"从左往右读"有意见。下面是一段简单的师生对话：

生：我对"从左往右读"有意见。

师（非常疑惑地）：你对"从左往右读"有意见？

生：如果是 0～9 这几个数，不是一下子就读出来了吗？！还用得上从哪儿到哪儿吗？"

师：那你的意思是……

生：这条法则应该改成"除 0～9 以外的数，从高位起，从左往右读。"

师：可以吗？好，有机会我们就把这个意见反映给编书的叔叔阿姨们。

（这时场上响起了一片掌声。）

[评析：这节课徐老师已上了多次，课堂上学生提出这样的质疑还是第一次。其实，"从左往右读"也是由学生自己概括出来的，如果按课本上的说法应该是：从高位起，按照数位顺序读。学生能提出这样的问题说明他们对万以内数的读法法则有了自己的理解。对于学生的质疑，徐老师一句"有机会把这个意见反映给编书的叔叔阿姨们"，紧紧地抓住了孩子的心理，很好地保护了学生挑战课本的勇气。]

我认为头发是射线

直线、线段和射线教学片段（袁晓萍）

片段一：认识直线

在学生认识了直线，知道了直线的特征以后，教师在黑板上画了各种各样的直线让学生判断。如下图：

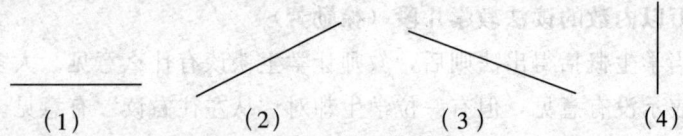

(1)　　　　(2)　　　　(3)　　　　(4)

结果有学生认为（2）、（3）是斜线。教师该怎样点拨呢？

下面是师生的简短对话：

师：你叫什么名字？

生：×××

师：请你站起来，你叫什么名字？

生：×××

师：这直线也跟你一样，不管是站着还是坐着都还是直线。

[评析：我们所说的直线是数学概念，比较抽象，对于二年级

学生来说，由于受生活观念的影响，认为斜着放的直线就是斜线，这是教学中经常遇到的事。以往许多教师解决这类问题的方法不外乎两种，一种是不予理睬，另一种强调像这样的就是直线。袁老师能这么巧妙地用学生的名字解决这一问题，实在是独具匠心。］

片段二：认识射线

学生知道了射线的特征，教师让学生举例。

师：我们可以把手电筒和太阳等射出来的光线，都可以看成是射线。你还能举出一些射线的例子吗？

生：手电筒和太阳射出来的光线不是射线，是线段，因为被东西挡住了。头发是射线。

（全班同学笑了。）

师：你们有意见吗？

（绝大多数同学感到疑惑。）

师：那我们来假定一下，假如你的每一根头发都是朝着自己的方向笔直笔直地长，再假如你长生不老，而且永远不剪头发，那么你的头发就是射线。

［评析："直线、线段和射线"这节课我听过多遍，袁老师用这个教案也上过几次，但像这位学生这样"出格"的回答还是第一次出现。居然提出手电筒和太阳射出的光线不是射线，是线段，头发是射线。所以，很久以来，我一直为这位学生的创新意识和敢于质疑问难的勇气震撼着（说句实话，要让学生在生活中找到直线和射线的例子，实在是一件不容易的事。）更为教师的教学机智折服着，面对这突如其来的问题，面对几百名听课教师能这样镇定自如，这样幽默地用"两个假定"，为孩子们营造了轻松、愉快、自由、安全的心理氛围，既使学生认识到自己所举例子的片面性，又很好地保护了质疑孩子的积极性。］

笔算减法可以从高位减起吗

万以内笔算退位减法教学片段(杨玉华)

教学进入练习作业之前,教师留下一定时间让学生质疑问难。在沉默约半分钟之后,一个同学突然举手:"老师,四位数的减法,可不可以从高位减起?"这是大家都意想不到的问题,不仅使全班同学都向发问的同学投去了惊异的目光,而且使老师一下子不知如何是好。在经过短暂的沉默之后,教师的"灵感"也似乎迸发出来。下面是一段教学的实录。

师:这个同学提出的问题,我看很有研究价值。现在就请大家来说说,笔算退位减法可不可以从高位减起呢?

生$_1$:不能!

生$_2$:不能!

师:为什么?

生$_3$:因为书上说了,要从个位减起。

生$_4$:我们刚才不是讨论过了,只能从个位减起。

生$_5$:我觉得可以!

师:你能说说为什么可以吗?

生$_5$:……

师:好,那就让我们以黑板上刚才大家做过的三道题为例,一起来研究一下,到底可不可以从高位减起。

擦去黑板上的三道巩固题的答案,请原来板演的三位同学再上台来按从高位减起进行演算,其余学生在下面独立练习。结果,在经过反复演练之后,出现了如下的计算:

```
  2528        1543        4630
-  395      -  718      - 3845
  2233        1̲8̲3̲5̲       1̲8̲9̲5̲
     1           2          78
```

一、教学片段的摘录与评析

师：（等大家都已做完）谁能说说，你在从高位减起时，遇到了什么麻烦？

生$_1$：高位先算后，后面遇到需要退位时不好办。

生$_2$：后面的计算向前一位退1以后，前面写的差要改。

师：你是怎么改的？

生$_2$：差比原先写的少1。

师：大家看是不是？（都点头同意）那么，我们能不能想一个办法，在经过退位以后，使差不作改动呢？同桌的同学相互说一说。

生$_3$：（经过一番思考，发言时仍摸着脑袋）我想，在从高位减起时，可不可以一次同时看两位，如果下一位需要退位，在写差时就先留一个"1"下来。

师：你能举个例子说说吗？

生$_3$：比如 $\underline{1543} \atop -718$ 里，先看高位的1，因为下一位5－7不够减，需要退位，千位上就写0，而不写1。减到十位的4－1时，也要同时看到十位和个位，因为个位的3－8不够减要退位，所以十位只能写上差2，而把少写的"1"借给个位。

师：大家说说这位同学的办法可行吗？都试试看。

同学们又将上面三题的答案擦去，按照从高位减起，一次看两位的办法进行计算。

师：（等大家做完）大家说行吗？

生（齐答）行。

师：谁能完整地说一遍，从高位减起该怎么减？

生$_4$：从高位减起，一次看两位，不够减时，也要向前一位退1，不过要先退1，再写上差。

师：你真棒，说得太好了！那么，我们的课本上为什么要"从个位减起"呢?

生₅:我想,从个位减起比从高位减起要简便。

师:这就对了,我们做任何事情,要选择最简单,最好的方法,这样效率会更高……

[评析:在教学笔算万以内的加减法时,如果让学生质疑问难,许多教师都怕学生提出"可不可以从高位加(减)起"的问题,有的也曾碰到过这样的问题,但往往缺乏妥善地解决问题的策略。读着上面这一段教学实录,我感触最深的是杨老师对学生的质疑不是采取回避、堵塞、应付、推委,甚至置之不理的做法,而是用极大的耐心和诚心为学生提供自主探究和释疑的机会,给予充分的时间让他们通过实践,去发现、经历和体验"从高位减起"的方法的可行性和局限性。在整个过程中,教师能循循善诱,不断启发学生充分发表意见,让学生经历了"猜想(假设)——论证——实践——结论"这样一个认知过程。最后教师通过"课本上为什么选择了从个位减起"的问题,引导学生对两种方法进行比较,使学生感悟到有些方法尽管是可行的,但由于操作繁琐,效率低下,一般是不可取的。我想,学生在这一段教学过程中的收获已远远超出了会算"万以内退位减法"。]

我觉得老师不公平

三步复合应用题教学片段(郑国良)

课堂小结

师:通过这节课的学习,你有什么收获?(学生回答略。)

回忆一下,你是怎么学会这些知识的?(略。)

你有没有遗憾的地方?

生₁:我有,因为有两道题做错了。

生₂:我举手7次,被老师只提问到两次,我旁边的同学每次举手都被提问到,我觉得老师不公平。

生₃:我一次也没有被提问到。

师:像他一样一次也没有被提问到的同学举手。(10多个学生举手)

……

师:看来同学们或多或少都有遗憾的地方,有的是来自自己,有的来自老师。下次上课我们把这些遗憾给补上,好吗?

[评析:教师想利用"课堂小结"这一环节梳理本节课所学的知识,渗透学法指导。"有没有遗憾的地方"其实是鼓励学生对所学知识的质疑问难。但出乎意料的是学生对老师的指名回答提出了质疑。我佩服这几位学生敢于在大庭广众之下,对于教师指名回答中的不满大大方方地讲出来,倾诉平等的愿望,更佩服教师能有这样的胆量和魄力敢于承认"有的遗憾来自老师",并作出承诺"下次上课我们把这些遗憾给补上"。]

体会与思考

质疑是创新的基础,好奇、好问是孩子的天性,要培养学生的创新精神和实践能力,就要转变学生的学习方式,要转变学习方式,就要转变教学方式,教师要注重培养学生的批判意识和怀疑意识,鼓励学生对课本的质疑和对教师的超越,赞赏学生独特性和富有个性化的理解和表达。这似乎大家都知道。但在课堂上,我们很少看到学生质疑,即使教师安排了质疑环节也形同虚设,很少收到实际的效果。这恐怕与我们对待孩子的方式有关,在学校里,往往是老师说了算,书本说了算。长期以来,许多教师在课堂教学过程中,为了充分显示自己的能力,往往自己唱"主角",让学生当"配角",常常按照事先设计好的"教案"教学,几乎把学生可能发生的思路全部提示出来,面面俱到,以防患于未然,致使学生无疑可质;或者受唯师、唯书的观念束缚,当学生在课堂上以独特的感受和思维方式，童言无忌地提出一些问题的时候，就会在不同程度上受到压抑和挫伤，致使有些同学有疑也不敢质；也有可能由于我们广大教育者自身就缺乏质疑问难的意识和习惯，致使学生不知从何处质疑。庆幸的是从以上这些教学片段中，我们清楚地看到了孩子们小小年纪敢于挑战教师、挑战课本的勇气。尽管他们所提的问题还是那么稚嫩，甚至可笑，但我们的教师能以极大的耐心和诚心千方百计地来保护他们质疑问难的积极性。尽管他们采用的方法各异，但孩子们的创新意识就会从这里萌芽。在大力倡导创新、注重实践的今天，无论如何，呵护学生的创新意识应成为每个教师的理念和职责。为此，我们做教师的虽不能做到"万事通"，无所不能，无所不会，但应该转变观念，加强自身的学习和提高，要求自己有敏锐地发现学生的创新意识并及时地加以鼓励的能力，让我们的课堂充满生机和活力。

（四）怎样把握教学的起点

走进课堂，我们还常常会看到这样的现象：上课一开始，学生似乎都会了，都懂了，但教师由于事先已辛辛苦苦地备了很详尽的教案，只好生拉硬扯地把学生拉回来，让学生"懂装不懂"。其中一个很重要的原因就是教师课前忽视了对学生情况的分析，所设定的教学起点，与实际的教学起点不相吻合；课中又很少根据学生的课堂表现及时地调整教学过程。其实，要了解学生，除了可以在课前进行，也可以在课中利用"导入"环节进行。笔者觉得，"导入"不仅仅是在新的教学内容或教学活动开始前，引导学生进入学习状态的教学行为方式；其任务也不仅仅是创设情境，激发学生的学习动机，也应该成为教师了解学生，把握教学起点的重要环节。常言道："良好的开端是成功的一半"，那么，怎样的开端才算得上良好甚至优秀呢？本文试图结合一些"导入"片段的分析谈一些个人的看法。

片段与评析

片段一：连加（项一喜）

师：今天老师想和两个男同学、三个女同学去看电影，要买几张电影票？

（同时贴出两个男同学实物图，三个女同学实物图）

生：5张。

师：你怎么得出来的？

生：两个男同学买2张，三个女同学买3张，所以一共要买5张。（教师板书：2 3）

师：有不同意见吗？

（学生中没有意见）

师：老师有意见了，我带了你们去看电影，怎么把我关在门口啦？

生：那也给你买一张。（板书：1）

师：这样一共是几张？

生：6张。

师：你是怎么算出来的？

生：把1张、2张、3张合起来就是6张。

师：（指板书）这里的1、2、3分别表示了老师、男同学、女同学的电影票张数。该怎么列成算式呢？同桌先商量一下。

生：写上加号。

师：怎么写？（指名学生到黑板上写，由于学生个子较小，教师抱着他写。）

（其余学生旁若无人地开怀大笑。）

师：写得对吗？（对）像这样的算式该取个什么名字？

$生_1$：加法再加法。

$生_2$：连加连减。

$生_3$：两个加法。

$生_4$：连加。

师：还有吗？没有了，同桌商量一下，谁的名字取得好？

揭示课题。

师：这样的算式该怎么读呢？谁来试试？

……

[评析：入学不到两个月的孩子，面对前来观摩的上百个教师，能无拘无束地发表自己的见解，甚至是开怀大笑，很大程度上归功于项老师创设了一个自由的、安全的环境。能根据一年级儿童的心理，用他们喜闻乐见的事例引入新课，并能放下架子，把自己作为孩子们中间的一员，用亲切、生动、平等的语言组织课堂教学，用极大的耐心和诚心引导学生参与教学过程，如让学生自己列连加算

式，自己给这样的算式取名字，自己试读连加算式等，尽管学生的语言不怎么规范，但他们敢说，就是因为他们感到在这样的教学环境中即使说错了，也能"愉快地站起来，体面地坐下去"。正因为学生敢说，也为教师了解学生提供了可能。]

片段二：一个因数中间有0的乘法（傅建英）

直接出示课题，学生齐读课题。

师：请你自己写一道这样的算式，行吗？

学生写算式。

反馈（学生报算式，教师板书。）

$1802×7$　　$108×5$　　$1306×5$　　$307×3$　　$4307×4$
$907×3$　　$2006×8$　　$1203×5$　　$2502×3$　　……

师：请你任意选择一道做在本子上，看看自己能不能完成？

反馈讲评：

师：谁愿意把自己算的题目介绍给大家呢？（9位同学上前把自己的算式抄写在黑板上）

师：分别指$2502×3$、$1802×7$、$108×5$等，你能说说计算过程吗？

学生逐一介绍计算过程。

师：有不同意见吗？（学生表示没有）那我有个问题，（指$108×5$的竖式）十位上的$0×5$得0，怎么会是4呢？

师：指$2006×8$的竖式，自己先说说计算过程，然后与前面几题比较一下有什么不同。

生：第一个因数中间的0的个数不同。

师：请大家再选择一道与你刚才那道不一样的题，做做看。

反馈引导学生归纳。

[评析：许多数学知识之间有着密切的联系，一个因数中间有"0"的乘法，对学生来说并不是全新的知识。这里傅老师摆脱了由

教师出题，学生依次计算的一贯做法，而改由学生自己出题并尝试计算，教师只是在关键处加以提问、点拨和引导。这样的设计一方面给了学生广阔的思维空间，可以自发地、具体地参与教学活动，另一方面说明教师事先对学生学习这部分的知识可能会有什么困难，已有了充分的估计。]

片段三：多位数的读法（骆玲芳）

师：同学们，我们已经学了万以内的数，比一万大的数你能举出例子吗？仔细想一想，把想出来的数写在卡片上。（生试写）

师：你认为自己写的数比一万大，可以拿到黑板上来。（生争先恐后地贴卡片）

师：（指黑板：100002、千万位、25000、5万、98496879651、100000000、百万位、20000、183645……）这些数符合要求吗？（根据学生的评议去掉了"千万位"和"百万位"、"5万"等）剩下的数都比一万大了吗？请大家读读看。你认为能读的就上来读给大家听。（指名读数）你是怎么读的？（学生介绍读法）

师：到底读得对不对呢？今天这节课我们就一起来研究像这些多位数的读法。

[评析：以往这样的课的设计教师往往把万以内数的读法作为复习铺垫的内容，目的是抓住新旧知识的联接点导入新课，而骆老师突破了这一常规，通过让学生试写比一万大的数，试读这些数，并介绍读法，从这里展开新课的教学。事实证明这样的设计更能找准教学的起点，体现学生是学习活动的主体的意识。因为新课学习前的学生能根据已有知识基础试着读出一些比一万大的数，只是还找不到规律，或是读得不够流畅。]

片段四：两位数乘两位数（贺莉莉）

新课导入

一、教学片段的摘录与评析

师：老师给大家买运动会入场式的服装，每套服装要21元，买了43套。请你们估计一下大概要带多少钱。

生$_1$：700多元。

生$_2$：800多元。

师：你是怎样估算的？

生：看成整十数。

师：21×43到底是多少呢？请大家算一算。

学生尝试解答。

反馈。

生$_1$：21×3=63，40×21=840，63+840=903。

生$_2$：
$$\begin{array}{r} 2\,1 \\ \times\ \ 4\,3 \\ \hline 6\,3 \\ +8\,4\,0 \\ \hline 9\,0\,3 \end{array}$$

生$_3$：$\underbrace{43+43+43+43\cdots\cdots+43+43}_{21个}=903$。

生$_4$：43×20=860，43×1=43，860+43=903。

生$_5$：$\underbrace{21+21+21+\cdots\cdots+21+21}_{43个}=903$。

师：（指竖式）这里的840是怎么来的？

生：4乘21。

师：4乘21是84，怎么会是840呢？

生：这个4是4个十。

师：是这样吗？这么多方法你觉得哪一种方法比较好呢？自己选择一种方法试一试34×22。

（大多数同学选择用竖式计算。）

反馈，指名说过程教师板书。

$$\begin{array}{r}34\\\times22\\\hline 68\\680\\\hline 748\end{array}$$

师："在书写上有没有更简便的方法？
生："0"可以去掉。
师：你们同意吗？（大家表示同意）按这样的方法你能计算吗？请完成课本试一试两道习题。

［评析：两位数乘两位数的乘法，让学生算出得数，他们不会感到困难，利用原有的生活经验和知识基础可以有多种解决办法。笔算两位数乘两位数（以 21×43 为例），对学生来说，最难理解的是："4 去乘 21 所得的数的末尾为什么要写在十位上？"但值得注意的是：虽然学生运用自己的老方法解决了新问题，但不一定是最佳方法或通常的一般的方法。在这个教学片段中贺老师既顾及了教学的起点，又突出了教学的重点和难点。当学生有多种策略算出得数时，及时引导比较，得出一般方法。］

片段五：平均数应用题教学片段（金莹）

师：同学们，我们已经学习了整理数据，现在请大家看几个统计数据。

多媒体逐条出示：

（1）据气象局统计，宁波市今年五月中旬的平均气温是15 ℃。
（2）据《宁波日报》报道，1998 年宁波市居民的平均寿命已达 74 岁。
（3）据统计，浙江省 1998 年的人均居住面积已达 12 平方米。

师：像"平均气温15 ℃"、"平均寿命 74 岁"、"人均居住面积12 平方米"都是平均数。（板书：平均数）

师：谁能说说生活中还有哪些地方用到平均数？

生₁：平均身高。

生₂：平均体重。

生₃：平均收入。

生₄：平均年龄。

……

师：看来平均数在生活中的应用非常广泛，今天这节课我们就来研究平均数。看了这个课题，你想知道平均数的哪些知识？

生₁：什么叫平均数？

生₂：怎样求平均数？

生₃：平均数有什么用？

……

师：这节课我们就来研究这些问题。

[评析：正如金老师所说，"平均数"在日常生活中有着广泛的应用，"平均气温"、"平均寿命"、"人均居住面积"等都是学生经常听到和看到的，正因为如此，学生也能列举出许多生活中用到平均数的例子。这样的导入既尊重了学生已有的生活经验，又唤起了他们进一步学习的欲望，让学生自己提出了本节课的学习目标。]

片段六：分数的意义（丁杭缨）

上课一开始，教师就在黑板上写了 $\frac{1}{4}$，并让学生说说对 $\frac{1}{4}$ 已经了解了哪些知识，目的就是借助 $\frac{1}{4}$ 了解教学的起点。具体教学过程如下：

师：认识吗？（学生读）

师：今天我们继续学习分数。（板书：课题）

师：关于这个 $\frac{1}{4}$，你知道些什么？

生₁：例如把一只西瓜平均分成 4 份，吃了其中的 1 份，可以

说吃了这只西瓜的 $\frac{1}{4}$。

生₂：$\frac{1}{4}$ 还可以表示把一个正方形平均分成 4 份，表示其中的 1 份。

生₃：$\frac{1}{4}$ 中间的一条是分数线，分数线上面的是分子，分数线下面的是分母。

生₄：$\frac{1}{4}$ 表示 0.25。

生₅：$\frac{1}{4}$ 是真分数。

生₆：$\frac{1}{4}$ 的分数线相当于除号。

师：你怎么知道的？

生：课外书上看来的。

师：如果用图表示 $\frac{1}{4}$，100 个人会有 100 种表示方法。老师这儿有一些图，你能在每一幅图上表示出它的 $\frac{1}{4}$ 吗？在小组里交流你这样表示的理由。

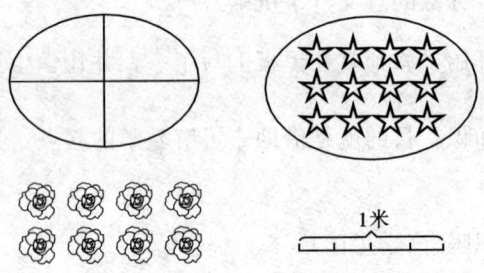

学生在小组交流用 $\frac{1}{4}$ 表示的理由。

全班交流、质疑。（媒体演示）

……

[评析:学生真的是越来越聪明了,连"真分数"、"分数线相当于除号"都已经知道了,其实这些已超出了教师事先的估计。也难怪会追问"你是怎么知道的"。这也正是丁老师难能可贵的地方。直接让学生在每一幅图上(尤其是后面三幅图)表示出$\frac{1}{4}$,不仅沟通了新旧知识的联系,而且为学生提供了用旧知识解决新问题的机会,以便在学生解决问题的过程中,了解他们的现实水平。]

片段七:比例尺教学片段(陈宏伟)

在实物投影仪上出示一张教师自己的生活照。

师:看了老师的这张照片,说说感觉如何?

生$_1$:很帅。

生$_2$:你人那么高,照片里那么小。

师:是吗?

教师量照片中人的高度,得出是6厘米。

师:我的实际身高是180厘米,怎么到照片上只有6厘米了呢?

生:按一定的比例缩小了。

师:是吗?那实际身高与照片的比是多少?

生$_1$:6∶180=1∶30。

生$_2$:应该是30∶1。

师:上柏小学这个学期规划造一幢落地面为长方形的教学楼,长40米,宽10米。如果要把它画在一张纸上,你打算怎么表示?

生$_1$:用40厘米表示40米。

生$_2$:用4厘米表示40米。

生$_3$:用8厘米表示40米。

师:写出各自的比,并化简这些比。

反馈(略)

师生共同归纳得出：图上距离：实际距离＝比例尺。

师：比例尺是什么？

生：表示图上距离与实际距离的关系。

师：比例尺有什么用？

[评析：尽管"比例"的概念在此之前还未正式教学过，但六年级的学生并不是一无所知，他们看到照片就知道是"按比例缩小"了，要把教学大楼地基的平面图画下来就会想到可以用40厘米、4厘米、8厘米表示40米。那是因为数学来源于生活，只要稍稍留意一下，就会发现"比和比例"的知识在日常生活中有着广泛的应用。不是吗？陈老师就带了自己的一张生活照片、一条造新教学大楼的信息，就给学生提供了运用生活经验解决实际问题的机会。]

体会与思考

"以学生发展为本"，已经喊了多年，许多课堂还是"涛声依旧"。原因很多，其中很重要的是我们的老师长期受传统教学的影响，已经习惯了原来的一套备课方式，即从备教材出发来安排课堂教学结构，只要是新授课，就会毫不犹豫地从复习铺垫开始，遵循这样一条教学路径：检查复习——揭示课题——新授——巩固——小结——布置作业。不可否认，这一教学结构是多年教学经验的总结。但它毕竟已经历了半个多世纪，我们应该从中吸取精华，赋予它一种与时俱进的内涵。前面摘录的一些片段，尽管导入方法各不相同，但老师们都非常尊重学生原有的知识基础和生活经验，给他们用"老"方法解决"新"问题的机会，力求把"以学生为本"的理念落实在点点滴滴的教学行为之中。从这些成功的教学片段中，我们也可以看出，要真正体现主体意识，必须做到以下几点：

1. 具有有效教学的理念，要把学生有无进步或发展作为衡量课堂教学的唯一指标。如果学生不想学或学了没有收获，教学就成了无效或低效教学。

2. 重新认识学生。以上一些成功的片段中我们可以清晰地看到：现在学生的学习渠道越来越宽了，他们在学习新知识之前，已有了相当丰富的生活经验和实践积累。即使是一年级的学生，他们也有丰富的生活经验和知识积累。这其中就包含着大量的数学活动经验，特别是运用数学解决问题的策略。

3. 要从学生出发去备课，而不是像以往那样从教材出发。为了充分地了解学生，在上课前不妨认真回答以下一些问题：(1) 学生是否已经具备了进行新的学习所必须掌握的知识和技能？(2) 学生是否已经掌握或部分掌握了教学目标中要求学会的知识和技能？没有掌握的是哪些部分？有多少人掌握了？掌握的程度怎样？(3) 哪些内容学生自己能够学会？哪些内容需要教师点拨和引导？只有准确地了解学生的学习现状，才能确定哪些知识应重点进行辅导，哪些可以略讲甚至不讲。

4. 要善于取舍教学环节，调整教学顺序。复习铺垫、导入新课、新课展开、巩固练习、课后延伸、课堂小结等，都可以作为教学环节，创设情景、自学课本、小组讨论、教师讲解等，都可以作为教学形式。但这些并不是每堂课都必须具备的。教师必须根据不同的教学对象、教学内容及具体的教学目标，恰当地选取教学环节，顺着学生的思路安排教学顺序。

（五）怎样组织小组合作学习

——从蒋莉老师执教的"两位数加一位数的进位加法"谈起*

素质教育是面向全体学生的教育，它意味着学生享受教育权利的平等。随着义务教育的普及，学龄儿童都坐进了课堂，满足了"人人有书读"的愿望，但在班集体教学中，一个班有四、五十个人，一节课只有40分钟，要给每个学生提供均等的机会确实有困难。做教师的常常会面临这样的尴尬：当你提出了一个问题，学生举手如林，要是指名回答，一旦叫出请×××回答，其他同学就会像泄了气的皮球，很不情愿的把高高举起的手放了下去，有时还可以听到他们的抱怨声。一次这样，学生也许还会东山再起，等待下一次机会，但如果总是没有机会，他们还会积极地举起手来吗?!为了给每个学生提供均等的学习和发展的机会，一些教师开始把小组合作学习引进了课堂。面对班级授课制的形式，小组合作学习确实有它的优势，但该怎样组织小组合作学习？是许多教师感到困惑的问题。笔者曾听了蒋莉老师设计和执教的《两位数加一位数的进位加法》一课深受启发，下面就摘录这节课的部分实录，谈谈自己的一些粗浅的想法。

教学过程

1. 谈话：今天我们排的座位和平常一样吗？有什么不一样？今天我们要求按小组来互相帮助学习，第一小组是由小石、小徐、

---

* 蒋莉，中学高级教师，现任浙江省杭州市胜利小学校长。此文部分参考了《小学数学教师》2000年第9期。

小蔡、小陶和蒋老师五个人组成,其他小组由两位同学和一台笔记本电脑组成。比一比,哪个小组学得好,哪个小组配合佳。

2. 创设情境(大屏幕演示)。星期天,妈妈带小红去超市里买东西,超市里的东西可真多,妈妈让小红自己挑选两样东西,可是有一个要求,一样东西在 10 元钱以内,一样东西可超过 10 元钱,可以怎样买?请两个人为一个小组,(出示操作要求)如果你是小红,选一选,你准备买哪两样东西?算一算,一共要花多少钱?说一说,你是怎么算的?做对一道题能得到一朵小红花,你遇到困难,计算机会帮助你。等会儿,蒋老师与第一小组的同学一起学习,你们碰到自己没法解决的问题再叫我,好吗?现在你们开始活动吧。

3. 学生活动。

第 2 至 11 组的同学操作计算机,通过与计算机的对话完成商场购物、列式计算、口述算理等活动。教师与第 1 小组同学一起通过摆学具,说算理,找规律,学习并掌握了两位数加一位数的计算方法。等 4 位同学都学会后,请他们完成练习纸,巩固知识。

(学生分层活动这一环节大致用了 20 分钟。)

4. 学习反馈。

请组长汇报一些你们组做对了几道题,得了几朵小红花,写在表格上(用记号笔)。你们几个小组都学得很好,现在请你们退出系统,关闭计算机。我们第 1 小组也学得很棒,一起来听听他们的学习情况。第 1 小组的同学你们说说:你们学会了什么?有哪些收获?现在让你去买东西,你准备买什么?你请个小朋友来回答,结果是多少?是怎么想的?

5. 寻找规律。

师:老师在你们刚才列的算式中选择了一部分,打在大屏幕上,请同学们观察这些算式,找一找哪些算式是有联系的,请将它们分分类。小组讨论一下,然后用水彩笔写在纸上,一组算式写一张纸,写好后请将纸贴到黑板上。说说各组算式的规律。

6. 实践活动。上星期天,老师布置小朋友一个作业,请爸爸妈妈带你去超市调查 4~5 种商品的价格,并把它记录下来,同学们都做得很好,昨天,我们已经在班里将调查情况作了汇报,老师已经选择了一些将他们贴出来了,现在,如果给你 50 元钱,随你去买东西,你会怎么用?说说理由。

> **分析与思考**

这一教学实例给我们提供了许多方面的启示,如:如何确定教学目标、如何创设情境、如何提供指导和帮助、如何发挥计算机辅助教学的作用等,其中对我来说,最有启发的是教师成功地运用了分层教学的策略,在课堂上很好地把自主学习和小组协作学习进行了整合,从而增加了每个学生的课堂有效时间,即让每个学生特别是学习有困难的 4 名学生在原有基础上得到了更好的发展。感触最深的是教师自己有足够的理由选用分层教学的策略。我们不妨先看看蒋老师自己的理由。

蒋老师自己的理由

1. 上这节课以前,我用了较多的时间了解分析学生,结果表明全班 24 个学生,已有 20 位能较熟练地计算这类题目,口算方法多样。另外,经过较长时间的计算教学,学生对口算表现出厌烦情绪,对继续学习这种类型的内容不是很感兴趣。掌握两位数加一位数进位加法的口算方法,能用数学的语言表达口算的思维过程,提高学生的计算能力这一知识性目标的达成并不是本节课的重点。重要的是应通过不同的形式的学习使不同水平的学生在原有基础上有不同的提高,引导学生积极主动地参与数学活动,初步感受到数学与日常生活间的联系,并能用数学的语言表达自己的想法并进行交流。

2. 重新调整小组，把不会计算的 4 个人重新分为一个小组（第 1 组），其余 2 人为一组（第 2~11 组）。基于本节课学习内容较简单，20 个孩子在原有知识的基础上就能迁移学习。所以课前设计了一个交互式的计算机辅助学习软件，使已能进行口算的 20 位学生通过与计算机对话开展自主的学习活动，让他们在个人自主学习的基础上进行小组讨论、协商。另外对 4 位学习有困难的学生还准备了一些可供操作的学具，如小棒等。

3. 组织讨论和交流，让每个学生体验成功。事先估计到第 2~11 组不同组别的学生会得出不同的购物方法，列出不同的算式。所以在分层活动结束以后，教师提出问题"观察你们组列出的算式，找一找哪些算式是有关系的?"组织学生分小组进行讨论和交流，按不同的标准归纳算式，写在纸上，再进行组际交流，以巩固百以内计算的方法。对第 1 组在课堂上教师采用针对性的辅导与评价，请他们出题让其他组的同学回答。这是因为，11 个小组中，唯独第 1 组的同学未能自己操作计算机，他们的心情是不愉快的，为了调动这 4 个孩子的学习积极性，尤其是保护他们的学习信心，就刻意安排了这样一个环节，让第 1 小组的同学提出想买哪两样东西、结果是多少等问题，请他充当小老师的角色指名一位同学来回答。这样一方面能检测全体同学的学习效果，另一方面也给第 1 小组的 4 位同学提供了一次间接运用计算机的机会，能减轻了他们的心理压力，保护学习的信心。

我的感受和体会

感受之一：进行小组合作学习需要有充分的理由。

作为一名教研员，有更多的机会进入课堂，接触第一线的老师们。许多教师不乏改革的热情，但往往缺乏一些冷静和理智的思考。他们把小组合作学习引进课堂，如果你问他为什么，他很可能说不出理由，只是觉得别人的课堂上有了，自己如果没有就会显得落后。对于小组合作学习产生的背景了解甚微。于是，我们常常看到这样的现象：有些课堂尽管采用小组学习的组织形式，但所讨论的问题没有思考性、启发性和探索性，学生不加思考就能回答；有的所提问题虽有思考性，但学生刚刚转过身，还未进入讨论状态，教师就宣布讨论结束；有的小组内的分工不明确，一开始讨论，学生就显得手忙脚乱，要么组内优生一言堂，其他学生唯命是从；要么一哄而起……使得小组讨论成为一种课堂教学的"摆设"，把小组合作学习简单化和庸俗化。究其原因，主要是教师对采用小组学习策略准备不足，有很大的随意性和盲目性。从蒋老师陈述的理由中，我们不难体会到，组织小组合作学习并不是一件简单的事，它需要教师做大量的课前准备工作，包括对学生学习特点、教学目标、教学环境和资源等的深入和细致的分析，把问题情景、自主学习、协作环境和学习效果的评价等方面进行系统的设计。如果每一个采用小组学习策略的教师都能像蒋老师那样自己能说出充分的理由，那么小组学习就能真正地发挥作用。

感受之二：小组合作学习应让更多的人表现自我、体验成功。

蒋老师设计和执教的这一节课采用分层教学策略的目的不仅仅是让学生掌握两位数加一位数的进位加法，而是力图通过不同的形式的学习使不同水平的学生在原有基础上有不同的提高。当时我特别关注了第1组学生在整节课中的情况。当教师宣布有电脑的小组同学时，这些同学个个积极主动，面带笑容，反之与老师一起学习的第1组4位同学乖乖地围坐在一起，和老师一起学。当小组学习结束时，4位原来不会的同学均能正确地完成各类层次的练习。此时他们的脸上已带有成功后的愉悦表情。教师一方面让用电脑自主学习的学生退出系统，关闭计算机；另一方面对全班同学说："我们第1小组也学得很棒，现在一起来听听第一小组的学习收获，好吗？"然后请第一小组同学汇报，并让他提出问题，由他指名一位同学回答。此刻这 4 名同学高兴极了，再也不是乖乖地、板着一张小脸坐在凳子上了，一个个站了起来，有时甚至是手舞足蹈起来，说话的声音也响亮起来了。究竟是什么魅力仅在近 20 分钟的时间内让这 4 位同学从愁眉苦脸到眉开眼笑、充满自信？用中国科学院心理研究所张梅玲教授的话来说就是：他们也学会了，他们体验了成功。

感受之三：小组合作学习并不仅仅只是座位方式的变革。

蒋老师根据学生对新知识的掌握程度重新安排了座位，分成了两个大组。而不少教师只要一提到小组学习，首先想到的就是座位方式的改变。如果问及为什么要改变座位方式，他们说不出很充分的理由。正因为如此，我们常常看到一些课，光有小组合作的形式，让几个人一组围坐在一起，事实上并没有真正意义上的合作，既没有照顾到学生的个别差异，也未曾注意解决小组学习中每个成员机会均等地参与，在班级教学中产生的问题同样也会反映到小组学习之中，一些优生频频发表自己的意见，其他学生只有旁听的份，在热热闹闹的课堂氛围中，仍然掩盖不了"少数学生争台面，多数学生做陪客"的事实。究竟在什么情况下需要小组合作学习？我们不妨再看看下面的教学片段。

真分数与假分数教学片段　　（苏明杰）

1. 谈话导入，揭示课题。

师：这节课我们继续学习分数的有关知识，（出示课题）请同学们齐读课题。分数怎么还有真假之分呢？通过这节课的学习，我们就能明白其中的奥秘了。

2. 认识真分数和假分数。

（1）用阴影部分或直线上的点表示下列各分数。

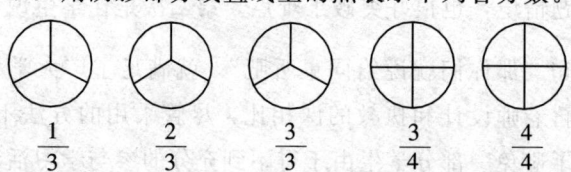

数轴上标示 $\frac{3}{5}$、$\frac{5}{5}$，0 到 1 之间。

(2) 汇报、讲评。

提问：$\frac{2}{3}$、$\frac{4}{4}$ 为什么这样表示？在 $\frac{2}{3}$、$\frac{4}{4}$ 的图示中，"表示的份数"与"把单位1平均分的份数"相比，结果分别如何？

(3) 老师这里有一个分数 $\frac{5}{4}$，请同学们拿出老师发的一张圆纸片，也用圆面上的阴影部分来表示它。（学生操作，教师巡视，发现许多学生拿着手里的一张圆纸片想不出办法）你们遇到了什么困难？同桌之间可以互相交换意见，并共同协作解决这个问题。

汇报小结 $\frac{5}{4}$ 的意义。

（教师指名一位学生回答后，仍有许多学生举着手。）

师：那你们就说给同桌听听。

这里教师并没有在整节课中改变座位的排列方式，但给学生提供了两次合作的机会。第一次是在让学生通过动手操作理解假分数时，学生刚刚用一张圆纸片表示了 $\frac{3}{3}$、$\frac{4}{4}$ 等，但要用自己手上的一张圆纸片去表示 $\frac{5}{4}$ 显然就会感到困难。教师事先并没有交待或暗示可以同桌合作，用两张圆纸片可以表示 $\frac{5}{4}$，而是直接让学生自己用阴影表示，在学生感到困难时才加以提示。这样就很巧妙地创设了小组合作的问题情境，也很好突破了难点。第二次是让学生说说 $\frac{5}{4}$ 的意义时，一句"那你们就说给同桌听听吧"，就满足了广大学生倾诉的愿望。与蒋老师设计和执教的课相比，尽管采用的方法不同，但目的都是为了避免一部分学生由于得不到充分的参与学习活动的机会不得不处于"旁观"、"旁听"地位的被动学习状况,体现教师为每个学生服务的理念。可见,一节课中,是否改变座位的排列方式也应根据具体的教学需要。我个人认为:从总体上来看,下列情况需要采用小组合作的策略:当教师提出一个问题,学生举手如林时;当提供的材料有限,需要资源共享时;当问题有一定的难度,需要群策群力时。

感受之四:小组合作学习离不开教师的组织和引导。

如何组织小组合作学习?学生进行小组学习时教师该做些什么?在蒋老师的课堂上,我们所看到的是教师提出了明确的合作要求,并参与了第1小组的活动,给予充分的时间(近20分钟);提供学习材料,使其既有一定的探索性和开放度、又有足够的练习量;进行全面而有效的反馈评价,既注重小组的合作,又强调组际之间的竞争和交流……这一切都离不开教师的主导作用的发挥。

由此我们可以想到,小组合作学习如果作为一种组织形式,只有与实际的教学效果联系起来才能评价它的优和劣,因为教学组织形式只是反映课堂师生、生生之间相互作用的外部结构形式。要让小组合作学习真正发挥作用,必须充分发挥教师的主导作用,课前就要做认真的准备,可以先回答下列问题:(1)为什么这节课(或者这个环节)要进行小组合作学习?不用可以吗?(2)如果要用,什么时候进行?问题怎么提?大概需要多少时间?可能会出现哪些情况?教师该如何点拨、引导?(3)如何把全班教学、小组教学、个人自学三种具体的教学形式结合起来,做到优势互补?(4)小学数学学习中,哪些内容适合进行班级集体教学、哪些内容适合小组合作学习、哪些内容适合个人自学?要根据学生情况和教学内容有所选择,从而避免一些形式主义的做法,提高小组学习的效率。

感受之五:合作的方式和习惯需要长期培养。

小组合作学习(又称合作学习)于70年代率先兴起于美国,并且已被广泛应用于中小学教学实践。它的产生除了美国独特的社会文化背景之外，主要是出于克服传统教学存在的弊端，改革课堂教学提高教学效率的需要。它将社会心理学的合作原理纳入教学之中，强调人际交往对于认知发展的促进功能。基本做法是将全班学生依其学业水平、能力倾向、个性特征、性别乃至社会家庭背景等方面的差异组成若干个异质学习小组（每组3~6人），创设一种只有小组成功小组成员才能达到个人目标的情境，即小组成员不仅要努力争取个人目标的实现，更要帮助小组同伴实现目标，通过相互合作，小组成员共同达到学习的预期目标。小组合作学习将班级授课制条件下个体间的学习竞争关系改变为"组内合作"，"组际竞争"的关系，将传统教学与师生之间单向或双向交流改变为师生、生生之间的多向交流，不仅提高了学生学习的主动性和对学习的自我控制，提高了教学效率，也促进了学生之间良好的人际合作关系，促进了学生心理品质发展和社会技能的进步。

学会合作是时代对人的基本要求，现实生活中的任何一件事情，任何一项任务，大都需要通过人与人之间的交往、合作才得以完成。课堂上小组合作的形式能为学生提供更多的表现自我的机会，有利于学会人际交往，优势互补，促使个体的社会化。其目标就不仅仅只是完成学习任务，还应该培养学生的合作意识，但我们在不少课堂上，还常常看到这样的现象：当一个同学发言之时，其他同学并没有认真听取别人的意见，还是一味地举着手，不住地喊"老师，我、我"，有的甚至在别人发言时"勇敢"地站起来，为发表自己的见解而数次打断发言人的思路。为此，笔者个人认为，要让学生在小组合作学习中学会与人合作的方法。

首先应该让学生学会倾听，处理好踊跃发言与虚心听取的关系。从课堂观察中可知，学生比较多的注意了自己要表达的意思，而不重视听同学的发言。而倾听是对发言者的尊重，只有热情倾听他人发言，才能使发言人感到自己是受欢迎的。相反的，有人发言而无人真正倾听时，发言者就会觉得自己讲的话无关紧要，甚至挫伤发言者的积极性。作为讨论中的每一个人，包括教师自己也要以最大的热情参与到讨论中去，并认真思考大家的发言而不是敷衍了事。

其次是让学生学会思考，处理好独立思考和合作交流的关系。任何小组合作学习，教师都必须强调先独立思考。个人发展和自我成长的机会，很大程度是依赖于不同看法之间的相互碰撞，但不同的看法来自于不同个体的独立思考。

第三是要让所有的人积极参与，特别关注小组学习中保持沉默的学生。每次学生的合作学习都由小组选出一名代表，作为本组的"代言人"向全班展示他们的学习成果。对这位同学来说，他能获得伙伴们的信任，心中自然充满自豪感和使命感，必然会努力做得好些，但对其他同学来说，是否以一种主人翁的态度参与讨论就值得思考，至少像这样的"代言人"不能固定，要进行角色轮换。为此，教师应热切关注整个讨论，包括要知道谁已经发言了、谁还没有发言，要想办法限制那些发言时间过久的人，从而给其他同学留出发言时间。

（六）如何让学生感悟"无限"

结合有关内容向学生渗透一些现代数学思想方法，如极限思想、集合思想、对应思想、符号化思想、统计思想等，这是小学数学教学的目的之一。与中学数学相比，小学数学虽然没有开辟专门章节介绍这些数学思想方法，但是它仍是数学知识的有机组成部分，只要稍作挖掘，并不难发现教材中许多地方都或明或暗地体现着。如何去挖掘并适时、适度地加以渗透呢？下面摘录几个课堂教学片段着重介绍极限思想的渗透问题。

片段与评析

□里可以填除0外的任何数

"商不变性质"巩固练习片段（范丽萍）

在学生学习了商不变性质，完成了基本练习后，教师出示课本习题：在□里填上什么数，使商不变？（浙江省编教材第八册P34）

$(32 \times 4) \div (8 \times □) = 4$　　　$(32 \div 4) \div (8 \div □) = 4$

$(32 \div □) \div (8 \div 2) = 4$　　　$(32 \div □) \div (8 \div □) = 4$

反馈时，教师着重讲评最后一小题。整个过程如下：

师：这题该怎么填？

生$_1$：填4。

师：有不同答案吗？

生$_2$：填1。

生$_3$：可填1～9各数。

生$_4$：可填任何数，只要相同就可以了。

师：你们明白他的意思吗？

生$_5$：0除外。

师：是吗？

生：因为任何数除以0没有意义。

师：□里可填除0外的任何数，只要相同就可以了。这又是为什么呢？

生：商不变性质。

师：（板书a）如果老师用a表示这个数，行吗？

生：我还有一点意见，应表明a不等于0。

……

[评析：仅仅是一道习题，教师能如此挖掘其中的极限思想，并在反馈过程中根据学生的回答及时地加以概括和抽象，最后用字母a表示□中的数。这样的教学既巩固了学生对商不变性质的理解，又培养了学生初步的数学归纳能力。]

与$\frac{1}{2}$相等的分数写不完

"分数的基本性质"延伸练习教学片段（蔡开屏）

在学生完成了一些巩固练习后，补充了这样一组习题：

$$\frac{1}{3}=\frac{(\quad)}{6} \qquad \frac{10}{16}=\frac{5}{(\quad)}$$

$$\frac{9}{21}=\frac{(\quad)}{7} \qquad \frac{12}{24}=\frac{(\quad)}{(\quad)}$$

反馈讲评后，要求学生在1分钟的时间内写一些与$\frac{1}{2}$相等的分数。

反馈情况如下：

师：你写了几个？

生$_1$：我写了7个。

生₂：写了10个。

生₃：33个。

师：如果有时间让你们继续写，还能再写吗？

……

[评析：$\frac{12}{24}=\frac{(\ )}{(\ )}$和要求学生在1分钟的时间内写一些与$\frac{1}{2}$相等的分数，这些教学材料都蕴涵着丰富的极限思想，这样的设计，既能够加深对学生对分数的基本性质的巩固和理解，又巧妙地使他们从"数量"上感悟与$\frac{1}{2}$相等的分数"写不完"，有"无限多"个。]

和0.3相等的数有很多

"小数的性质"最后的练习设计（蔡武娟）

出示课本"练一练"的第1题：把下面各数中大小相等的数分别写在两个圈里：3.0　0.30　0.030　0.300　3.000　3.00

学生集体完成后，教师对教材进行了更深的挖掘，继续就"与0.3相等的小数还有哪些"展开了教学。

师：与0.3相等的小数除了这些还有吗？

生：有。

师：你能写出哪些？请写在纸上。

等学生写一些后，教师组织反馈。

师：你写了几个？还有吗？

一、教学片段的摘录与评析

学生纷纷汇报自己写的情况。

教师继续追问:"如果让你一直写下去,怎么样?"学生表示还可以不断地写。紧接着教师又问:"为什么这些小数都和 0.3 相等?"从而引导学生再次运用小数的性质来说明理由。

[评析:教师灵活地处理了教材的练习,充分挖掘了其中蕴涵的数学思想和方法,非常自然地渗透了极限思想。而且这样的练习设计,能"使人人有事可做",真正体现了教师的作用在于"系统地给学生发现事物的机会",并给予恰当的帮助,让学生在可能的条件下亲自去发现尽可能多的东西。]

从一点出发可以画无数条射线

"直线、线段与射线"教学片段(袁晓萍)

学生掌握了直线、线段和射线的特征后,教师出示(右图)要求在半分时间内从一点出发画射线。

反馈。

师:你画了几条?

生₁:5条。

生₂:7条。

生₃:我画了12条……

师:有比12条还要多的吗?

生₄:我画了26条。

师:你能把画的情况到实物投影仪上展示一下吗?(该学生上台展示。)

师:如果再给些时间,你们觉得在这张纸上还能再画吗?

生:能。

教师"放大"学生作业纸,边在上面画射线,边说:唉,是还能再画，但看不清楚了，现在我们就请电脑老师来帮忙好吗？接着就进行课件演示，大屏幕上再现了"从一点出发画射线"的过程，最后出现了这样一幅画面：

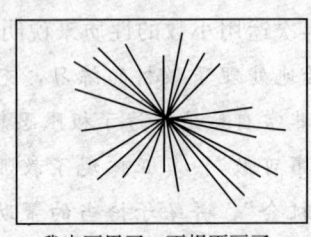

我也画累了，不想再画了。

〔评析：许多老师在教学"通过一点可以画无数条射线"时，往往不舍得在这里花费时间，有的尽管也创设了让学生画射线的情境，但只要学生画了没几条就急于下结论。而这一教学片段中我们可以看到的是，袁老师用极大的耐心让学生在自己动手画射线的活动中，初步地感觉到即使画了"26条"还可以再画，再巧妙地借助于生动、形象的计算机辅助教学，使他们确信了"从一点出发可以画无数条射线"。〕

真、假分数的例子举不完，可以用省略号或字母表示

"真分数与假分数"教学片段（苏明杰）

片段一：在学生知道了真分数、假分数的概念后，教师设计了以下教学过程：

师：除了黑板上的真分数和假分数，你还能说出哪些？

学生举例。（略）

师：如果有足够的时间让同学们一直说下去，你们还可以说出多少呢？

生：很多。

师：（分别板书几个真分数和假分数后）黑板上写不下那么多，

一、教学片段的摘录与评析

怎么办?

生:用省略号表示。

师:(板书……)指"……",这里表示什么意思?

生:无数个。

[评析:简简单单的一个省略号,却使学生有了"无限"的观念,关键在于教师有意识的引导和点拨。]

片段二:投影出示课本练习题:

$\frac{1}{2}$	$\frac{2}{2}$	$\frac{3}{2}$	$\frac{4}{2}$	$\frac{5}{2}$	$\frac{6}{2}$	$\frac{7}{2}$	$\frac{8}{2}$	$\frac{9}{2}$	$\frac{10}{2}$	……
$\frac{1}{3}$	$\frac{2}{3}$	$\frac{3}{3}$	$\frac{4}{3}$	$\frac{5}{3}$	$\frac{6}{3}$	$\frac{7}{3}$	$\frac{8}{3}$	$\frac{9}{3}$	$\frac{10}{3}$	……
$\frac{1}{4}$	$\frac{2}{4}$	$\frac{3}{4}$	$\frac{4}{4}$	$\frac{5}{4}$	$\frac{6}{4}$	$\frac{7}{4}$	$\frac{8}{4}$	$\frac{9}{4}$	$\frac{10}{4}$	……
$\frac{1}{5}$	$\frac{2}{5}$	$\frac{3}{5}$	$\frac{4}{5}$	$\frac{5}{5}$	$\frac{6}{5}$	$\frac{7}{5}$	$\frac{8}{5}$	$\frac{9}{5}$	$\frac{10}{5}$	……

观察并思考:

(1) 表中哪些是真分数?这些分数比"1"怎样?(用红色覆盖片盖上)

(2) 哪些是假分数?(用绿色覆盖片盖上)哪些假分数等于"1"?哪些假分数大于"1"?

在学生完成后,教师继续提问:

(1) 分母是2的真分数有几个?分母是3、5的呢?想一想,真分数的个数与它的分母有什么关系?分母是6的真分数有几个?分母是10的呢?

(2) 以上这么多分数,如果用字母 a 和 b 分别表示它们的分子和分母。什么情况下,$\frac{a}{b}$ 是真分数?什么情况下,$\frac{a}{b}$ 是假分数?什么情况下,$\frac{a}{b}$ 能化成整数?

[评析:苏老师最后一个问题的补充,对本节课来讲,通过实

例,运用归纳推理简明扼要地表达了真分数与假分数的相互联系和区别。既帮助学生加深了对新知的理解,又起到了梳理知识,及时深化的作用;从长远来看,用字母表示数,是符号化思想在小学数学教材中的具体体现,让学生明白用字母表示数的好处,初步理解字母抽象化、一般化的特点。在这里的字母 a、b 可以代表除 0 外的任何自然数,从而培养学生的抽象概括能力。]

分的份数越多,拼成的图形越接近于长方形

"圆面积公式的推导"教学片段(郑国良)

上课一开始,教师就在黑板上写上了课题。

师:(课件出示一个圆)要知道这个圆的面积,怎么办?

生$_1$:可以把它转化为我们学过的图形。

师:怎么转化?

生$_2$:把圆平均分。

师:(大屏幕上演示把圆平均分成了 2 份,把两个半圆使劲拼)还是一个圆,转化不成已经学过的图形。怎么回事?

生$_3$:平均分的份数不够多。

师:是这样吗?那我们再分得多一些,请大家仔细观察。边说边课件演示把一个圆分割为小扇形,并试图拼成长方形。从平均分成 4 个、8 个到 16 个。

师:你们发现了什么?同桌轻轻交流一下。

生$_4$:16 个拼起来,比较像长方形。

生$_5$:分的份数越多,拼成的图形就越接近于长方形。

师:你们都同意他的看法吗?(学生表示同意)那我们再来分一分这个圆。边说边用课件演示:把圆平均分成 32 个小扇形,64 个小扇形……

师:大家仔细看一看,想一想,如果一直这样分下去,拼下去

一、教学片段的摘录与评析

会怎样?

生：拼成的图形就真的变成了长方形，因为边越来越直了。

师：这些拼成的长方形与原来的这个圆究竟有怎样的关系？也可以自己动手把圆纸片剪一剪，拼一拼，看一看还能不能拼成其他学过的图形？

……

[评析：圆面积公式的推导，一般都是将圆分割为许多同样的小扇形，再拼补成一个近似的长方形。（当然，也可以拼成三角形、梯形、平行四边形等）。当圆分割成的小扇形的份数增多时，每个小扇形的曲边就会逐渐变直，所拼成的图形就越接近于长方形。当圆分割成的小扇形无限增多时，所拼成的图形便转化成了长方形，从而可准确地求得圆面积。这一教学片段中，学生非常自然地体会了用"无限逼近"来求得圆面积的方法。同样圆柱体体积计算公式的推导，也是通过分割、拼补成长方体进行的。]

体会与思考

在小学数学课本中，有许多内容需要让学生初步具有"无限"的观念。远远不止本文所收集的这些。如引进"自然数"的概念时，就要让学生看到自然数0、1、2、3……是"数不完"的，从而体验到自然数有"无限多"；描述"直线"这一几何概念时，就要让学生看到它可以"向两端无限延长"……让学生在有限的空间里去领略"无限"的含义，是教学中的一个难点。许多教师在具体进行教学时，往往不等学生充分感知、体验，简单地列举了几个例子，就急于把结论和盘托出。即使运用归纳法，也总是有不"到位"的感觉。而从这些课例中，我们可以清楚地看到，教师们都是结合具体的教学内容，创造机会让学生在不断体验中，感悟"无限多"，有水到渠成之感。这些教师之所以能这样做，除了有心去挖掘教材内容外，还取决于他们自身丰厚的数学功底。

作为一名数学教师应当具备扎实而广泛的知识，这里包括学科知识、学科教学法知识和教育教学心理学知识等。随着教育改革的深入，对教师知识结构的要求也在不断提高。对于系统接受过师范教育的教师来说，应该说有比较好的基础。但从数学教学内容的改革和发展来看，小学数学教学内容也在不断地更新和变化。2001年颁布的《全日制义务教育数学课程标准》（实验稿）中，从课程内容来看，概率与统计、空间与图形等内容受到重视；从课程目标来看，对学生数学思考和问题解决能力的培养倍受关注。尽管作为"科学的数学"不同于作为"学科的数学"，但数学思想方法的渗透必须依赖于教师自身的数学功底。如何充实和更新自己的知识，以适应不断变化的教育改革形势，在教育改革中立于不败之地，是值得广大教师思考并付诸行动的问题。

（七）如何引导学生在操作活动中学习数学

如何把一些抽象的数学概念变为小学生看得见、摸得着、理解得了的数学事实？这是每个数学教师在课堂教学中必须很好考虑的问题。许多成功的案例说明，让小学生动手操作是提高数学学习的有效策略之一，因为这样做既符合儿童的生理、心理特征，可以吸引他们把注意力集中到有意识的教学活动中来；又能使他们在大量的感性材料的基础上，对材料进行整理，找出有规律的现象，逐步抽象、概括，获得数学概念和知识，使抽象问题具体化。

片段与评析

圆柱的上下两个面是圆形的，大小一样

"圆柱和球的认识"教学片段

1. 引导学生发现和验证圆柱形物品的特征。

师：我们先来认识圆柱。圆柱有哪些特征呢？请大家拿起圆柱形的物品，先仔细看一看，摸一摸，滚一滚。然后告诉大家，你发现了什么？（学生操作）

师：你发现了什么？根据学生的回答，逐步总结并验证如下特征（板书）：上下两个面都是圆形的，大小一样。从上到下一样粗。（可以来回滚动）（每得出一条，师生就共同加以验证。）

师："从上到下一样粗"，是真的吗？有什么办法可以验证？老师这里有一个铁圈，边说边拿铁圈从上到下套一套。

师："上下两个面是圆形的，大小一样"你是怎么知道？

生$_1$：看出来的。

生₂：摸出来的。

生₃：滚一滚知道的。

师：为什么？

生：如果上下两个面大小不是一样的话，滚起来会转圈。

师：是这样的吗？大家分别用圆柱形的物品和装橡皮泥的盒子滚一滚，看看有什么不一样。

师：还有什么方法？

生：把上下两个面中的一个面取下来比。

师：如果一个面也取不下来，该怎么办？（举手人数不多）前后4个同学讨论一下。

反馈汇报。

生：先把两个面在纸上都描下来，然后用剪刀剪下来，比一比。

师：（在黑板上描出其中一个面）老师没有带剪刀，也不想再描另一个面，该怎么办？

生：已经把其中一个面描下来了，只要拿另一个面去比一比。

师：你们明白他的意思吗？谁来试试？指名学生到黑板上操作。

[评析：感知形象是儿童学习数学的重要一环，也是儿童走向数学世界的必经之路。教师在教学中，力求让学生多种感官参与，通过看一看，摸一摸，滚一滚，画一画等方法，让他们对圆柱形物品的共同特征产生感性认识，建立初步的表象，同时也激发了学生的学习兴趣。这里特别值得一提的是教师不仅仅满足于学生自己发现特征，还能不失时机地创设问题情境，对学生进行学法指导，培养学生获取知识的能力。整个教学过程的展开能做到"扶得合理，放得适度"。]

2. 突破难点。

师：这是一块橡皮（边说边拿出一块圆柱形的橡皮），它是圆柱形的吗？请用手势告诉我。（学生判断）

师：有两种意见，到底是不是圆柱形呢？我们先来做一个小小

一、教学片段的摘录与评析

的实验。(出示由十几块橡皮叠成的圆柱)这是由十几块橡皮叠成的,它是圆柱形吗?让学生判断。为什么?

生:因为上下两个面是圆形的大小一样,从上到下一样粗。

师:逐渐减少块数,继续判断。提问:还是圆柱形吗?为什么?

生:具有圆柱形的特征。

师:减少到一块橡皮,让学生判断。提问:它是不是还具有圆柱的这些特征?

生:是圆柱形的,尽管矮了一点,但还是符合要求的。

接着出示类似的物品要求学生判断。

师:如果再薄一点,像一枚硬币那样,还是圆柱形吗?请拿出硬币看一看。让学生把5枚硬币叠一叠,比一比,谁叠得最像圆柱形?

学生操作。

师:这是两枝同样的铅笔,都是圆柱形的。现在把它们连接起来,还是圆柱形的吗(边出示边讲述)?如果再接上一枝,是不是?如果再长一些呢?如果截取其中的一段呢?

最后教师强调:像这些物品不管是高的还是矮的,厚的还是薄的,粗的还是细的,只要具有圆柱的特征,我们就可以判定是圆柱形的。

[评析:教师能找准教学的难点,在突破难点上下功夫。尽管圆柱形和球形的物品,在日常生活中,并不少见,学生在学习这节课以前已有了初步感知。但学生对于细细长长的和像硬币之类矮矮扁扁的圆柱形的物品的判断还是一个难点。为了突破这一难点,教师在引导学生发现圆柱的特征,列举生活实例后,有意地设计了这一环节。即先让学生判断硬币和橡皮,出现了两种意见,教师不急于下结论,而是把十几块橡皮叠成圆柱形,让学生判断。然后逐渐减少块数,继续判断。让学生观察,在整个演示的过程中,什么变了,什么没有变。紧紧抓住圆柱的特征进行判断说理,等最后剩下一块时,根据特征进行判断还是圆柱形的。这样就使学生就心服口服,

如果直接告诉他们"这样的也是圆柱形",就达不到如此的效果。]

"△的个数是○的3倍"可以画线段图

"求一个数的几倍是多少的应用题"新课教学片段（陈菊娣）

为了帮助学生理解倍数关系的应用题的数量关系,根据小班教学的特点,教师让学生围成马蹄形的一圈,引导学生在操作过程中感悟数量关系,具体教学过程如下:

师：请你摆一摆,要求是：△的个数是○的3倍。

反馈。（把学生操作的情况一一放到投影仪上加以讲评）

师：你是把谁看作1份？△要摆这样的几份？（圈一圈）

生$_1$：把○看作1份,△要摆这样的3份。

生$_2$：把6个○看作1份,△有18个。

生$_3$：8个○看作一份……

师：这样摆有问题吗？

生：如果摆很多○,桌上摆不下,怎么办？

师：谁有办法？

生$_1$：画草图。

生$_2$：画线段图。

师：你们能画线段图表示△的个数是○的3倍吗？大家在自己本子上试一试。（同时指名板演）

反馈讲评,指导线段图的画法。

教师出示例4：养猪专业户养了6头大猪,小猪的头数是大猪的5倍。小猪有多少头？

师：小猪与谁有关系？有什么样的关系？

求小猪有多少头也就是求（　　）的（　　）倍是多少,5个6是多少你能用线段图表示出来吗？

学生试着画线段图。

[评析：能灵活处理课本中提供的准备题，顺着学生的思路设计教学过程。特别舍得在复习铺垫上花时间，很有价值。紧紧抓住"△是○的3倍"这道"上不封顶，下要保底"的开放题，通过让学生动手摆一摆充分地理解数量关系，通过创设情景、制造障碍，让学生感到操作不是万能的，要找其他途径来解决，这样，就很自然地把线段图引了出来。等到出示应用题时，学生已完全能借助于前面的操作自己分析和理解数量关系了。]

余数一定要比除数小

"有余数的除法"新课导入和展开（陆爱萍）

课前每个学生准备了15个小圆片，上课一开始，教师就让学生按要求摆小圆片，具体过程如下：

师：请小朋友一起来摆小圆片，你们愿意吗？一共有几个小圆片？（15个）我们把它们一份一份地摆起来，每份个数要相同，你们说一说，每份可以摆几个呢？

学生认为每份可以摆1个、2个、3个、4个、5个……

师：接下来请同学们一边摆一边把各种摆的结果记录在下面的表格里：

每份个数	份　数	余下的个数
2	7	1
3	5	0
4	3	3
5	3	0
6	2	3
7	2	1
…	…	…

师：我们已经把分的结果记录在表格里，观察一下你们发现了什么？同桌学生讨论后回答：刚才摆小圆片的活动可以分为哪两种情况？（一种是正好分完，一种分后还有余数）

接着教师引导学生用算式表示上述操作活动得出的结果。

形成了这样的板书：$15\div 2=7\cdots 1$
$$15\div 3=5$$
$$15\div 4=3\cdots 3$$
$$15\div 5=3$$
$$15\div 6=2\cdots 3$$
$$15\div 7=2\cdots 1$$
$$15\div 8=1\cdots 7$$
……

师：你们仔细看一看，这些算式中的余数有什么特点？

生$_1$：余数都是分了多出来的。

生$_2$：余数都比除数要小。

师：是吗？（学生点头表示没有意见）那为什么呢？

大多数学生露出疑惑的神情，教师就加以点拨引导说：如果把多出来的这些小圆片再分一份行吗？

[评析：有余数除法是从表内除法过渡到表外除法的桥梁，也是多位数除法的重要基础。这样的导入，一方面创设了活动情景，调动了学生的学习积极性和主动性，初步让学生从操作活动中，感悟到了表内除法和有余数除法的区别和联系，另一方面为学生理解余数一定要比除数小的道理做了很好的铺垫。]

角的大小与边的长短无关，与两边叉开的程度有关

"射线和角"教学片段（金锡芬）

教师为了让学生感悟到"角的大小与边的长短无关，与两边叉

开的程度有关",课前就让学生准备了用不同边长的硬纸条做成的可以活动的角,在学生知道了什么是射线,什么是角以后,组织了下面的教学环节,具体过程如下:

师:请大家展示一个直角。(学生操作)

展示一个比直角小的角,再展示一个比直角大的角。

师:同桌展示一个同样大小的角。(事先提供的活动角的边长不同)

师:同桌分别展示一个角,如果要求边短的展示的角反而大。行吗?

师:通过刚才的操作活动,你发现了什么?四人小组先交流一下。

生$_1$:活动角的两条边叉开得越大,角越大。

生$_2$:角的大小与边的长短无关。

师:是这样吗?小组合作验证一下。

……

[评析:角的大小与边的长短无关,与两边叉开的程度有关。对四年级学生来说,还是比较抽象的。金老师有意识地在课前让学生准备了一些边长不等的活动角,课中让他们通过对活动角的操作,引导学生自己归纳得出这一结论,收到了事半功倍的效果。]

分子相乘的积做分子,分母相乘的积做分母

"分数乘分数"新课教学片段(陈庆宪)

1. 出示 (1) 5 的 $\frac{1}{3}$ 是多少? 12 的 $\frac{3}{4}$ 是多少?

(2) $\frac{1}{3}$ 的 $\frac{1}{2}$ 是多少? $\frac{4}{5}$ 的 $\frac{3}{5}$ 是多少?

要求只列式不计算,说一说表示的意义。

师：(1)、(2)组有什么不同？要求自己研究得出。

2. 操作。

(1) 把一张纸折出一个分数单位，并用阴影"Ⅰ"表示；

(2) 折出阴影部分的几分之一，用"Ⅱ"表示，并用算式表示刚才的折纸过程。

(3) 猜想：Ⅱ占了整个长方形的几分之几？

(4) 打开纸验证。

学生反馈上来的算式有：

$$\frac{1}{8} \times \frac{1}{4} = \frac{1}{32} \qquad \frac{1}{4} \times \frac{1}{2} = \frac{1}{8}$$

$$\frac{1}{4} \times \frac{1}{4} = \frac{1}{16} \qquad \frac{1}{5} \times \frac{1}{3} = \frac{1}{15}$$

$$\frac{1}{8} \times \frac{1}{2} = \frac{1}{16} \qquad \frac{1}{3} \times \frac{1}{6} = \frac{1}{18}$$

$$\frac{1}{8} \times \frac{1}{3} = \frac{1}{24}$$

3. 讲解新课。

(1) 师：请大家仔细观察，因数有什么特点？（都是分数单位）结果是怎么得出来的？

生：分母相乘作分母，分子不变。

生：分母相乘作分母，分子相乘作分子。

(2) 练习：两个同学报，其余同学计算，只记录答案。

出示 $\frac{3}{4} \times \frac{1}{2}$ 是多少？让同学猜想。

与 $\frac{1}{4} \times \frac{1}{2}$ 对比，想一想该怎么做。$\left(\frac{3}{4} \times \frac{1}{2} = \frac{1}{4} \times \frac{1}{2} \times 3 = \frac{3}{8}\right)$

4. 小结规律。

[评析：这样的设计，这样的教学，确实把学生放到了主体地位。教师善于把握知识发展脉络，展示知识的形成过程，让学生主

动地参与教学过程,教师在教学过程中紧紧抓住一条主线,采用分步到位的策略,即借助直观操作以分数单位乘分数单位作为突破口,使抽象的算理具体化。在此基础上教学分数乘分数单位,进而学习分数乘分数,学生学得扎实,学得主动。不仅知其然,而且知其所以然。]

并不是任意三根小棒就可以摆成一个三角形

"三角形按边分类"教学片段(郑国良)

师:每张桌子上都有三根红棒(2厘米)、三根蓝棒(4厘米)、三根绿棒(6厘米)、一根黑棒(5厘米),请同桌合作,任意挑选三根小棒摆成三角形,并填写下表。

	红棒	蓝棒	绿棒	黑棒

根据学生反馈的情况,教师把学生摆成的三角形一一用多媒体展示在大屏幕上,并逐一标上编号。

师:同学们,在摆三角形的过程中,有没有新的发现?

生:有。

师:有什么发现?说来听听。

生:并不是任意挑选三根就能摆成三角形,比如2根红棒和1根蓝棒就不行。

师:是这样吗?你上来摆给大家看看(该生上台在实物投影仪上摆)。

师：其他同学碰到过这样的情况吗？

生：2根红的和1根黑的、1根绿的同样摆不成三角形。

师：是吗？大家摆摆看。（学生操作）

师：从摆不成三角形的情况来看，你们又能得出什么结论呢？

生：三角形的两条边加起来的长度必须比第三条边大。

……

师：请同学们仔细观察大屏幕上展示的12个三角形，能不能把这些三角形分分类？

……

[评析：教师巧妙的设计，既使新课的教学有了一个良好的开端，学生通过选用不同长度小棒摆三角形，为按边分类奠定了基础，对等边三角形、等腰三角形有了感性的认识。同时也使学生初步明白了一个道理：三角形的两边之和必定大于第三边。]

圆的周长与直径有怎样的关系

"圆的周长"新课教学片段（钟辉）

上课一开始，教师就用课件演示：一只小狗沿着一个圆跑一圈，要求学生说一说小狗跑一圈的路程。具体过程如下：

师：谁知道小狗跑了多少路程？

生：一圈的长就是圆的周长。

师：周长是多少呢？能直接测量吗？

生：不能。

师：那你有什么办法？

生$_1$：拿一根绳子沿圆围一圈，把绳子量一量。

生$_2$：把圆剪开、拉直（指用一根铁丝围成的圆）。

师：出示一张圆形的纸片，还能用这个方法吗？猜测一下，圆的周长跟哪些因素有关？

生：与直径、半径有关。

师：有怎样的关系？请大家分小组做实验加以研究。出示实验的目标和步骤。

（1）测量出三个纸片圆的周长，并把相应的数据填入表格中。

（2）分析数据。

（3）得出本实验结论。

实验记录单

编　　号	圆的周长（厘米）	直径（厘米）

反馈。

$生_1$：直径3厘米，周长9厘米多一点。

$生_2$：直径4厘米，周长12厘米多一点。

$生_3$：直径5厘米，周长15.4厘米。

$生_4$：直径6厘米，周长18厘米多一点。

……

师：分析这些数据，各个小组有什么结论？

生：圆的周长是直径的3倍多一点。

师：是不是每个圆的周长都是直径的3倍多一点呢？（课件演示验证"3倍多一点"）

师："3倍多一点"是什么呢？（圆周率）课件演示：祖冲之发明圆周率的材料。

……

根据刚才的实验，圆的周长可以怎样表示？

$生_1$：直径×圆周率。

$生_2$：$C=2\pi r$　　$C=\pi d$

[评析：圆的周长与直径的关系，是学生理解圆周长公式的关

键，钟老师能借助操作让学生初步得出：圆的周长是直径的 3 倍多一点，再通过课件演示，使学生明确：任意一个圆的周长都是直径的 3 倍多一点，从而为圆周长公式的推导积累了足够的感性材料。如果钟老师在提出"是不是每个圆的周长都是直径的 3 倍多一点呢"以后，能让学生自己任意找一个圆加以验证，也许效果会更好一些。值得进一步思考的是：如果学生已经知道了圆周长与直径的关系，教师又该如何设计教学？]

体会与思考

好动是儿童的天性，对小学生学习数学来说，确实是这样："听过了就忘记了，看过了就记住了，做过了就理解了"。作为教师，在设计教学活动时，要尽可能给他们提供动手操作的机会。但数学课的操作毕竟是学习意义上的操作，是一种特殊的动手活动，在组织操作活动时必须注意以下几点：一是要有明确的操作目的，切忌为了操作而操作，使活动本身流于形式。二是要给学生留有足够的思维空间。用学具操作要注意适时、适量和适度。适时就是要注意最佳时机，当学生想知而不知，似懂而非懂时，用学具摆一摆，就会起到化难为易的效果。适量是指要控制使用的次数，活动的时间，并不是搞得越多越好。适度是指当学生的感性认识已积累到一定程度时，就应引导学生在丰富的表象的基础上及时抽象概括，掌握火候，使感性认识逐步上升为理性认识。

（八）如何让学生体验数学知识的产生和形成过程

教育家第斯多惠曾说过："一个坏的教师是奉送真理，一个好的教师是教人发现真理"。小学数学作为学科的数学，在课堂教学中虽然不能让学生完完全全地去重复人类所经历过的发现知识的过程，但适当地让他们参与知识发现和探索的过程，了解某些数学知识产生的由来，不但有利于学生掌握和理解知识，而且有利于激发他们学习的主动性和创造性。

片段与评析

为什么用要画"正"字

统计初步知识教学片段（金美红）

1. 谈话导入。

师：为了配合我校建校五周年的庆祝活动，大家通过"我爱我校"的调查，得到了许多信息，现在我们大家来介绍一下。

学生交流。

收集的数据内容包括：学校每年经费的投入，有的收集得到了学校的占地面积，各班的学生数，图书馆图书的藏书册数，师生在各级各类中的获奖人次等。

师：以上这些数目在统计中我们称为数据。同学们得到的这些数据确实能反映我们学校五年来所取得的成绩和发展。这些数据你们是怎么了解到的？

生$_1$：调查出来的。

生$_2$：测量出来的。

生₃：算出来的。

……

师：你们亲自收集和整理出这么多数据，真了不起。收集数据和整理数据是最简单的统计知识，也是我们今天学习的内容。（板书课题）

2. 收集数据。

教师先让学生用分类数的方法统计书本上文具图中的各种文具数，然后让学生感悟如何在动态复杂的情境中感悟画"正"字的方法。

师：统计在日常生活中应用很广泛我们该怎样收集数据呢？我们来看一段交通部门特意拍摄的一段录像，想了解某一路段在一定时间内通过的车辆数（边说边播放录像）。下面请大家一边看录像一边把通过的各种机动车辆数进行统计。

播放30秒钟，让学生尝试记录。

反馈，学生的统计结果各不相同。

师：为什么你们收集到的数据都不一样呢？

生₁：车太多了，记不下来。

生₂：录像放得太快了。

生₃：一个人又要看，又要记，没等我把车的名称写好，已经开过去了。

……

师：那你们打算怎么解决这个问题？

生：我们可以几个人合作，一个同学只管看屏幕，开过一辆车告诉其他同学车型。其他同学记录。

师：这个办法怎样？你们就四人一组试试看。

学生分组记录，他们用各自的方法记录着。有的用"×"、有的用"/"、有的用"○"、有的用"√"、有的画"正"字。

反馈，教师引导比较方法。

师：同学们想了许多办法把车辆数进行了记录。那你们比较一下，觉得哪个方法好一些？哪一种统计的结果让我们一看就明白？

指名画"正"字的同学自己介绍有什么好处。

生：一个"正"字有5画，3个就是15画。

师：你们还想用"正"字的方法体验一下吗？

播放录像，学生再次画"正"字统计。

[评析：为什么要统计？怎样进行统计？教师紧紧围绕学生的学校生活，不断地给学生提供感悟的机会，课前让学生收集有关学校的数据，课中用各种方法统计单位时间里通过的车辆数，通过比较，给予学生再次感悟画"正"字的机会。]

几个相同加数的和，用乘法算式表示比较简便

乘法的初步认识巩固练习片段（包奕颖）

通过实物操作，看图说算式等活动，学生初步理解了乘法的含义，为了让学生进一步感悟到"用几个相同加数的和，用乘法算式表示比较简便"，教师紧接着安排了下面的练习环节：

1. 按要求写算式，比一比谁写得快。

教师报题，学生写算式：

2个3相加，5个3相加，9个2相加，40个2相加……

一些学生来不及写算式，提议教师放慢速度，一些学生没有问题。教师还是按照原来的速度往下报。

反馈，指名回答，形成板书：

2个3相加	2×3	3×2	3+3
5个3相加	3×5	5×3	3+3+3+3+3
9个2相加	9×2	2×9	2+2+2+2+2+2+2+2+2
40个2相加	40×2	2×40	2+2+2+2+2+……

师：都是用乘法或加法算式表示的吗？（学生没有异议）指名

写得快的同学说一说是用什么方法表示的。

生：我都是用乘法表示的，因为简便。

2. 把加法算式改写成乘法算式。

$$3+3+3+3+3+3 \qquad 6+6+6+6+6+6+6+6$$

$$\underbrace{9+9+9+9+9+9+9+9+\cdots\cdots+9}_{50个9}$$

[评析：这两个层次练习的设计，真正让学生体验到了"几个相同加数的和，用乘法算式表示比较简便"。如果说"2个3相加"，用乘法和加法算式表示同样简便的话，那么其他一些题，特别是"40个2相加"就能充分体现出用乘法算式表示的优越性。难怪在第一个比赛练习中，很少有学生用加法算式表示后面的几道习题了。这样的练习既让学生感悟到了乘法与加法的内在联系，又从中领略到了乘法的优越性。]

异分母分数加、减法为什么要通分才能相加减

异分母分数加、减法新课导入教学片段

片段一（徐卫国）

出示下列分数：$\dfrac{5}{8} \quad \dfrac{1}{4} \quad \dfrac{7}{12} \quad \dfrac{2}{3} \quad \dfrac{3}{4} \quad \dfrac{5}{12}$

师：读一读、找一找分数单位相同的分数。（学生回答略）

师：分母相同表示分数单位相同，要使分数单位相同就必须使分母相同。下面请同学任意选2个分数进行加减（指名板演）。（学生列出的算式：$\dfrac{5}{8}+\dfrac{1}{4} \quad \dfrac{2}{3}-\dfrac{1}{4} \quad \dfrac{7}{12}-\dfrac{5}{12} \quad \dfrac{3}{4}+\dfrac{1}{4} \quad \dfrac{7}{12}+\dfrac{2}{3} \quad \dfrac{5}{12}-\dfrac{1}{4}$）

师：这些算式可以怎样分类？（按分母分两类，一类是同分母分数的加减，另一类是异分母分数的加减）

一、教学片段的摘录与评析

揭示课题。

师：（指 $\frac{7}{12} - \frac{5}{12} = \frac{1}{6}$ $\frac{3}{4} + \frac{1}{4} = 1$）你是怎么算的？为什么？

生：分子相加减，分母不变，因为分数单位相同时可以直接相加减。

师：出示例题 $\frac{5}{8} + \frac{1}{4}$。要求学生分组操作：1、3、5、7组把纸条平均分成4份，用阴影部分表示出它的1份；2、4、6、8组把纸条平均分成8份，用阴影部分表示出它的5份。折好后同桌把纸条放在一起，看一看，想一想：$\frac{5}{8}$ 与 $\frac{1}{4}$ 怎样才能相加。

反馈汇报：

生$_1$：把 $\frac{1}{4}$ 的纸条再对折，就可以直接相加。

生$_2$：把 $\frac{5}{8}$ 的纸条折成 $\frac{2.5}{4}$，就可以直接相加。

黑板上出示相应的算式：$\frac{5}{8} + \frac{1}{4} = \frac{5}{8} + \frac{2}{8} = \frac{7}{8}$

$\frac{5}{8} + \frac{1}{4} = \frac{2.5}{4} + \frac{1}{4} = \frac{3.5}{4} = \frac{7}{8}$

$\frac{5}{8} + \frac{1}{4} = \frac{10}{16} + \frac{4}{16} = \frac{14}{16} = \frac{7}{8}$

师：从原式到"——"的目的是什么？

生：把分母不同的分数转化成分母相同的分数。

幻灯演示（略）。讨论对比哪一种方法好？（根据学生的回答整理得出法则）

片段二（陈庆宪）

1. 给每位同学提供如右图印有四种颜色的长方形纸片，要求学生写出

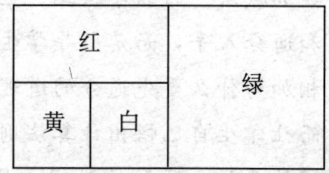

各种颜色各占长方形纸片的几分之几。

$$\left(绿：\frac{1}{2}，红：\frac{1}{4}，黄：\frac{1}{8}，白：\frac{1}{8}\right)$$

2. 把每两个分数加起来，结果是多少？

$$\left(\frac{1}{2}+\frac{1}{4}=\frac{3}{4}，\frac{1}{2}+\frac{1}{8}=\frac{5}{8}，\frac{1}{8}+\frac{1}{8}=\frac{2}{8}，\frac{1}{4}+\frac{1}{8}=\frac{3}{8}\right)$$

师：这些算式可以怎样分类？

生：把同分母分数相加的分为一类，把不同分母分数相加的分为一类。

师：这些得数你是怎么知道的？

生$_1$：$\frac{1}{8}+\frac{1}{8}$是同分母分数相加，只要直接把分子相加。

生$_2$：$\frac{1}{2}+\frac{1}{4}$，可以把绿色的部分再平均分成两份，这样每一份就是整张长方形纸的$\frac{1}{4}$，3个$\frac{1}{4}$就是$\frac{3}{4}$。

师：为什么要把绿色的部分平均分成两份？

根据学生的回答，强调只有相同的分数单位才能相加，把绿色的部分平均分成两份，其实就是统一分数单位。

师：如果没有长方形纸，就让你直接计算$\frac{1}{5}+\frac{1}{10}$，该怎么办？

同桌讨论得出，可以用通分的办法把它们化成同分母分数。

……

[评析：这里两个课例的共同点是：突破了传统的"异分母分数加减法"的教学模式。也就是说，不是仅仅从同分母分数的加法和通分入手，而是引导学生通过直观材料的操作，明确异分母分数相加为什么要先通分的道理，即分数单位相同才能直接相加减，从而让学生自己悟出计算法则。这样的教学，为学生的思维提供了足够的素材，足够的时间，足够的空间，使每个学生都能仔细地观

察、认真地思考,充分激发学生思维的主动性和积极性,最大限度地引导学生参与了计算法则的形成过程,有利于培养和提高学生获取知识的能力。从而取得一般教学所达不到的教学效果。]

应用题的条件和问题要有内在联系

表格式应用题教学片段(郑伟)

1. 多媒体课件演示,动态出示以下画面:
原来有2只鸭子,又游来4只。
师:谁能看着大屏幕说三句话?
根据学生的回答,出示三句话:

| 原来有2只鸭子, | | 又游来4只, | | 现在有几只? |

师:如果要把这三句话放到像这样的表格中,该怎样放?边说边出示三幅表格,指名三个学生板演,结果如下:

原来有2只鸭子,		原来有2只鸭子,		原来有2只鸭子,
又游来4只,		现在有几只?		又游来4只,
现在有几只?		又游来4只,		现在有几只?
(1)		(2)		(3)

师:读读看,他们放得有道理吗?
生:我认为第(1)、(3)种读起来顺,第(2)种不顺。
师:大家都这样认为吗?(学生点头表示认可)其实第(1)、(3)种是一样的。像这样的题我们把它叫做表格式应用题。

2. 讲解条件、问题的名称,让学生找一找题中的条件和问题,说明表格式应用题是由2个条件和1个问题组成的,第一、二格摆条件,第三格摆问题。

3. 把下列4个条件和2个问题分别摆到表格中。(教师事先把

这些条件和问题做成卡片形式分发给每个同学）

妈妈买来9个苹果，	还剩几个？
吃了2个，	有6个男同学，
一共有几个？	有9个女同学，

反馈。

师：你是怎么摆的？

生：把"妈妈买来9个苹果，吃了2个，还剩几个？"摆在一起，把"有6个男同学，9个女同学，一共有几个？"摆在一起。

师：有不同意见吗？能不能这样摆？先可以与同桌说说你的理由。出示下列各题：

妈妈买来9个苹果，	妈妈买来9个苹果，	有6个男同学，
有6个男同学，	有9个女同学，	吃了2个，
一共有几个？	还剩几个？	还剩几个？

有6个男同学，	有6个男同学，	妈妈买来9个苹果，
有9个女同学，	吃了2个，	吃了2个，
还剩几个？	一共有几个？	一共有几个？

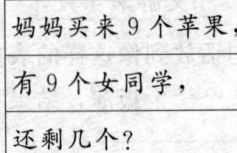

最后教师强调：2个条件和1个问题必须有联系，即讲的是同一件事情，才能组成一道表格式应用题。

[评析：表格式应用题的教学如果仅仅让学生知道什么是"条件"，什么是"问题"，会列式解答这样的题目，那就没有教学难点了。而郑老师别出心裁地设计了摆条件、问题的两次活动，让学生初步地感悟到表格式应用题与图画应用题的联系，以及应用题的条件和问题之间的内在联系。在具体教学过程中，教师能根据一年级儿童的特点给予恰当的点拨和指导。如：当指名学生把"三句话"放到表格中时，出现了两种情况，教师巧妙地抓住"读"的方法，

一、教学片段的摘录与评析

非常自然地让学生理解了为什么把条件放在第一、第二格,问题放在最后一格,从而掌握了表格式应用题的结构。又如:当学生初步建立了表格式应用题是由2个条件和1个问题组成时,教师及时地组织了第二次人人参与的操作活动,在对4个条件和2个问题摆入表格的过程中,让学生明白了:2个条件和1个问题并不都能够组成一道应用题,条件和条件之间,条件和问题之间还必须有联系。从而为进一步学习应用题打下了基础。]

应用乘法分配律可以使一些计算简便

乘法分配律新课教学片段(袁琴)

1. 出示例题:买8件衣服,每件45元;买8条裤子,每条35元。一共需要多少钱?

根据学生的回答得出:$(45+35)\times 8=45\times 8+35\times 8$

调整衣服和裤子的数量和价格,分别得出:

$(40+50)\times 8=40\times 8+50\times 8$

$(30+40)\times 50=30\times 50+40\times 50$

$(38+22)\times 100=38\times 100+22\times 100$

师:请同学们仔细观察4组等式,你发现了什么?可以与同桌讨论一下。

教师根据学生的回答说明:这样的规律就是乘法分配律。

师:像这样的等式你还能写出一些吗?

$生_1$:$(50+30)\times 49=50\times 49+30\times 49$

$生_2$:$(28+32)\times 10=28\times 10+32\times 10$

$生_3$:$(76+34)\times 7=76\times 7+34\times 7$

……

师:由于时间关系,不再一一列举了,你能用 a、b、c 三个字母来表示前面的这些等式吗?

生$_1$:$(a+b)\times c=a\times c+b\times c$

生$_2$:$(a+c)\times b=a\times b+c\times b$

生$_3$:$(b+c)\times a=b\times a+c\times a$

师:这些等式都表示什么意思呢?谁来说说。

指名回答(略)。

师:同学们把意思都说到了,看看书上是怎么说的。

学生看书。

2. 巩固。

(1) 巩固练习(略)。

(2) 出示讨论题:$(5+3)\times 2=6\times 2+3\times 2$

师:这个等式能成立吗?

生:能成立。因为结果相等。

师:是否符合乘法分配律的要求?

生:不符合。

师:谁能把这个等式改一改,使它符合乘法分配律的要求?

生:$(5+3)\times 2=5\times 2+3\times 2$

生:$(6+2)\times 2=6\times 2+2\times 2$

应用。

师:你认为学了乘法分配律有什么用?

生:可以使计算简便。

师:是吗?试一试这些题。

逐一出示:

(1) 一张桌子75元,一把椅子25元,买5套桌椅多少元?

(2) $(99+1)\times 8$ $125\times(8+4)$

    $99\times 8+1\times 8$ $125\times 8+125\times 4$

(3) 一家酒店有饮料101箱,每箱24瓶,共有饮料多少瓶?

反馈讲评。

师:做了这些题,你有什么体会?

生：有的题用乘法分配律简便，有的没有必要用。

……

教师根据学生的回答强调：运用乘法分配律能否使计算简便，要看具体题目。

[评析：这是一节比较抽象的概念课，最大的特点是教师能遵循学生概念学习的特点展开整个教学过程，没有追求知识的"一步到位"，过早地把概念"符号化"，而是不断创设问题情境，设置障碍，让学生在不断体验中理解和运用乘法分配律；在自主探索中获取新知，体验成功。新课教学一开始，学生用不同方法计算例题中"购买服装一共所需要的钱数"，得出了4个等式，通过观察、比较，初步感知了乘法分配律的意义，这时教师只是告诉学生：这样的规律叫做乘法分配律。再通过学生自己举例，为学生自己概括得出字母表达式提供了足够的素材，当学生对字母表达式的含义说不清楚时，及时指导学生看书，从而使学生真正理解了乘法分配律的含义。巩固练习检验并巩固了所学的概念。讨论题的组织，突破了学生理解乘法分配律的难点，针对性强。运用环节中三个层次的习题，让学生明确了并不是任何计算都是用乘法分配律简便。最后一题的设计在巩固运用新知识同时，沟通了与旧知识的联系，从而使知识系统化。]

要用分数表示必须要平均分

分数的初步认识教学片段（曹京蓉）

1. 认识平均分。

师：今天这节课我们先来玩折纸游戏，要求把每一张纸折成两部分，你想怎么折就怎么折，把折痕用水彩笔画一画。（课前教师已在信封里为学生准备了各种形状的纸）

反馈。

把两个学生的折纸情况贴在黑板上。如下图：

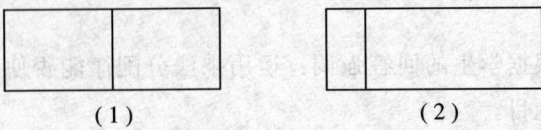
(1)　　　　　　　(2)

师：观察这两种折法有什么不同？你折的那张纸应贴在哪一种分法的下面？

生主动上来展示自己的折法。

形成板书：

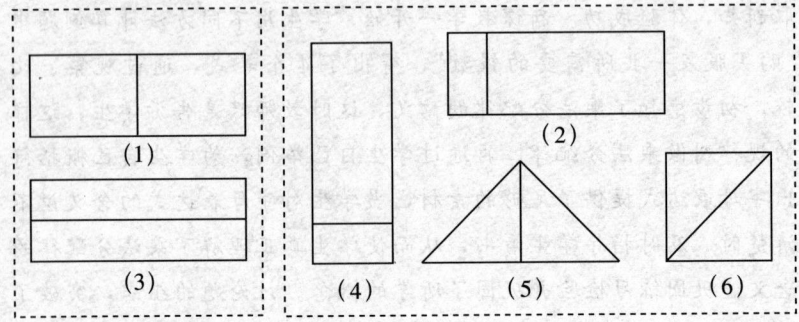

(1)　　　　　　　　　　(2)

(3)　　　　(4)　　(5)　　　(6)

师：对他们这样贴有意见吗？

生：(5)、(6)两个应该贴在左面。（教师调整这两张纸的摆放位置）

师：为什么要这样贴？

生：左边都是平均分的。

2. 认识二分之一。

教师选择左边图形(1)，把其中一部分画上斜线。

师：这画斜线的部分怎么表示呢？

生：二分之一。

师：二分之一怎么写？指名一学生写在黑板上。

师：你怎么想到用 $\frac{1}{2}$ 表示？

生：把一张纸平均分成两部分。

师：有道理吗？$\frac{1}{2}$也是一个数，我们把它叫做分数。（揭示课题）请大家继续观察，空白部分是这张纸的多少呢？

生：$\frac{1}{2}$。

师把图形（6）的一部分涂上颜色。

师：$\frac{1}{2}$能表示这个图形的哪一部分？

生$_1$：有颜色部分。

生$_2$：空白部分。

生$_3$：任意一部分。

师把图形（2）的一部分涂上颜色。

师：这一部分可以用$\frac{1}{2}$表示吗？为什么？

生：因为它们不是相等的两个部分。

师：也就是怎么样？

生：没有平均分。

3. 认识几分之一。

师：从信封里任意拿一张纸，将这张纸折两次或三次，但一定要平均分，把折痕用水彩笔画上，其中的一份涂上颜色。

师：说说涂上颜色的部分用什么分数表示？

生$_1$：（出示　　　　　）$\frac{1}{4}$。

师：$\frac{1}{4}$表示什么？

生$_1$：表示这个三角形中的涂色部分。

师：你是怎么折的？

生$_1$：对折再对折。

师：他这样折也就是把这张三角形的纸平均分成了4份。

还有不同的折法吗？

生₂：（出示 ） $\frac{1}{8}$。

生₃：（出示 ▭▭▭▭） $\frac{1}{6}$。

（还有许多学生在举手）

师：能不能看着自己这张纸像他们一样讲一讲？请你讲给同桌听一听。

4. 认识几分之几。

师：能不能在刚才那张纸上任意涂上一份或几份。想一想，你涂的是几分之几？

反馈。

生₁：▭ $\frac{3}{4}$。

师：有几个 $\frac{1}{4}$？

生₁：3个。

生₂：▭ $\frac{3}{8}$。

生₃：▭ $\frac{5}{6}$。

师：谁能说说 $\frac{3}{8}$、$\frac{5}{6}$ 各表示什么？

（学生回答略）

师：看看自己的纸，说说表示的分数。（学生互相检查）

5. 教学分数的写法和读法。（略）

〔评析：就这样让学生在"折一折"和"涂一涂"的活动中让学生感悟了"平均分"，初步认识了分数。〕

一、教学片段的摘录与评析

体会与思考

上述一些课例之所以成功，原因之一是在目标的定位上，教师对概念、术语、公式和法则学习的评价已更多关注对其本身意义的理解，而不是对它们记忆的熟练程度，注重的是在理解基础上的应用，特别是在新的问题情境中，能灵活地应用相应的法则和公式去解决问题，让学生不仅知其然，而且知其所以然。原因之二是教学中都没有追求知识的"一步到位"，力求体现知识发展的阶段性，让学生经历了一番曲折的道路，有尝试、假设、操作、探究和分析的一系列活动，终于找到了解决问题的途径。在学生探索、发现的关键时刻，教师舍得花时间，让学生有足够的时间去探索和思考。

但值得注意的是：有些内容是约定俗成的，绝不能靠学生去发现，而且也是发现不了的，如整数的读法和写法，几何形体的名称、四则运算的顺序等。有些内容则是学生通过观察、操作、思考可以发现的，如长方形、正方形的周长、面积计算、加法和乘法的运算定律等。此外，要考虑到必须是大多数学生在已有经验和知识的基础上，通过努力能够发现的规律，否则，费时很长，不一定收到好的效果。

（九）如何体现"小课堂、大社会"

数学来源于生活，又应用于生活。课堂教学应该着力体现"小课堂、大社会"的理念。从学生贴近的生活情境中发现数学问题，运用所学的数学知识解决问题，培养学生综合运用知识以及作出决策的能力。让学生体验到数学与日常生活是密切联系的，体会到数学的内在价值。

但长期以来在实际的课堂教学中，很少讲知识的来源和实际运用，学生的应用意识淡薄。即使是应用题教学，也缺少了"应用味"。学生做了千百道应用题，还是只会按类型解题，不懂得怎么应用。既不知道数据从哪里来，又不知道解决某个问题需要哪些数据、怎样获得数据。很多学生只在课堂内、考试时感到数学有用，而走出课堂，离开考场，几乎感觉不到数学的存在。

片段与评析

片段一：整十数加、减整十数及一位数（樊晓茜）

新课导入

贴出以下实物图：

师：你看到这些物品想到了什么？想买什么？算一算要多少钱？

$生_1$：想买一个书包和一个铅笔盒，40+5=45元。

师：还有不同的想法吗？

$生_1$：想买一个足球和一个书包，40+30=70元。

$生_2$：买一个足球和一个铅笔盒，30+5=35元。

生₃：三样都买，40＋30＋5＝75元。

生₄：就买一个足球30元。

生₅：就买一个铅笔盒5元。

……

师：如果告诉你一个书包和足球一共70元，足球30元。你能算出书包的价钱吗？

生：70－30＝40元。

师：你是怎么算的？

……

［评析：到商店购买学习用品是学生熟悉的情景，"想买什么？花多少钱？"是生活中经常碰到的问题，教师借助这一情景让学生自主选择商品，算一算要花多少钱，很自然地把学生带入到"整十数加、减整十数及一位数"的学习之中，真可谓"学者虽无意，教者却有心"。］

片段二：乘法初步认识（包奕颖）

课堂小结后巩固延伸练习

（1）在实物投影仪上出示下列实物：

师：想像一下，这里面是怎么放的？

生$_1$：有5行，每行6片。

生$_2$：有6行，每行5片。

教师打开盒子取出药片进行验证。

（2）继续逐一出示下列实物，让学生猜测，验证。

师：你们还能举出这样的例子吗？课后再去找一找。

[**评析**：以上教学片段中教师所出示的实物似乎随处可见，但很少有教师把它们与"乘法的意义"联系起来。包老师能把这些材料带进课堂，用以巩固练习。这本身就反映了包老师收集信息和处理信息的能力。]

一、教学片段的摘录与评析

片段三：两积之和应用题（汪水英）

新课导入

师：学校的体育器材有的已经破旧了，需添置一些新的，添置之前应该做什么？同学们已经调查过了，哪些需要添置呢？

出示下表：

足　　球　每个35元	哑　铃　每副35元
篮　　球　每个20元	钉　鞋　每双50元
羽毛球拍　每副28元	羽毛球　每个12元

师：根据你调查的情况，选择物品和数量，填入下表。算一算，一共要花多少钱？

商　品	单　价	数　量

反馈。

生$_1$：

商　品	单　价	数　量
篮　球	20元	5个
钉　鞋	50元	2双

一共需要的钱：
20×5＋50×2＝200（元）

生2：

商　品	单　价	数　量
羽毛球拍	28元	10副
羽毛球	12元	10个

28×10＋12×10＝400（元）或（28＋12）×10＝400（元）

……

师：你们选的物品与他们一样吗？要花多少钱？与同桌交流一下。

[评析：从这个片段中，我们可以清晰地看到，汪老师借助"学校购买体育用品"的实际问题，将课内学习与课堂外的调查活动进行了有机的结合，让学生在为学校出谋划策的过程中，愉快地投入数学知识的学习。]

片段四：相差关系应用题（杜惠慧）

新课导入和展开

师：杜老师今天上班路过一家水果摊，了解到这么几条信息：

橘子有20筐　　　苹果有12筐　　　苹果比橘子少8筐

请你任意选择两条信息，提出一个你最想解决的问题。

生1：橘子有20筐，苹果有12筐。苹果和橘子一共有多少筐？

生2：橘子有20筐，苹果比橘子少8筐。苹果有多少筐？

生3：橘子有20筐，苹果比橘子少8筐。苹果和橘子一共有多少筐？

生4：苹果有12筐，苹果比橘子少8筐。橘子有多少筐？

生5：苹果有12筐，苹果比橘子少8筐。苹果和橘子一共有多少筐？

师：哪些问题你能直接回答呢？反馈一步计算应用题的解答。

一、教学片段的摘录与评析

师：剩下两题你能直接回答吗？为什么？学生试做两步计算题。

[评析：千万别小看简简单单的一句导语，即"杜老师今天上班路过一家水果摊，了解到这么几条信息"，杜老师就是用这句话把学生带入到了现实情景当中，让学生感到数学来自于生活。也使原本枯燥的应用题有了"应用味"。]

片段五：万以内数的读法（徐勤芳）

巩固延伸练习

师：谁能大声地向在座的老师介绍一下我们的学校？

出示：

(1) 有学生 327 人，教师 85 人。

(2) "献爱心"活动中共捐款 8020 元。

(3) 学校阶梯教室有座位 205 个。

(4) 塑胶跑道长 200 米。

(5) 学校占地面积 19999 平方米。

[评析：徐老师借班上课的学校是一所新学校，对刚刚搬进的二年级学生来说，恐怕还比较陌生。快下课了。徐老师就地取材，让他们向听课老师介绍自己的学校，使原本枯燥的数据充满了亲切感，有利于激发学生爱学校的情感。无独有偶，一位教师同样上这节课在课的结尾出示了这样的题目 (1) 1996 年 1 月至 10 月，兴隆机械厂创产值40857800元。(2) 1996 年 1 月至 10 月，兴隆服装厂创产值56300900元。比去年同期增长2078455元。让学生读一读，并布置了这样的回家作业：再去调查了解收集有关兴隆村的数据。像这样的回家作业，实际上是创造了学生体验生活，解决实际问题的机会。既能激发学生爱家乡的感情，又有利于培养学以致用的意识。]

片段六：三步计算的小数应用题（毕宏辉）

最后的练习设计

明明带了15元钱买了4瓶果奶，每瓶1.5元。剩下的钱买矿泉水，每瓶2.5元。问可以买多少瓶矿泉水？

列式计算：$(15-1.5\times 4)\div 2.5=3.6$（瓶）

讨论：如何处理"3.6瓶"这个结果？

生$_1$：果奶少买一瓶。

生$_2$：买4瓶，讨价还价。

生$_3$：买便宜一点的矿泉水。

生$_4$：借钱。

生$_5$：买3瓶矿泉水，找回一点钱。

师：生活中有许多数学问题，具体问题需要具体分析，并加以解决。

[评析：教学中常常会碰到这样的问题，计算出来的结果与实际生活不符，而学生呢，对于算出的结果往往缺乏思考，一旦算出结果就万事大吉。很少顾及结果是否符合生活实际。毕老师能有心地设计了这一练习，并引导学生对计算结果的合理性进行了讨论，从而让学生感悟到"具体问题需要具体分析"。]

片段七：分数的意义（刘永宽）

课堂小结后的游戏活动

师：今天的任务大家都完成得很好，有很多同学都举手发表了自己的看法。下面请发言过的同学举手（34人），没有发言过的同学还有几次机会，请发言过的同学把机会让给他们，好吗？

师：全班多少人？（44人），发言过的人数占全班人数的几分之几？

生：$\frac{34}{44}$。

师：现在呢？

生：$\frac{35}{44}$。

一、教学片段的摘录与评析

师：没有发言的占几分之几？

生：$\frac{8}{44}$。

师：请今天第一个发言的同学站起来，他占全班同学人数的几分之几？

生：$\frac{1}{44}$。

师：占小组人数的几分之几？

生：$\frac{1}{7}$。

师：那他占全校学生人数的几分之几呢？

生：全校学生人数不知道。

师：假定是900人。

生：$\frac{1}{900}$。

师：同样是一个人，为什么一会儿是$\frac{1}{44}$，一会儿是$\frac{1}{7}$，现在又是$\frac{1}{900}$呢？

生：因为单位"1"变了，平均分的份数不同，所以表示的分数也不同。

师：你占了黄岩区学生人数的几分之几呢？课后去了解一下。

[评析：这样的游戏练习，既有趣味性，又很好地巩固了所学的知识。让学生课后去了解自己所在地区的学生人数，不就是在培养学生的数学眼光吗?! 在这样设计的背后，不难看出，刘老师心中装的是全体学生，力求为每个学生提供均等的机会。]

片段八：平均数（汪培新）

上这节课时，正值杭州举行首届西湖博览会，教师就收集了部分西湖博览会的材料用于巩固练习。

1. 师：这里有两则西湖博览会的材料，你能用刚才学会的方法解决这两个问题吗？

出示：

（1）在教育交流会上卖出：科技书 4 万本，连环画 2 万本，故事书 3 万本。平均每种图书卖出多少本？

（2）茶叶博览会开幕后，第一天参观的人数有 3 万人，第二天与第三天参观的人数共有 4 万人，第四天参观的人数是 1 万人。这四天平均每天有多少万人去参观？

2. 师出示：1978 年杭州市平均住房面积是 4 平方米，
1999 年杭州市平均住房面积是 9 平方米。

师：看了这些你想到了什么？

生$_1$："平均"是大概的意思。

生$_2$：平均 9 平方米并不都是每个人真的都是 9 平方米，多的可以是 100 多平方米，少的可以是无家可归。

生$_3$：住房的面积越来越大了。

师：你家的住房面积平均超过 9 平方米的举手。（学生全都举手了）你是怎么算出来的？

生：总面积除以人数。

师：生活中还有哪些地方用到平均数呢？

生$_1$：平均每班多少人。

生$_2$：平均每样东西有多重，值多少钱。

……

[评析：在学生理解平均数的含义、掌握求平均数的方法的基础上，教师及时用西湖博览会的材料作为素材，创造了让学生运用所学知识解决实际问题的机会。让学生看着有关住房面积的一组对比材料后说说想到了什么，再让他们列举生活中用到平均数的事例。既巩固了本节课所学的知识，又培养学生的数学意识和数学眼光。还有机地渗透了思想品德教育。]

一、教学片段的摘录与评析

片段九：平均数（骆玲芳）

最后的练习设计

师：我校不久要召开达标运动会，这段时间同学们都在进行紧张的训练，骆老师很想了解大家的训练情况。请你们以小组为单位把每一位同学的训练成绩填在表格里。（学生填表）

项目 序号	1分 仰卧起坐（次）	1分 跳绳（下）	立定跳远 （厘米）
1			
2			
3			
4			
5			
6			
7			
合 计			
平均数			

反馈。

师：想一想，根据每个人的成绩，我们可以解决哪些问题呢？

生$_1$：可以求出每组的平均数，再与别的组比较。

生$_2$：可以求组的平均数与别的班级比较

生$_3$：可以与锻炼标准比较，看自己有没有达到标准。

师出示国家体育锻炼标准。

附表1：小学三年级男子评分表

项目 成绩	1分 仰卧起坐（次）	1分 跳绳（下）	立定跳远 （厘米）
优 秀	43 以上	145 以上	171 以上
合 格	19～43	61～145	123～171
不合格	19 以下	61 以下	123 以下

附表2：小学三年级女子评分表

成绩＼项目	1分 仰卧起坐（次）	1分 跳绳（下）	立定跳远（厘米）
优 秀	40以上	166以上	168以上
合 格	16～40	82～166	120～168
不合格	16以下	82以下	120以下

师：比较一下，你发现了什么？有何打算？

生₁：我还没有达标，要继续努力。

生₂：我已经达标了，还可以再提高。

……

师：通过这节课的学习，我们知道了平均数，学会了求平均数的方法。在我们的生活中用平均解决问题的事例很多，希望同学们用数学的眼光去观察、分析问题，会越来越聪明。

［评析：让学生收集达标活动中的数据，然后对这些数据进行观察和比较。这一练习无论从形式还是内容，都远远超出了"练习可以巩固所学的知识"的意义，更重要的是培养了学生收集数据和整理数据的能力，以及学以致用的意识。］

片段十："利息的计算"教学片段（范新林）

在学生掌握了利息的计算方法，进行了一系列的巩固练习后，教师安排了一个环节，要求学生运用已学的知识解决简单的实际问题。具体教学过程如下：

师：自己的钱要有自己的打算，不能盲目乱花，存银行时也要选择比较合适的存期，以获得更大的实惠。但有时意料不到的情况时有发生，你看，王大爷就碰到了这样的情况。出示情景：王大爷1997年12月14日，把5000元存入银行，定期三年，眼看就要到期了，但是前几天王大爷的老伴突然生病住院，急需这5000元，可是银行规定，凡不到期取款一律按活期利率计息。为这，王大爷正左右为难呢。（注：活期月利率：0.0825%，三年定期年利率2.7%。另上课这一天是2000年11月14日，离到期还有一个月。）

师：王大爷为什么左右为难呢？（生：因为取出来的话成了活期储蓄，要损失利息。）

师：你能替王大爷想想办法吗？

生$_1$：向朋友借。（师：借不到怎么办？）

生$_2$：我看还是取了好，因为看病要紧。（师：实在没办法也只好取了。）

生$_3$：不！可以先向银行贷款，然后等钱到期了再归还。

……

师：贷款要付利息的，银行规定，贷款期限在半年以内月利率为0.5115%。我们帮王大爷算一算，贷款是不是合算？这位同学出的主意好不好？（生尝试，师巡回。）

生试算后一致认为：贷款合算。

师：你们是怎样算的。

生：作活期算应得利息：$5000 \times 0.0825\% \times 35 = 144.375$（元）

贷款一个月应付利息：$5000 \times 0.5115\% \times 1 = 25.575$（元）

定期三年应得利息：$5000 \times 2.7\% \times 3 = 405$（元）

比较后发现贷款确实比较合算。

师：刚才同学们都动了很多的脑筋，为王大爷出许多主意，我们快去告诉王大爷。

［评析：在后面的优秀课例实践与反思中，我们可以更清楚地看到范老师在这节课中所体现的"小课堂、大社会"的理念，从有关压岁钱的话题导入，引导学生自己说出有关银行的知识后，就在实物投影仪上出示了一张存期为一年的真实存单，让学生从存单上获取信息，展开了新课教学。在巩固练习中及时补充了有关贷款的知识。最后让学生运用已学过的一些知识帮王大爷出主意，给学生

提供了解决实际问题的机会。整节课充满了浓浓的生活气息,让学生感受到"身边处处有数学"。]

片段十一:分数、百分数乘法应用题教学片段(高琦)

巩固练习

学生计算后,教师根据学生回答课件出示得数。

师:你了解你自己吗?能向大家介绍一下自己吗?

生$_1$:我的身高是 148 厘米。

生$_2$:我的体重是 45 千克……

课件出示信息:

人体中的血液约占体重的 7%。

人体内的水分大约占人体重的 60%。

12 岁小孩头部的长度约为身高的 $\frac{1}{7}$。

学生计算有关自己的数据后四人小组交流反馈。

师:同学们,有兴趣帮老师计算一下吗?高老师体重 60 千克,身高 168 厘米。

生:老师,你又不是 12 岁小孩,应该告诉我们成人头部的长度占身高的几分之几。

师:成人的头部长度约占身高的 $\frac{1}{8}$。

生:我算出高老师的头部长度是 21 厘米,体内水分是 36 千克,血液重量是 4.2 千克。

课件出示新采二小的平面设计图。

师:你们知道这是什么地方吗?

生:可能是我们的新学校吧。

师:你们猜对了。新采二小有专用体育馆,还有游泳池,这么美丽的学校在明年的 9 月就可以建成了。到时候你们就可以在新学校里学习了。

生：明年9月我们都毕业了，不可能了。（非常遗憾地）

师：但我们可以对新学校有进一步的了解。

老师先想请四人小组进行合作，设计新学校各部分所占百分比，看哪个小组设计得最合理。

课件出示要设计的6部分名称：绿化、操场、教学大楼、体育馆、游泳池、其他设施。

学生小组合作设计各部分所占的百分比后，请四人小组的组长上台汇报最有特色的设计成果及设计理由。（实物投影展示）

生$_1$：我们小组把绿化所占的百分比设计为45%，我们觉得采二是绿色学校，以后的新学校应该更加突出这个特色。

生$_2$：我们觉得操场应该更大一些，这样所有的同学下课都能在操场上玩了，所以我们设计操场所占的百分比为40%。

生$_3$：我喜欢游泳，游泳池大一点才舒服。我们设计游泳池占整个校园面积的8%……

师：我们来看一下专业设计师设计的百分比，比一比谁设计的比较合理，好吗？

课件出示表格：

绿　　化	35%	体育馆	7%
操　　场	27%	游泳池	3%
教学大楼	20%	其他设施	8%

师：如果要计算新学校各部分所占的面积，还要知道什么？

生：还要知道新学校的总面积是多少？

课件出示条件：我校现占地面积约为10000平方米，正在建设中的新采二占地面积比现在多80%。

师：你能计算吗？学生计算后反馈算式。

教师板书：10000×80%＋10000＝18000（平方米）

四人小组合作计算各部分所占面积。课件出示得数完整的表格。

师：让我们在明年的秋天相会于新采二！

[评析：让学生"了解自己"，非常巧妙地进行了应用题的结构和数量关系的练习。在这里，由于所有的百分比都是固定的，每个学生的身高、体重的不同，便有了不同的答案。最后，教师出示新校园的设计规划图，旨在激发学生对美好校园生活的向往及为母校出一分力的愿望。同学们对不能在新学校学习感到十分遗憾，而作为即将毕业的学生，教师请学生设计新学校各部分所占百分比，也就是在引导学生继续关注新学校，培养学生的爱校之情。在设计过程中，既要考虑到设计的合理性，也要求学生能在单位"1"里分配好各部分的百分比。这就需要一定的数学眼光。]

体会与思考

从上述课堂教学的一些片段中，我们可以得到以下几点启示：

1. 把数学与儿童生活实际联系起来，讲来源讲用途可以使学生看到生活中处处有数学。学生学起来亲切、自然。

2. 要培养学生的应用意识，教师首先自己要有应用意识和主动驾驭教材的意识，及时收集和整理与学生的生活密切相关的、富有时代气息的材料，以补充、替换课本中的例题或习题。

3. 培养学生应用意识，不仅仅是应用题教学的任务，计算和概念教学也同样必要而且可能。

4. 创设问题情景，引入一些具有实际意义的问题，固然有利于培养学生的应用意识，体现"小课堂，大社会"的理念。但要防止由一个极端走向另一个极端，处处强调实用，造成牵强附会，以致于一些教学情景简单化和庸俗化。因为加强数学与生活的联系，并不是说所有数学知识的教学都必须有一个实实在在的生活背景。即使是应用题教学，其中的应用题也只能是实际问题的模拟，毕竟不是实际问题。

（十）如何用好开放题

近些年来，数学开放题及其教学已经成为基础教育数学教学改革及研究的一个热点，许多学者对其涵义、类型及教育的价值等方面进行了研究，在一些理论问题上已经达成了共识。普遍认为，数学开放题与那种具有唯一正确答案，甚至唯一正确解法的"传统问题"相比，由于自身的开放性质，不再是条件充分、结论唯一，决定了学生不可能按照既定的模式机械地去从事解题活动，而必须主动地、积极地去进行探索，有利于学生自我意识和独立人格的形成，是培养学生的创新能力的一个切入口。但作为教学第一线的教师感到困惑的是：在日常的课堂教学中该如何引进和用好开放题。

片段与评析

片段一："10的认识"巩固练习设计

在学生初步认识了10之后，教师出示了一把尺。

师：这是一把尺，小朋友你们看着这把尺，想说什么就说什么。

生$_1$：尺上有0、1、2、3……等数字；

生$_2$：10比9大，9比10小；

生$_3$：尺上的数从0到10一个比一个大。

……

[评析：简单的一把尺，就让学生如此活跃，关键在于教师的"想说什么就说什么"，看似简单，实际是一道开放题，能满足不同层次学生的要求，在习题的设计上能努力面向全体。]

片段二：两位数减一位数的退位减法（陈莹）

课堂小结后出示题目：选1、2、3、4、0中的三个数写两位数减一位数的退位减法题。

师:比一比,谁写得又对又多?

反馈。

生$_1$: 23-4　12-4　10-4　10-2　13-4
　　　 12-4　20-3　20-4　30-4

生$_2$: 23-4　10-2　21-3　32-4　10-4　30-1
　　　 42-3　12-4　10-4　12-4　13-4

生$_3$: 10-1　10-2　10-3　10-4　40-1　40-2
　　　 40-3　40-4　21-2　31-2　41-2　41-3

……

师:我们可以按一定的规律来写,你找到了吗?(教师讲解,强调写的是退位减法)

[**评析**:从表面上看,似乎只是让学生出题目,没有算得数,其实,学生每出一题,就需要判断是否满足"两位数减一位数的退位减法"这一条件,都就必须用计算进行验证。这就是这道题设计的巧妙之处,几乎把整节课要解决的重点和难点都浓缩到了这一道习题之中。反馈时三个学生已写出了许多不同的符合要求的算式,但题目本身远不止这些算式。如果教师能抓住生$_3$的回答,让他说一说思考过程,就能更好地发挥开放题的作用,因为生$_1$和生$_2$所列的算式是随机的,有"凑"的成分,而生$_3$所列的算式却是有序的,他首先选择的6个算式的被减数的个位都是0,减数是1、2、3、4;然后是被减数的个位是1,减数是2、3、4……顺着这样的思路下去,就有可能找到问题的所有答案,说明他已经在按一定的规律写算式了。]

片段三:两位数加一位数的进位加法(俞晴)

师:(指黑板一些算式)能不能自己编几道这样的题目吗?

学生编题目后反馈,教师板书下列算式:

一、教学片段的摘录与评析

35＋7	6＋18	5＋26	89＋4	32＋9
25＋48	48＋9	37＋29	42＋9	36＋8……

师：这些题目符合要求吗？

生：25＋48和37＋29不符合。

师：为什么？

生：因为是两位数加两位数了。

师：请你出几道这样的题让你的同桌好朋友做一做。

同桌互相出题，交换批改。

师：（出示38＋□）刚才老师也在出题，要使它成为今天学过的题，你说方框里该填什么数呢？

生$_1$：3。

生$_2$：9。

生$_3$：6。

生$_4$：8。

师：都对吗？（学生点头）谁能用一句话说清楚该填几？

生：2～9，因为它们与8相加都满十。

师：如果是4□＋□，那□里的数又该填多少呢？课外去试一试，到底有多少种不同答案。

[评析："教师出题，学生做题"的计算课练习模式很难让学生具有主动做题的愿望。而这里教师让他们自己出题，同桌互相出题，这种练习形式本身就是开放的，能满足学生自我探索的需要。最后教师出示的"38＋□和4□＋□，"都是答案不唯一的开放题。我们可以有足够的理由相信，学生会"心甘情愿"地去完成这样的课外作业。]

片段四：分数的意义教学片段（金熠）

师：请你任意选一个分数，并在图中（见下页图）涂色表示出来。

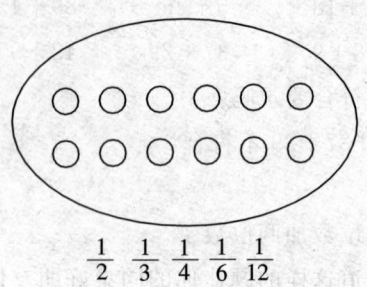

$\frac{1}{2}$　$\frac{1}{3}$　$\frac{1}{4}$　$\frac{1}{6}$　$\frac{1}{12}$

反馈。

生₁：选 $\frac{1}{2}$，可以用图中的 6 个圆圈表示。

师：为什么可以用 6 个圆圈表示？

生₁：把 12 个圆圈看作单位"1"，平均分成 2 份，每份是 6 个，就可以用 $\frac{1}{2}$ 表示其中的一份。

生₂：选 $\frac{1}{3}$，可以用图中的 4 个圆圈表示。

生₃：选 $\frac{1}{4}$，可以用图中的 3 个圆圈表示。

生₄：选 $\frac{1}{6}$，可以用图中的 2 个圆圈表示。

生₅：选 $\frac{1}{12}$，可以用图中的 1 个圆圈表示。

师：大家在解答这道题目的过程中，有什么想法？

生：同样是把 12 个圆圈看作单位"1"，同样是取一份，由于平均分的份数不同，每份所包含的圆圈的个数也不同。

[评析：这样的练习形式，首先给学生的是自主选择的机会，想表示哪个分数和怎样表示都可以由自己做主，尽管图中与一个分数相对应的圆圈的个数是确定的，但具体用哪几个圆圈表示是不确定的。其次是运用数形结合，既加深了学生对分数意义的理解，又为后继学习如异分母分数的加减法、求一个数的几分之一是多少的

分数应用题等打下基础。也不妨把这一题稍做变动作为异分母分数加减法的准备练习。]

片段五：被 2、3、5 整除的数的特征（郑国良）

引导学生得出能被 2、3、5 整除的数的特征后，教师要求判断课堂导入时收集的一组数据（5、1、40、22、18、25、63、1395、310016、722）。

师：能被 3 整除的数有哪些？

生：18、63、1395

师：722 为什么不能被 3 整除？

生：因为它各个数位上的数字之和是"11"不能被 3 整除，所以 722 不能被 3 整除。

师：如果老师的工资数可以调整，你怎么调整老师的工资，使我的工资数就能被 3 整除？（722 是课前谈话时教师向学生透露的自己的月工资数）

生$_1$：随便哪一位上加 1。

师：你打算加在哪一位上？

生$_2$：十位上加 1，变 732。

生$_3$：千位上加 1。

……

师：你们都很大方，这样郑老师的日子就更好过了。

[评析：给老师调工资可是一次难得的机会，同学们情绪高涨，想出了种种办法。这里如果郑老师在评价中能再给予一些点拨，问问学生"为什么加 1"、"有没有不同意见"等，还能打开学生更大的思维空间，因为要使 722 能被 3 整除，除了在任意一位上加 1 以外，还可以加 4、加 7 等。（当然在百位上加 7 要求是高了一些）让学生在体验到：尽管答案不唯一，具体的方法也可以不一样，但不管怎么改变，其中隐含的原理是一样的，那就是：各个数位上的

数相加的和是 3 的倍数。在这样的体验中,学生的概括能力和迁移能力会得到进一步提高。]

片段六:相差关系应用题教学片段(杜惠慧)

课堂小结后的综合练习

出示:

第 27 届奥运会金牌排行榜

美　　国	比中国多 11 枚
俄 罗 斯	比中国多 4 枚
中　　国	28 枚
澳大利亚	比中国少 12 枚
德　　国	比中国少 14 枚
法　　国	比中国少 26 枚

师:看了金牌排行榜,你还想了解哪些信息?请你选择自己最想得到的信息进行计算。

指名反馈,教师板书相应的问题。

生$_1$:我想了解中国和德国共得几枚金牌。

生$_2$:中国、澳大利亚和德国一共得多少枚?

生$_3$:俄罗斯、中国和澳大利亚一共得多少枚?

生$_4$:六个国家一共得多少枚?

……

[评析:能从刚刚结束的奥运会上收集这些信息,经过自己的教学法加工,成为教学材料,说明教师本身就有较强的应用意识和创新意识。让学生从中选择条件,提出问题。实际上就是一种创造性的作业,从提供的信息来看,有足够的灵活性,既可以使学生进一步巩固相差关系两步计算应用题的结构、数量关系,又能培养学生初步用数学观点来观察问题、分析问题和解决实际问题的能力。

问题的开放性使学生能根据自己所关心的问题和能力提出问题和解答问题,能更好地面向全体学生,体现因材施教。]

片段七:常见的数量关系(骆玲芳)

课堂小结后的综合应用

师:过几天学校就要组织一次秋游活动,中餐以4人小组为单位订购。现在请各小组根据学上超市提供的食品价目表填写购物单。要求是:搭配合理,经济实惠。

学上超市食品价目表					
面包	1个	1元5角	娃哈哈	6瓶	5元4角
红肠	7根	5元6角	矿泉水	1瓶	2元
蛋糕	2块	2元4角	可乐	1瓶	3元
茶叶蛋	3个	2元1角	酸奶	5瓶	8元
巧克力	1块	2元	口香糖	1枝	1元5角
牛肉干	1包	3元8角			

反馈。

师:你们小组是怎么安排的?有什么理由?

生₁:买4个面包,买4瓶矿泉水,每人可得到1个面包、1瓶矿泉水,这样最经济实惠,一共花14元钱。

生₂:每人1个茶叶蛋,1块巧克力和1瓶矿泉水,其他再集体买1包牛肉干和1枝口香糖,因为牛肉干和口香糖可以分着吃。这样一共要花24元1角。

……

师:你认为他们安排得怎么样?

生₃:我们组觉得矿泉水可以两个人一瓶,面包也可以两个人分吃。

生₄:矿泉水两人一瓶不卫生。

生₅：从家里带一次性杯子。

……

[评析：围绕"为秋游准备什么食品",同学们俨然一副小当家的架势,进行了精心的策划,想出了许多方案。这就归功于教师提供了大家关心的话题,提供了开放式的问题情景,使学生的学习过程成为一种特殊的开放性的实践活动。既把握了这节课的重点和难点(学生不知道要做多少道应用到有关"单价、数量和总价"数量关系的题目),又及时地加强了数学与生活的联系,有利于培养学生的数学意识以及解决实际问题的能力。]

片段八：等分长方形教学片段（俞卫华）

师：（指黑板长方形图）如果要用一条直线来等分这个长方形,像这样的直线会有多少条呢？现在请大家动动脑筋。自己可以画一画,也可以拿一张长方形纸折一折。（事先提供了一些长方形图形和纸）想好了,要求小组长统计一下你们组想出了多少种方法。

学生活动。

反馈汇报,学生以小组为单位展示自己的研究成果。

生₁：我们用折长方形纸的办法,找到了4条。（如图1）

师：有不同的吗？

生₂：我是这样折的,也能等分这个长方形。（边说边作示范）（如图2）

生₃：我还有不同的折法。（如图3）

师：这样折可以吗？其他同学帮忙验证一下。

学生验证后认为是可以的。

师：把这些折痕用水彩笔画出来,然后把几张长方形纸叠在一起,对着强光看一看,你发现了什么？

生₁：看到了一个中心点。

教师用课件演示叠的过程,最后形成图4。

一、教学片段的摘录与评析

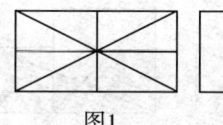 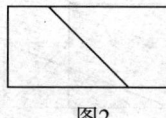 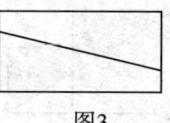 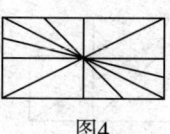

  图1   图2   图3   图4

  师：你能说说怎样的直线能等分长方形吗？

  引导学生得出：通过长方形中心点的任意一条直线都能等分长方形。

  师：验证一下，再想一想这样的直线究竟有多少条。

  学生验证。

  师：用这样的方法能不能把其他的图形等分？

  [评析：什么样的直线能把长方形等分成两部分？尽管最后的答案是唯一的，即通过中心点的任意一条直线可以把长方形等分。但并不能否认它作为一道思维训练题的价值，因为在探索的过程中，学生的思维能力达到了发展。我们从教学过程中可以看出：问题的开放性满足了不同思维水平的学生的需要，同样是用"折"的方法，生$_1$和生$_2$、生$_3$获得的结论有着明显的思维差异。]

  片段九：组合图形的面积练习课（葛伟新）

  上课一开始，教师就出示：

  6厘米 4厘米

  并要求学生任意连接正方形的顶点，把得到的图形涂色表示出来。

  学生以小组为单位操作。

  反馈，学生展示自己的成果。如下页图：

  师：这些图形符合要求吗？

  生：最后一个图形连接的有一个不是顶点。

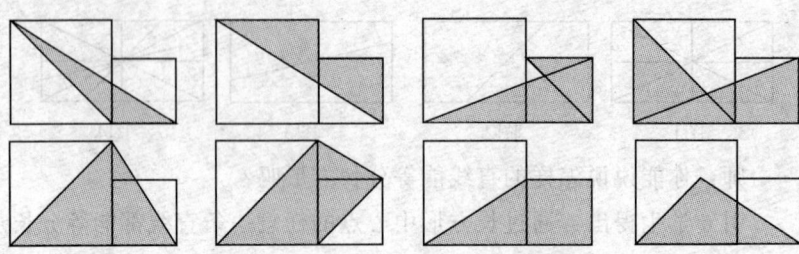

师：每个同学选择一个图形，算一算涂色部分的面积。

学生计算面积。

反馈交流。（略）

[评析：教师只提供了两个大小不同的正方形，让学生自己连接顶点，把得到的图形涂色表示出来，求出面积。由于学生自己参与了"命题"的过程，有了以自己喜欢的方式去解答问题的机会。比起解答现成提供的题目来，兴趣更高。]

体会与思考

上述教学片段中一些开放题所涉及的内容既有纯数学的，也有一定实际意义的，都能紧扣教材内容，兼顾学生基础，学生通过现有的知识就能够解决，客观上为开放题进课堂提供了可能。又由于自身的开放性，满足了不同层次学生的需要，在解题的过程中使人人都有收获，人人都体验成功，有利于培养学生对数学学习积极主动的态度和自信心。实践证明，在课堂教学中适当引进一些开放题，能给教学带来新的生机和活力。但下列几个问题值得注意：

1. 开放题教学并不是一味地追求开放，需要教师处理好"放"与"收"的关系，在开放的过程中作适时的点拨和引导，及时地组织交流，把个体的经验转化为集体共同的财富。

2. 由于打破了常规教学的模式，具有开放性，给教师教学增加了难度。这就要求教师具有丰厚的教学功底。课前要充分设计好教学，认真分析学生，做多种准备和估计，以便能自如地应付各种可能出现的情况。

3. 要客观认识开放题的价值，尽管开放题由于自身开放的性质，有利于培养学生的创新能力，但并不是唯一途径。因为，学生创新能力的培养所主要涉及的并非题型的改变，而是教学思想的重要转变。在数学教学中我们应强调思想的开放性，反对过分的规范，目的是改变学生在学习过程中的被动状态，促使其更为积极、主动地进行探索，大胆地突破各种已有的条条框框的束缚。

4. 开放题教学与开放性教学相比，开放性教学则更根本，开放题只是一种载体，是实施开放性教学的一种工具，其目的是使教师学会开放性教学。开放性教学是开放题教学的延伸和拓展，在日常的教学中，教师应该创设开放的环境（从课堂师生关系来说，它要求教师既作为指导者，更作为参与者；它既重视教师对学生的指导，也重视教师从学生的学习中汲取养料），选择开放的教学材料（它不仅可以来自教材，也可以来自生活，来自学生），给每个学生提供更多的参与机会和成功的机会，让每个学生在参与中得到发展。我们的教师必须具有这样的观念和意识，才能使开放题的教学真正走向开放性的教学。

（十一）教学需要怎样的情境

"创设情境"是数学教学中常用的一种策略，它有利于解决数学的高度抽象性和小学生思维的具体形象性之间的矛盾。《数学课程标准》在课程实施建议中也明确指出：数学教学是数学活动的教学，是师生之间、学生之间交往互动与共同发展的过程。数学教学要求紧密联系学生的生活实际，从学生的生活经验和已有知识出发，创设各种情境，为学生提供从事数学活动的机会，激发对数学的兴趣，以及学好数学的愿望。为此，广大教师都非常重视创设情境，力求为学生提供良好的学习环境。但数学教学究竟需要怎样的情境？教学情境与生活情境、问题情境的关系如何？创设情境需遵循什么原则？需注意哪些问题？许多教师对这些问题还存在着一些模糊的认识，使得有些教师往往花很大的时间和精力去创设情境，但这些辛辛苦苦创设的情境并没有起到应有的作用。

片段与评析

"能被3整除的数"的情境创设

片段一：能被3整除的数

1. 导入。

师：（课件出示"知识宫"）你们看，这是知识宫。聪明好学的小红今天又到知识宫来探求知识的奥秘。知识老爷爷热情地迎接她的到来，关心地说："最近你学了能被2、5整除的数，让我出个问题来考考你。（出示下面的数：25、14、22、33、10、43、76、95、

35）你看这些数,哪些能被 2 整除,哪些能被 5 整除?(学生回答后把这些数分成两类)老爷爷接着问:"哪些数能被 3 整除?""你是怎么判断的?"

师:我们知道能被 2、5 整除的数都有各自的特征,那么能被 3 整除的数也应该有自己的特征,能被 3 整除的数有什么特征呢?这节课我们就来共同学习和研究这个问题。(板书课题)

2. 展开。

教师依次凭借小棒图讲解能被 3 整除的两位数、三位数、四位数的特征,并引导学生概括能被 3 整除的数的特征。

片段二:能被 2、3、5 整除的数的特征(郑国良)

1. 师生谈话,收集数据。(略)

教师根据谈话收集到的数字依次板书:5、1、40、22、18、25、1359、310016、722。

师:如果把黑板上的人数、邮政编码、工资等都看成一个数,你们能不能马上判断出哪些数能被 2 整除、哪些数能被 3 整除、哪些数能被 5 整除?

生:……(回答不上来)

师:今天我们就来研究能被 2、3、5 整除的数的特征。(板书课题)

2. 展开。

师:请同学们在 0～9 这 10 个数字中,每人任意挑选三个数字组成不同的三位数,然后请大家看一看,算一算,想一想:你写的三位数哪些能被 2 整除?哪些能被 3 整除?哪些能被 5 整除?请把结果填在表中。有困难的同学可以相互讨论,也可以与老师讨论。

选择的数字	能被2整除的数	能被5整除的数	能被3整除的数

[评析：计算机辅助教学，能突破时间和空间的限制，把难以使学生直接感知的事物和现象，能在短时间内直接有声有色地呈现出来。它以生动的画面、形象的演示，能给人以耳目一新的感觉。课例一通过电教媒体，借助"小红去知识宫"的情境导入新课，目的是想更好地调动学生的学习积极性。可是，这样的故事情境对五年级的学生来说，究竟能否起作用？如果把计算机辅助教学的作用仅仅局限于替代老师出题目的作用，要不要花那么大的精力去制作课件？这些都值得重新思考。相比之下，课例二的导入和展开所借助的情境显得自然和流畅，所提供的材料也更有利于学生在自主探索中寻找规律。]

"按比例分配"的情境创设

片段一：

师：有一次上体育课，黄老师拿来了9个篮球，要分给10个男同学，5个女同学，怎么分配合理？

生：按比例分配最合理。男同学得6个，女同学得3个。

师：很好，这就是我们今天要学的按比例分配。（出示课题）

一、教学片段的摘录与评析

（接着教师就按部就班地讲解例题）

片段二：（钟麒生）

师：同学们，你们分过东西吗？

生：分过。

师：二（1）班体育黄老师要把 24 个实心球分给男、女两组同学进行练习（教师板书）你们能帮黄老师分一分吗？

同桌互相交流后反馈。

生$_1$：男同学 12 个，女同学 12 个。

生$_2$：我也是男同学 12 个，女同学 12 个。

师：大家一样多，这样的分法我们称之为"平均分"，可以吗？有没有不同意见？（没有学生表示有不同意见）

师：二（1）班男同学有意见，因为二（1）班男同学有 30 人，女同学有 18 人。知道这是为什么吗？

生$_1$：这样不太合理，因为男同学人数多，但他们也只分到 12 个，所以他们有意见。

生$_2$：我也认为这样不合理，应该按男女生人数的多少来分，人数多的多分一点，人数少的少分一点。

……

师：我也赞成大家的意见，这里按人数的多少，也就是按人数的比来分比较合理。

[评析：帮老师做事情是学生非常向往的，两位老师能抓住学生的心理，创设"帮黄老师分球"的问题情境。但遗憾的是：课例一中的教师未能像课例二那样，充分利用这一问题情境在激发学生学习的积极性的同时，让学生在用不同方法分球的争议中，充分暴露各自的思维过程，就"怎么分配合理"发表自己的意见，在多种分配方案比较的基础上，得出按比例分配最合理，从而展现知识的产生过程，让学生感悟"按比例分配的必要性"，然后引出课题。究其原因，还是在于教师对课堂教学过程中教学情境的不同理解，

课例一未能把情境与本节课的教学目标挂起钩来,仅仅把情境作为一种"摆设",当被提问的第一个学生的回答就纳入了教师的备课思路,教师就立即加以肯定,再也不去过问其他同学的意见如何,迫不及待地进入了下一个环节的教学。相反,如果这个学生的回答未能按教案设想作出回答,教师可能会努力引导,直至达到预定答案为止。产生这些现象的深层次的原因还是一个观念问题,许多教师只是理性上承认学生是学习的主体,是课堂的主人,但一旦在教学过程中碰到具体问题,就显得有点力不从心了。]

"除数是一位数的笔算除法"的情境创设

片段一:

师:学校进行拔河比赛,要把42个同学平均分成两组,每组多少人?

生:21人。

师:你是怎么算的?

生:42÷2=21

师:今天这节课我们就来学习除数是一位数的除法的笔算。(出示课题)

"42÷2"如果用竖式该怎么做呢?

(教师讲解如何用竖式进行计算)

片段二:(金熠)

师:(板书42÷2)42÷2等于多少?

学生纷纷举手。

指名回答。

生:等于21。

师:你是怎么想的?

生：$40 \div 2 = 20$，$2 \div 2 = 1$，$20 + 1 = 21$。

师：大家有不同意见吗？（学生表示没有）如果要用竖式来计算这道题目，你们打算怎么列？试试看。

反馈。

生$_1$：
$$\begin{array}{r} 21 \\ 2\overline{)42} \\ \underline{42} \\ 0 \end{array}$$

生$_2$：
$$\begin{array}{r} 21 \\ 2\overline{)42} \\ \underline{4} \\ 2 \\ \underline{2} \\ 0 \end{array}$$

师：还有其他方法吗？（学生表示没有）比较一下，你喜欢哪一种？说说你的理由。

生$_1$：喜欢第一种，因为简单，竖式可以短一些。

生$_2$：我也喜欢第一种，本子还可以省一点呢。

（有学生笑了，很少有学生喜欢第二种，也就是课本例题的形式）

师：其实第二种方法有自己的优势，它能让大家很清楚地看到计算过程。边用电脑演示，边讲解：先用十位上的4除以2，商2，把2写在商的十位上，2乘2得4，在被除数十位上的4下面写4；再用个位上的2除以2，商1，把1写在商的个位上，1乘2得2，在被除数个位上的2下面写2。

生反驳：我们的竖式也能清楚地看到计算过程。4除以2得2，商2，二二得四，写4；2除以2得1，商1，一二得二，写2。

师：你们都这样认为？（学生点头）（出示$32 \div 2$）那就用你喜欢的方法列竖式算一算这一题。

反馈。

生₁：
$$\begin{array}{r}16\\2\overline{)32}\\\underline{32}\\0\end{array}$$

生₂：
$$\begin{array}{r}16\\2\overline{)32}\\\underline{2}\\12\\\underline{12}\\0\end{array}$$

师：你们同意他们的做法吗？

生₁：同意第二种。不同意第一种。

师：为什么？

生₁：因为第一种，先是口算出16的。

师：什么意思？大家听明白了吗？

生₂：第一种竖式里"3"下面的应该是"2"。

师：那你上来改一改这个竖式。

师：现在大家还有意见吗？（没有意见）十位上余下来的"1"怎么办呢？同桌讨论一下。

生：应该和个位上的数合起来，再除以2。

师：合起来应该是多少呢？（生：12）我们也借助小棒来帮帮忙，请大家看大屏幕。（大屏幕边演示边讲述：32÷2，也就是把3捆和2根小棒平均分成2份，先把3捆小棒平均分成2份，得每份1捆，还余1捆，再把这多余的1捆拆开来与2根合起来平均分成2份。）

师：（指第二个竖式被除数十位上余下来的"1"），这个"1"怎么来的？表示多少？（指商个位上的"6"）这个"6"怎么得来的？同桌互相说一说。

师：笔算除法的竖式到底该怎么列呢？我们看看电脑老师是怎样来列竖式计算这两道题的。（电脑演示42÷2和32÷2），它可以让大家清楚地看到演算过程。谁愿意把电脑老师的计算过程说给大家听听？

　　指名学生叙述计算过程。

　　师：比较一下，这两道题目有什么不一样的地方？请你自己出一些题目做一做。

　　……

　　[评析：许多教师对计算教学情境的创设，就像课例一那样，千方百计地寻找生活中的情境，我们听到的计算课，往往不是从"买东西"引入，就是从"分东西"开始。许多情境一旦导入新课，就游离于后面的教学过程。久而久之，使得本可以激发学生兴趣的手段流于一种形式。作为除数是一位数的除法的笔算的第一课时，课堂上很少有人去研究为什么会与加法、减法和乘法的笔算的竖式会不一样，学生只是照样画葫芦地笔算着。如果学生出现这样的竖式 $2\overline{)\begin{matrix}21\\42\\\underline{42}\\0\end{matrix}}$（其实，只要上过这一部分的教师都有体会，这是学生作业中常见的"错误"），甚至这样的竖式 $\dfrac{42\div 2}{21}$，大多数教师只会怪学生上课没有专心听讲，补救的办法就是给学生再讲一遍演算过程，或者让学生打开课本看一看。结果呢，像这样的"错误"还是不能杜绝，这时教师只好用题海战术的法宝，让学生反复练习。课例二教师开门见山地让学生说出 $42\div 2$ 等于多少后，就让学生尝试用竖式计算。反馈时，学生中出现了两种竖式，而且大多数学生认为第一种方法更简洁，喜欢第一种方法。在学生对两种竖式展开讨论的过程中，我们清晰地看到了这节课教学的真实起点和学生学习的难点。等老师婉转地介绍第二种方法的好处以后，学生还是坚持"自我欣赏"。确实对于 $42\div 2$ 这一道题来说，你有什么更充分的理由来证明课本上的方法是最佳方法呢?！这时，金老师就出示了 $32\div 2$，要求学生用自己喜欢的方法列竖式计算。这样，把学生置

身于新的问题情境之中,在"认知冲突"中,初步感悟到了"自我欣赏"的方法的局限性和课本上的方法的通用性。对于数学教学来说,这样从数学本身的问题出发创设的情境,更有利于激活学生的思维。]

"工程问题"的情境创设

片段一:

师:你们家装修过房子吗?

生:装修过。

师:要装修房子要考虑哪些问题呢?

生$_1$:买水泥。

生$_2$:买油漆。

生$_3$:算一算房子的面积。

生$_4$:还要请人。

……

师:你打算怎么请人?

生$_1$:找便宜一点的装修队。

生$_2$:找质量好的。

生$_3$:找认识的。

生$_4$:找时间快的。

……

片段二:(马冬娟)

师:同学们都知道,我们的新校舍刚刚落成,操场上的跑道还没有完全搞好。今天一早,有两个工程队就找到了李校长,甲工程队说:包给我们,保证15天完成。乙工程队说:包给我们,10天就完成。如果你们是李校长,会怎么办呢?(投影出示操场图)

一、教学片段的摘录与评析

生₁：就包给乙工程队吧。因为只要10天，比甲工程队快。

生₂：我觉得还是包给甲队，因为时间快不一定能保证质量。

生₃：包给两个队，让他们一起完成。

……

师：现在有这么多方案，4人小组讨论一下，哪一个最好？

讨论汇报，得出由两个队合做。

师：现在我们把这个实际问题，编制成应用题。（出示：一项工程，由甲队单独完成需要15天，由乙队单独完成需要10天。现在由两队合做，需要几天完成？）大家默读题目，先估计一下，需几天完成。

生₁：10天。

生₂：15天。

生₃：25天。

生₄：5天。

生₅：一定少于10天。

……

师：有这么多答案，根据题目中提供的信息，你们认为哪些有可能对？

学生讨论得出：5天和少于10天有可能对。因为两队合做比一个队独做肯定要快。

师：现在请大家列式验证一下。

学生列式解答。

[评析：两位老师都善于就地取材创设情境，注重学用结合，使学生对本来枯燥的数学产生一种亲切感和真实感。不管是装修房子还是整修操场，都是经常发生在学生身边的事例，对学生来说都具有吸引力，有利于调动他们的学习积极性和主动性。可惜的是，课例一中的教师只是原原本本地把实际问题拿到课堂上，提出的问题过于笼统，让学生漫无边际地"侃"着，对于在情境中"流连往

返"的学生教师缺乏对策，从而影响了整节课的教学进程。与课例一不同的是，课例二中的教师没有让学生沉溺于"帮校长出主意"中，而是及时从生活情境中提炼出数学问题，让学生用数学的眼光和数学的方法加以解决，重视猜想和估算，突破了应用题教学的一般模式，把列式解答只作为验证"猜想和估算"的结果的手段，很好地沟通了数学与生活的联系。]

体会与思考

教学情境是一种特殊的教学环境，是教师为了支持学生的学习，根据教学目标和教学内容有目的地创设的教学环境。建构主义学习理论认为，学习是学生主动的建构活动，学习应与一定的情境相联系，在实际情境下进行学习，可以使学生利用原有知识和经验同化当前要学习的新知识。这样获取的新知识，不但便于保持，而且容易掌握迁移到新的情境中去。创设教学情境，不仅可以使学生容易掌握数学知识和技能，而且可以使学生更好地体验教学内容中的情感，使原来枯燥的、抽象的数学知识变得生动形象、饶有兴趣。从现代教学论的观点看，数学教师的主要任务就是为学生设计学习的情境，提供全面、清晰的有关信息，引导学生在教师创设的教学情境中，自己开动脑筋进行学习，掌握数学知识。

从上面成功和失败的教学片段中可以看出，情境的创设必须注意以下几个问题：

1. 在充分认识情境在教学中的作用的同时，要防止认识上的片面性。如《数学课程标准》中强调的"要提供丰富的现实背景"，这个现实背景既可以来源于生活，也可以来源于数学本身，情境的表现形式也应该是多种多样的，如问题情境、活动情境、故事情境、竞争情境等。"计算教学应与现实生活相联系"，绝不是说所有的计算教学都必须从生活中找"原型"，因为计算还有自身的规律需要让学生去掌握。

2. 创设的情境必须目的明确。如果是问题情境，提出的问题就要紧紧围绕教学目标，而且要非常具体，要有新意和启发性。这样学生能理解问题的含义，才有可能来探索、思考和解决这些问题。这就要求教师一方面要从生活情境中及时提炼数学问题，切忌在情境中"流连忘返"；另一方面要充分发挥情境的作用，不能"浅尝辄止"，把情境的创设作为课堂教学的"摆设"。

3. 情境的内容和形式根据不同的年段要有所变化。对于低年级儿童，颜色、声音、动作有极大的吸引力，要多创设生动有趣的情境，如运用讲故事、做游戏、模拟表演、直观演示等形式；到了高年级，则要侧重于创设有助于学生自主学习、合作交流的情境，用数学本身的魅力去吸引学生，尽量让他们由内心的成功体验产生情感上的满足，进而成为推动下一步学习的动力。

4. 情境要注意时代性。我们应该用动态的、发展的眼光来看待学生。在当今的信息社会里，学生可以通过多种渠道获得大量的信息，智力发展水平已有了很大的提高。我们创设的情境也应该赋予一种时代气息，如果还是停留在过去那个年代，再用诸如"小猴分桃"的故事形式作为"商不变的性质"的情境，就很难真正地吸引孩子了。

5. 我们需要重新思考：一节数学课真正能够吸引孩子的是什么？我们所提供的情境，尤其是生活情境，诸如到工厂了解生产流程、到商店买东西等，是不是真正地贴近孩子们的生活？

（十二）黑板还需要吗

——从计算机辅助教学引起的尴尬谈起

计算机辅助教学作为现代化的教学手段，与常规教学手段相比，有其独特的优势，能根据教学需要将教学内容实现大与小、远与近、动与静、快与慢、整与散、虚与实之间的相互转换，它能突破时间和空间的限制，生动形象地再现事物发生和发展的过程，从而在小学数学学科的抽象性和逻辑性与小学生思维的具体形象性之间架起桥梁。从计算机辅助教学的现状来看，与前几年相比，广大教师使用计算机辅助教学的意识和能力有了较大的提高。它不再仅仅局限于观摩课和公开课，已开始用于平时的课堂教学。但由于广大教师尚处于多媒体开发和使用的初级阶段，其认识、设计、制作和演示操作等方面的观点和技能还很不成熟，在具体的运用过程中，常常会看到一些令上课教师尴尬的场景。

> **片段与评析**

老师，我记不起来了

某实验小学一位已有十多年教龄的教师在上"两步计算应用题"一课。上课一开始，教师让学生汇报课前收集到的信息，经过师生的共同整理，在大屏幕上逐一出示了三道题，分别让学生尝试解答，并一一加以反馈，最后引导学生对三道题加以比较，就在这时，出现了教师意想不到的尴尬。下面是具体的教学过程：

1. 大屏幕出示：有 8 只黑兔，白兔的只数是黑兔的 5 倍。一共有多少只兔？

师：这样的问题你能自己解答吗？

学生尝试解答。

反馈。大屏幕出示：（1）有白兔多少只？8×5＝40（只）

（2）一共有多少只？8＋40＝48（只）

答：一共有48只。

2. 师：如果把"白兔是黑兔的5倍"改成"白兔比黑兔多32只"，该怎样解答？

学生解答。

反馈。大屏幕出示：（1）有白兔多少只？8＋32＝40（只）

（2）一共有多少只？8＋40＝48（只）

答：一共有48只。

3. 师：如果把问题改成"白兔比黑兔多多少只？"又该怎样解答呢？

学生解答。

反馈。大屏幕出示：（1）有白兔多少只？8×5＝40（只）

（2）白兔比黑兔多多少只？40－8＝32（只）

答：白兔比黑兔多32只。

4. 师：同学们真能干，通过自己动脑筋，想办法，解决了刚才的问题。现在大家再回忆一下，这三道题有什么联系和区别？

过了较长时间，还是没有学生举手。教师就指名回答。

师：××同学，你说说看。

生：老师，刚才的题目我已经记不起来了。

教师只好重新演示一遍。

[评析：这位教师一味地追求计算机辅助教学的全程效果，一节课下来，没有在黑板上写上一个字，也就难怪学生要"记不起来了"。如果在前面的教学中这三道题能在黑板上留下点痕迹，至少把三道题解答的算式写下来，效果就会不一样。从这个教学片段中我们也可以感悟到：屏幕不能代替必要的板书，古老的黑板和粉笔

依然有其独特的魅力。]

老师，1厘米没有那么长

某中心小学的一位老教师教学"分米、厘米、毫米的认识"，其中有一个教学环节是让学生在直尺上找1厘米。具体教学过程是：

师：你知道1厘米有多长吗？请同学们拿出直尺，仔细观察。

生$_1$：从1到2是1厘米。

生$_2$：从3到4也是1厘米。

生$_3$：从5到6是1厘米。

师：现在请大家闭上眼睛想一想，1厘米到底有多长。

学生闭上眼睛想。

师：请大家睁开眼睛在作业本上不用尺画出1厘米长的线段，比比看，谁画得最接近？

学生画线段。

反馈。

师：现在请你拿出直尺比一比，你画得接近吗？

教师巡视。

师：老师在电脑里也准备了一把尺，想看一看吗？

大屏幕上出示了一把直尺，谁能到屏幕上来指一指哪儿到哪儿是1厘米，哪儿到哪儿是2厘米。

生：老师，1厘米没有那么长。

师：你就把它当作1厘米长。

……

[评析：从上面的教学片段中可以看出，教师非常注重学生"1厘米"的长度观念的建立，并为此安排了学生的一系列活动，如在直尺上找1厘米，闭上眼睛想1厘米，画出1厘米长的线段，确确

实实让学生在这些活动中体验了 1 厘米。让学生到大屏幕上来指 1 厘米和 2 厘米,目的是为了便于全班交流,让学生更加清晰地建立 1 厘米的长度观念,学生能看出"1 厘米没有那么长",从一个侧面反映了前面的教学效果。但令人遗憾的是该教师没有意识到 1 厘米的长度是确定的,不能借助大屏幕任意放大,否则,就与前面的教学环节自相矛盾。]

怎么做错了还是"你真棒"

一位教师执教"年、月、日"一课,在巩固练习时设计了这样一个教学环节,大屏幕上逐一出示年份,让学生进行"闰年"和"平年"的判断,如果是平年就举写有"平年"的卡片,如果是闰年就举写有"闰年"的卡片,每当学生举起卡片时,电脑都会进行反馈评价说"你真棒"。具体教学过程如下:

师:同学们学得真不错,现在老师这儿有一些年份,你能告诉大家是平年还是闰年吗?

生齐答:会。

师:请你准备好课前发下来的"闰年"、"平年"的卡片,大屏幕上出现一个年份,你就举卡片判断,比一比,谁判断得最准确。

教师敲动键盘,在大屏幕上依次出现了:1996 年、2000 年、1968 年、1900 年、1978 年、2004 年、2020 年。

当判断 1900 年时,大部分学生举了"闰年"的卡片,但电脑里依然传送出一个小女孩清脆悦耳的声音:你真棒。

教师提醒学生说:想一想,1900 年是整百数的年份,我们该怎样判断它是闰年还是平年呢?

……

[评析:我想这时的学生肯定是被搞糊涂了,看老师的意思,显然是他们判断错了,但电脑里怎么说是"你真棒"呢?看来反馈

评价的权利还不能交给电脑,更不能事先就设计好。事实上,学生对课堂上教师提出的问题会怎样回答,课前只能是一个估计和预测,作为教师事先就应该考虑到可能出现的各种情况。在"平年"和"闰年"的判断中像"1900年"这样的年份本来就是教学中的一个难点,学生就有可能出错,怎么能想当然地用"你真棒"来评价呢?!像这样的评价根本就用不着劳驾电脑。]

你能量出这个角是多少度吗

一位教师教学"角的度量",为了让学生进一步巩固角的认识和掌握量角的方法,在巩固练习后安排了这样一个教学环节:

大屏幕上出示磨损的角

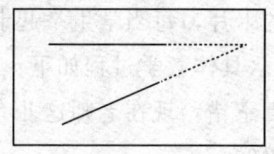

师:大家请看,这个角被磨损了,你能量出它原来是多少度吗?

学生纷纷举手,教师指名回答,并要求上台在实物投影仪上演示,其他同学观看。

生$_1$:只要把两条边延长,它们交叉的点就是顶点,再把顶点对准量角器的中心,把它的一边对准0刻度,另一条边对着45度。说明这个角是48度。

师:他这样量对吗?

生$_2$:老师,我觉得应该是45度。

师:两个同学的答案怎么会不一样呢?

生$_3$:可能是延长了,它的角度就会增加。

师:你们认为呢?

生$_4$：如果无限延长，角的度数可能还会增加。

师（非常尴尬地）：刚才这位同学在延长角的两边的时候可能有点歪，所以比实际要小了点，准确答案是48度。

学生还是疑惑地看着大屏幕。

……

［评析：从"角的度量"这一节教学内容来看，这位老师设计这样的一个环节既突出了重点，又能激发学生的兴趣。但遗憾的是当个别学生对结果有异议，认为延长角的两条边后，角会变大。教师未能及时抓住这个学生在角的认识中最容易出现的问题，启发学生思考，角的大小与什么有关，从而澄清学生的模糊认识。可能是因为教师被学生提出的问题扰乱了原先设计好的教学思路，面对他们的争论显得束手无策。在教学手段的使用和选择上，最主要的原因恐怕是过分地依赖于现代化的教学手段，而忽视了其他手段的运用。其实解决这个问题的办法很简单，只要教师事先能把这个图印发给学生，让每个学生动手量一量，再互相交流一下方法，学生就完全可以准确地量出结果，同时也可以通过延长角的两边，得出角的大小究竟与边的长短是否有关。看来，一个学生的直观演示并不能代表全体学生的动手操作。］

这样的游戏一点都不有趣

一位教师在"口算整十、整百数乘一个数"的结尾安排了这样一个环节：

师：同学们，现在我们来做一个有趣的游戏，（边说边演示课件）一群鸭妈妈听说我们班的同学很聪明，就想请大家帮她做一件事。她们呀，一不小心把各自生的蛋给搞糊涂了，你们能帮助她们分清楚吗？

大屏幕上出现了写着算式的6只鸭子和写着得数的6只鸭蛋。

教师开始指名回答。

这时有同学小声议论,什么游戏啊,一点都不有趣。

教师似乎听见了同学的议论声,但还是顽强地一一指名学生回答着。

……

[评析:在课的结尾搞一些诸如小蝌蚪找妈妈、摘苹果、送信等类似的游戏活动,似乎成了低年级数学课的保留节目,随着教学手段的现代化,这些活动由原来的"角色扮演"渐渐转向了用课件演示,但不管怎样,大多数学生在这样所谓的游戏活动中都只有"看"和"听"的份。大屏幕上的动画一开始还能吸引学生的注意力,但时间久了,这样的形式多了,就很难激起他们深层次的兴趣。况且,许多动画做得又不漂亮。不过话又说回来,就算做得最漂亮,也比不过电视里的动画片,更何况三年级的孩子已逐渐从童话世界里走出来了。当我们老师在设计类似的活动时,应该诚心诚意地去听听孩子们真实的想法。否则,只能是老师一相情愿地感到有趣。]

体会与思考

现代教学媒体进入中小学课堂,辅助学科教学,以其独特的魅力,为教师的教和学生的学开辟了一道亮丽的风景线,为提高课堂教学效率创设了条件。但是在实际操作中,如果我们有心去观察,计算机辅助教学中教师所碰到的尴尬远不止这些。从以上一些片段中我们不难发现,这些尴尬大多是由于教师自身对计算机辅助教学的认识上的不足造成的。说明要真正发挥计算机辅助教学的优势从认识到实践还必须注意以下几个问题:

1. 恰当评价计算机辅助教学的作用,处理好手段与目的的关系。

要恰当评价计算机辅助教学的作用。就总体而言,计算机辅助教学不仅能替代一些传统教学手段,而且能达到传统教学手段无法达到的效果。但一堂课的好坏主要看有没有以先进的教育思想为指导，学生的收获如何，而不是看使用了何种媒体。传统的教学手段并不就代表传统的教学思想，现代化的教育手段也并不就能代表现代的教育思想。如果教育观念不更新，即便是用了计算机辅助教学，也可以由过去的人"灌"人，改变为现在的人用机器来"灌"人，甚至连教师和学生都被机器牵着鼻子走。所以我们在看到计算机辅助教学的独特优势的同时，绝不能过分夸大它的作用，甚至忽视教师的主导作用和学生的主体地位。

2. 充分发挥教师的主导作用，处理好计算机辅助教学与其他教学手段的关系。

教学要获得成功，一方面要有必要的教学设备，教学设备越先进，越现代化，对教学越有利；另一方面是教师的主导作用和学生学习的主动性。教学设备的改进可以缩短学生的认识过程，并为改进课内外作业的内容和方法创造良好的条件。但教学手段虽然在变化、在更新，但它不能代替教师的主导作用，它始终只是辅助的工具和手段，只是教学成功的"外因"，而教师的主导作用和学生在学习中的主动性、积极性，才是教学成功的"内因"，才是起决定作用的因素。

传统手段和现代手段各有各的优势。选择教学手段并不是越高级越好。一节课中，往往需要用到多种方法和手段，要注意优化组合。成功的课堂往往是多种教学手段和教学方法的有机结合，灵活运用。因此必须树立整合思想，要把现代化教育手段和传统教育手段（教具、学具、黑板）有机地结合起来使用，优势互补，而不是简单地相互替代。开展计算机辅助教学是运用现代教育技术改进现有的教学手段，这并不是对传统教学手段的全盘否定和排斥。屏幕不能代替必要的板书，学具操作不能代替必要的教具演示，直观形象不能忘记适时地抽象概括。

3. 注重实效，适时、适度地引进计算机辅助教学。

由于认识上的片面性，教师们在应用计算机辅助教学中多媒体辅助教学时步入了一些误区。有的过分追求全程效果，整节课从头到尾都使用课件，从上课"欢迎使用"到下课"同学们再见"，教师在课堂上动动鼠标，敲敲键盘代替了手势，电脑的播放代替了教师的讲解，教师成了放映员，学生成了观众；有的只追求课件的"外在美"，忽视了重点、难点的解决，只知道把课件做漂亮，而不知用课件解决了数学教学中的什么问题，辅助教学辅助在何处；有的只是在出示题目时频频使用课件，仅仅充当了电子黑板或投影片，未能发挥计算机的优势；有的把界面色彩搞得纷繁复杂，以为这样就能引起学生的兴趣，其实反而使学生眼花缭乱，注意力被鲜艳的色彩所吸引，而忽略了课堂教学应着重掌握的知识；有的过分地追求"多媒体"，忽视对教学的干扰。如一开始就是一段噪人的音乐，在教学过程中，学生答对了，出现鼓掌声或者"你真棒"的赞扬声；答错了，出现砸碎玻璃杯或"再想想"的声音。

要改变这些现象，关键是要注重实效，把"是否体现了计算机这一先进的教学工具的优越性，是否有助于减轻教师和学生的负担，提高课堂教学的效率和效益。"作为计算机辅助教学是否有效的衡量标准。转变"为电脑而电脑"的备课思路。事实上也并不是每堂课都需要辅助教学，一节课从头到尾都要用辅助教学，常常只是在一堂课的某个阶段才使用电教手段，因此，教师课前要周密考虑，哪些内容、哪几个环节运用最适宜、最有效。

4. 合力开发软件，发挥资源共享的优势，减轻教师负担。

由于学科教学软件的缺乏，在计算机辅助教学刚刚起步的学校，往往存在着这样的现象：为了一场公开课，多名教师费尽心机苦战多日，方才磨出一个课件，而在平时的教学中则是敬而远之了。确实，教师的主要工作不应花大力气去设计编制课件，况且，一些花大力气做出来的课件有的仅仅只是课本搬家，或者相当于投影片的作用，有的课件课堂操作很不方便，没有突出计算机的优势。学科教师应该花大力气去研究如何应用教学软件，如何应用现有的软件并向软件专家提出修改软件的意见，而不是花过多的精力自己编制软件。

计算机辅助教学发展缓慢的主要原因是缺乏能够真正与课堂教学相结合的辅助教学软件，也就是说，软件的开发与课堂教学严重脱节。如果这一问题不解决，计算机就不可能成为教师的真正工具。只能成为一种点缀，有时甚至成为累赘。要解决这一问题，一方面应共享已有的一些优秀软件，另一方面有关部门应组织教师与计算机技术人员有计划地研制一些适合教学的精品软件，避免个体作坊式的重复性劳动。

（十三）"老"教材如何体现新理念

按照教育部的部署，2001年秋季，义务教育各学科课程标准（实验稿）及其实验教材在38个基础教育课程改革国家级实验区开始实验，并按照"先立后破，先实验后推广"的工作方针，从2002年开始，逐步扩大试点范围，据说到2005年秋季，中小学阶段起始年级的学生原则上都将进入新课程。这也就意味着，与原义务教育大纲配套的教材（以下称老教材）将逐步被与义务教育课程标准配套的教材（以下称新教材）所取代，新旧教材将在相当一段时间内处于并存的状况，在这一段时间内，仍旧使用老教材的地方和学校不禁会有这样的疑问：现行教材能体现新理念吗？要回答这个问题，我们不妨回到教师的课堂实践中寻找答案。

课本例题与教学实践

圆柱和球的认识

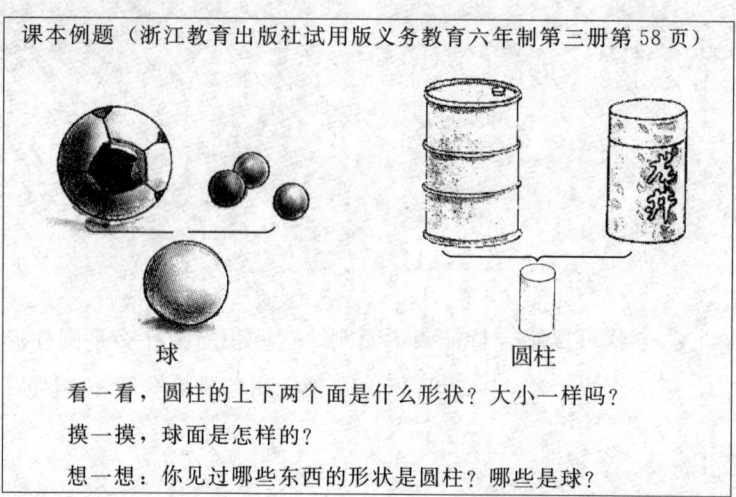

课本例题（浙江教育出版社试用版义务教育六年制第三册第58页）

球　　　　　　　　　　　圆柱

看一看，圆柱的上下两个面是什么形状？大小一样吗？
摸一摸，球面是怎样的？
想一想：你见过哪些东西的形状是圆柱？哪些是球？

教学过程

一、导入新课,揭示课题

师:今天每个同学都带来了一些东西,除了鸡蛋和硬币,你还带来了什么?它是什么形状的?谁来说一说?指名学生回答。你们带来的东西都是这样的形状吗(教师手拿圆柱和球)?(举起圆柱形的物品)引导学生一起说:这样的形状叫做圆柱(板书)。(举起球)这样的呢?叫做球(板书)。今天我们就一起来认识这两种形状。揭示课题。

二、新授

1. 直观认识圆柱。

(1) 发现和验证特征。

师:我们先来认识圆柱。圆柱有哪些特征呢?请大家拿起圆柱形的物品,先仔细看一看,摸一摸,滚一滚。然后告诉大家,你发现了什么?(学生操作)

反馈提问:你发现了什么?根据学生的回答,逐步总结并验证如下特征(板书):上下两个面都是圆形的,大小一样。从上到下一样粗。(可以来回滚动)。"从上到下一样粗"由教师拿铁圈套一套。"上下两个面是圆形的,大小一样"由学生验证。提问:你是怎么知道的?指名回答(看出来的,滚一滚知道的,把一个面取下来比)。还有其他方法吗?前后四个同学讨论一下。引导得出:把其中一个面描下来,拿另一个面去比一比的方法。

(2) 学生结合圆柱的特征介绍物品,加深对特征的认识。

师:我们通过摸一摸、看一看、滚一滚、画一画等方法发现了圆柱具有(指板书)这些特征。什么特征?大家一起读一读。现在,我们就可以结合特征来说明刚才这些物品为什么是圆柱形了。

师:先想一想:该怎样说?教师先用"哑语"暗示。然后指名几个同学回答。还想说吗?请说给同桌听。

(3) 变式判断。

师：老师也带来了一些物品，你们帮我看一看，我都找对了吗？让学生用手势判断。先出示对的。提问：为什么是对的？接着逐一出示学生容易混淆的物品，并指名学生说理由。如：上下两个面大小不等的，上下两个面不是圆形的；中间不一样粗的。强调：圆柱形的物品必须要……（指黑板）。

（4）出示实物图，学生举例。

师：请大家闭上眼睛想一想：圆柱画成图形会是什么样的？（贴出实物图）是不是这样的？（指图）你们平时看到的还有哪些物品是这样的？指名学生汇报。

教师对学生的举例加以讲评，让学生知道圆柱和像圆柱一样的物品的区别，懂得在日常生活中，看到的各种各样的圆柱形的物品是经过美化的。

（5）突破难点。

师：这是一块橡皮（边说边拿出橡皮），它是圆柱形的吗？请用手势告诉我。有两种意见，到底是不是圆柱形呢？（出示由十几块橡皮叠成的圆柱）这是由十几块橡皮叠成的，它是圆柱形吗？让学生判断。为什么？然后逐渐减少块数，继续判断2次。提问：还是圆柱形吗？为什么？减少到一块橡皮，让学生判断。提问：它是不是符合圆柱的这些特征？接着出示类似的物品加以判断。

师：如果再薄一点，像一枚硬币那样，还是圆柱形吗？请拿出硬币看一看。

师：这是两枝同样的铅笔，都是圆柱形的。现在把它们连接起来，还是圆柱形的吗（边出示边讲述）？如果再接上一枝，是不是？如果只取其中的一段，是不是？

最后教师引导学生得出：像这些物品不管是高的还是矮的，厚的还是薄的，只要具有圆柱的特征，我们就可以判定是圆柱形的。

（6）巩固练习。（略）

（7）小结。

师：我们通过看一看，摸一摸，滚一滚，画一画等方法认识了圆柱，发现了圆柱的特征。下面就请你们能用同样的方法找一找球的特征（板书：球）。

2. 直观认识球。

（1）发现特征。

让学生摸一摸，看一看，滚一滚等，得出球的特征（板书）：没有平平的面，（可以四面八方滚动）。提问：鸡蛋是不是球？让学生把鸡蛋与球加以比较，指名讲一讲不同点。提问：球和圆一样吗？（边讲边与黑板上的圆比较）

（2）判断练习。教师出示一些物品，如乒乓球、苹果、橘子、玻璃球等，要求学生用手势判断。

（3）巩固练习。（略）

3. 全课小结。

师：这节课我们学习了哪些知识？指名回答。你是用什么方法学会这些知识的？待学生回答后强调：这些方法很好，我们以后还会经常用到。

4. 指导看书。

师：请大家把课本翻到第58页，这就是我们今天学的内容。大家还有什么问题？

5. 机动练习。（摸"百宝袋"游戏）

师：接下来我们一起来做一个摸"百宝袋"的游戏。先请大家听清楚要求。这是一只"百宝袋"，里面有各种形状的物品。要求一位同学上来摸，其余同学做裁判。要是对了，就用掌声鼓励。谁能摸出一个圆柱形的物品？指名摸。谁能摸出一件球形的物品？指名摸。还想摸吗？请几个同学一起上来摸，只要摸出一个物品，讲出是什么形状即可。

比较数的大小（徐双莲）

> **课本例题**（人教社义务教育教材第四册第33页）：
>
> (1) 比较1230和965的大小。
>
> 　　想：1230是四位数，超过一千；965是三位数，不够一千。
>
> $$1230 > 965$$
>
> (2) 比较5640和8790的大小。
>
> 　　想：5640和8790都是四位数，比较它们的最高位，5个千比8个千小。
>
> $$5640 < 8790$$
>
> (3) 哪辆车载的汽水多？
>
> 　　卡车图：3864瓶　　　卡车图：3529瓶
>
> 　　想：3864和3529都是四位数，最高位也相同，该怎么比？
>
> $$3864 \bigcirc 3529$$

教学过程

1. 创设情境，呈现信息。

师：小朋友们，最近在徐老师的家乡——浦江开了个很大很大的家电城，那里的东西可多啦！徐老师拍了一部分录像带过来了，给小朋友们看看。请边看边想办法记下它们的价格。

学生观看"浦江家电城"部分录像，从中获取信息。

师：你知道了哪些商品的价格？

根据学生反馈情况，电脑随机出示以下家电价格：

电视机	洗衣机	饮水机	电冰箱	电话机	音响
1350元	965元	1230元	2150元	98元	2125元

师：你们真能干！一下子知道了这么多信息，今天我们就用这些信息一起来研究"比较万以内数的大小。"

（板书课题：比较万以内数的大小）

2. 自主编题，主动探究。

(1) 学生自由选数比较。

师：请你选自己喜欢的两种商品，比一比，谁贵谁便宜？可不可以用"（　）○（　）"形式在学习单上写一写？

（学生选数比较，教师巡视。）

生$_1$：我是电视机和洗衣机比，电视机贵、洗衣机便宜。

师：同意吗？你是怎么知道的？

生$_1$：因为1350＞965，所以电视机比洗衣机贵。

生$_2$：我是饮水机和电冰箱比，因为1230＜2150，所以饮水机便宜、电冰箱贵。

师：说给同桌听听，可以吗？

（同桌交流，教师巡视。）

(2) 反馈，呈现学生材料。

师：老师把你们刚才比的这些式子整理了一下，收集在大屏幕上，看一看，你有没有补充？（电脑出示以下无规律的式子。）

(1) 98＜1230　　(6) 2125＞965　　(11) 965＜2150

(2) 2125＞1350　(7) 1350＜2150　(12) 2150＞2125

(3) 98＜2125　　(8) 965＞98　　　(13) 1230＞965

(4) 1230＜2125　(9) 965＜1350　　(14) 1230＜2150

(5) 1350＞1230　(10) 2150＞98　　(15) 98＜1350

（学生摇头。）

(3) 学生自主分类。

师：如果给这15道式子分一分类，你认为可以怎么分？能不能用序号在学习单上自己分一分。

生$_1$：我是按"大于号一类、小于号一类"这样分的。

生$_2$：我是1、3、5、7、9、11、13、15一类，2、4、6、8、10、12、14一类。

生$_3$：我是1、3、6、8、9、10、11、13、15这些位数不同的两个数分为一类，2、4、5、7、12、14位数相同的两个数分为一类。

（好多小朋友点头表示同意。）

（4）展示新课研究材料。

师：刚才小朋友们自己给这些式子分了类，真不简单！刚才这位小朋友把这些式子分成了"位数不同、位数相同"的两类（电脑出示）

98＜1230	2125＞1350
98＜2125	1350＜2150
965＞98	1230＜2150
965＜1350	1230＜2125
2150＞98	1350＞1230
98＜1350	2150＞2125
2125＞965	
1230＞965	
965＜2150	

位数不同　　　　位数相同

（5）探究规律，总结方法。

师：请你仔细看一看、想一想：这些位数不同的两个数是怎么比的？这些位数相同的两个数又是怎么比的？

（给予充分的时间让学生进行独立思考。）

师：小组可以讨论讨论。

（师生分小组讨论。）

师：位数不同的两个数是怎么比的？

生$_1$：四位数比三位数大。

师：你能举个例子吗？

生$_1$：比如965是三位数，1350是四位数，所以1350大于965。

师：为什么四位数比三位数要大呢？

生$_2$：（急不可待）因为四位数1350超过了一千，965没有超过一千，所以1350当然要比965大。

生$_3$：我们认为三位数比两位大、四位数比两位数大。

生₄（同组的马上补充）：比如像上面的965＞98、2150＞98，因为965是九百多了，98才九十多，所以965大于98；2150已经是超过二千多了，而98还不到一百，当然是2150大于98了。

师：说得有道理吗？谁还想说说？

生₅：我们小组发现位数多的数比位数少的数要大，比如像上面位数不同的这些所有式子。

师：小朋友们同意他们的说法吗？（生纷纷点头表示赞同）

师：那五位数与四位数比，谁大？六位数与五位数比，谁大？七位数与六位数比，谁大？所以说位数多的数比……

师：小朋友们真棒！自己找出了比较位数不同两个数的好办法，那位数相同的两个数又应该怎么比呢？

（学生跃跃欲试。）

生₁：可以比千位。

师：能举个例子吗？

生₁：比如1230＜2150，1230千位上是1，2150千位上是2，二千多比一千多肯定要大。

生₂：千位一样比百位，百位一样比十位。

生₃（同组的马上补充）：比如像上面的1350＞1230，千位上都是1，就比百位，300比200大，所以1350大于1230。

生₄：再比如2150＞2125，千位百位都一样了，就比十位上的5和2，十位上的数谁大就谁大！

师：那如果千位、百位、十位都相同怎么比？

生（异口同声）：比个位。

生₅：我举个例子吧，比如3491和3495，千位、百位、十位都一样，就比个位上的5和1，个位上的数谁大就谁大！

（6）小结。

师生共同小结：刚才我们一起发现了比较位数相同的两个数的好办法，先比它们的最高位千位，千位上的数谁大就谁大；千位相同比百位，百位上的数谁大就谁大……

师：请你用自己的话把比较万以内数的好办法说给同桌听一听，可以吗？

（同桌交流，教师巡视。）

3. 巩固练习，拓展应用。（略）

万以内数的加法（汤春燕）

课本例题（人教社义务教育六年制教材第四册第87页）

求809与3764的和。

809＋3764＝_____

$$\begin{array}{r} 809 \\ +376_14 \\ \hline 73 \end{array}$$

想：百位上怎样算？

想一想：三、四位数的加法和两位数加法有什么相同点不同点？

三、四位数的加法，也要记住三条：

1. 相同数位对齐；
2. 从个位加起；
3. 哪一位上的数相加满十，要向前一位进1。

教学过程：

1. 创设情境，自主编题。

师：今天老师带小朋友到商店去购物。（出示课件）请你选购最喜欢的两样商品，算一算一共要付多少钱？算式又该怎么列呢？

指名回答，教师在大屏幕上作出相应的演示。没有被指名的同学说给同桌听。

师：刚才小朋友都选购了自己最喜欢的两样商品，列出了很多算式。老师从中选了一些，并编上了号。在大屏幕上出示下列算式：

① 493
+ 485

② 3815
+ 376

③ 205
+ 493

④ 1280
+ 493

⑤ 5430
+ 205

⑥ 485
+ 725

⑦ 725
+ 3815

⑧ 3815
+ 493

2. 尝试计算，探索新知。

师：我们以4人为一组，由组长分配，每人做2题，但不要重复。

学生尝试计算，教师巡回指导。

师：做好的小朋友想一想你是怎么算的。（等大部分同学做完）同桌互相说说。

集体反馈，选择重点加以讲解。

师：我们按题号汇报计算结果，请做①②⑥的同学说说你是怎么算的。

3. 整理分类，突破难点。

师：请小朋友仔细观察，把这些算式分分类。

生$_1$：四位数加四位数一类，三位数加三位数一类。

生$_2$：分成进位加法和不进位加法。

师：我们就按照进不进位分成两类。其实，进位加法是今天我们要新学习的。在这些题目中，你觉得哪道题最难？

生$_1$：我觉得⑥号题比较难。

师：还有吗？（无人举手）谁有好办法？指名说计算过程。

并出示专项练习，要求填在练习纸上。

680
+8060
8□40

7956
+1426
□3□2

877
+263
□□□□

4. 揭示课题，归纳算法。（略）

5. 课堂练习。

(1) 基本练习，用竖式计算下面各题。

395＋83　　809＋3764　　385＋765

(2) 猜一猜，被星星盖着的是什么数字？

$$\begin{array}{r}1\ \text{☆}\ 2\ 6\\+\quad\ 9\ 3\ \text{☆}\\\hline 2\ \square\ 6\ \square\end{array}$$

列方程解应用题（刘永宽）

课本例题（人教社义务教育六年制第九册课本第122页）

复习　少年宫舞蹈队有23人。合唱队的人数比舞蹈队的3倍多15人。合唱队有多少人。（自己解答）

例4　少年宫合唱队有84人，合唱队的人数比舞蹈队的3倍多15人。舞蹈队有多少人？

舞蹈队人数：

合唱队人数：

想：根据题意，舞蹈队人数的3倍加上15，正好等于合唱队的人数。

解：设舞蹈队有 x 人。

$$3x+15=84$$
$$3x=69$$
$$x=23$$

答：舞蹈队有23人。

想一想：这道题还可以怎样列方程？

做一做

1. 把例4中的第二个条件改成"合唱队人数比舞蹈队的4倍少8人"，该怎样列方程？

教学过程：

1. 呈现信息，提出问题。

师：刘老师昨天到了市少年宫，少年宫的老师告诉我，为了培养同学们的兴趣和特长，组织了许多兴趣小组，其中有舞蹈队，合唱队。（课件出示）（1）舞蹈队有20人，（2）合唱队有69人。根据这两条信息，你想到了什么数学问题？

根据学生的回答，课件演示。（3）合唱队的人数比舞蹈队的3倍多9人。（4）合唱队的人数比舞蹈队的4倍少11人。

师：现在有4条信息了，能不能选取其中两条，提出一个问题。

反馈，课件演示。

（1）少年宫舞蹈队有20人，合唱队的人数比舞蹈队的3倍多9人，合唱队有多少人？

（2）少年宫舞蹈队有20人，合唱队的人数比舞蹈队的4倍少11人，合唱队有多少人？

（3）少年宫合唱队有69人，合唱队的人数比舞蹈队的3倍多9人，舞蹈队有多少人？

（4）少年宫合唱队有69人，合唱队的人数比舞蹈队的4倍少11人，舞蹈队有多少人？

2. 探索尝试，总结规律。

（1）师：同学们提出了4个问题，前两个问题会解答吗？试试看（学生解答。）

反馈（略）。

（2）师：第三个问题想试一试吗？请列式解答。（学生解答）（课件演示放大第（3）题）

反馈。

师：谁来说说？

根据学生的回答形成板书：

$(69-9)÷3$　　　　解：设舞蹈队有 x 人。

$69÷3-9$　　　　$3x+9=69$　　　　$69-3x=9$

　　　　　　　　　$3x=69-9$　　　　$(69-9)÷x=3$

（3）师：每位同学来说说你们这样列式的理由好吗？

学生说思路。

当学生说到 $(69-9)÷3$ 时，出示线段图，帮助理解数量关系。

当学生说到 $69÷3-9$ 时，重点引导学生说一说 $69÷3-9$ 表示什么，以帮助学生找到错误的原因。

当学生说到 $3x+9=69$ 时，要求学生说出是根据怎样的相等关系来列方程的。并用课件演示闪烁与 x、$3x$、9、69 相应的线段图。并要求同桌说说。

板书：舞蹈队人数的3倍 $+$ 9 $=$ 合唱队的人数

让学生说说其他方程的相等关系。

完成例4板书，并检验。

师：解答这道题你喜欢用算术方法还是方程方法？为什么？

（4）揭示课题，指导看书。要求边看边思考：列方程解这样的应用题要你分几步进行？还有不理解的吗？

（5）要求学生列方程解答第四题。

（6）小结。强调：列方程最关键的是什么？

3. 运用规律，解决问题。（略）

［评析：从上面这四节课的教学过程中，我们可以清晰地看到，这四位教师尽管所用的都是老教材，他们所教的内容也各不相同，但他们都积极主动地体现着新的数学教学理念，在牢牢把握课时教学目标的前提下，根据学生的年龄特征和教学要求，对教材内容做了不同程度的处理，力求提供有价值的数学，促使学生学习方式的变化，从而促进学生全面、持续的发展。综观他们对教材内容的处理，大致采用了以下策略：一是改变呈现方式，力求呈现方式的多

样化；二是注意沟通知识之间的内在联系；三是注意从学生熟悉的情境中选择教学材料；四是注重数学思想方法的孕伏和渗透；五是注重练习的层次性和开放性；六是让学生参与教学材料的提供；七是重新选择和组织教学材料，调换课本例题和习题。]

体会与思考

体会之一：树立正确的教材观，是教师主动驾驭教材的前提。

教材是落实教学大纲，实现教学计划的重要载体，也是教师进行课堂教学的主要依据。上述教师之所以能够主动驾驭教材，发挥自身的主动性和创造性，很大程度上取决于他们正确的教材观。

作为教师，在把握教材时，我们究竟该具有怎样的教材观？首先应该理清教材改革的长期性和教材使用的相对稳定性的关系，客观地认识教材。教材的改革是一个长期的不断的过程，而教材的使用却需要有一个相对稳定的状态，便于教师积累教学经验。从这一点上来说，不管是老教材还是新教材，尽管编写者遵循教材编写的基本原理，力求符合学生的认知特征，深入浅出，循序渐进地来构建教材体系，但都会受到一些客观条件的限制，既无法完全满足现实中的每个学生的需要，又由于教材编写的相对稳定性，不可能及时地把一些反映时代的内容收集进去。

其次是要正确区分教学内容和教材内容，认识到教材是教学内容的一个组成部分，而不是教学内容的全部。虽然教学内容主要来源于教材内容，但教师可以根据教学实际，对教材内容可以有所选择，科学地进行教学法加工，合理地组织教学过程。正因为这样，同样的教材，同样的学生，由于教师的对教材内容的不同处理，就会产生不同的教学效果。

教师只有具有了正确的教材观，才能主动去寻求优化教材内容的策略，才能对教材少一份埋怨，多一点积极的建议。

体会之二：主动驾驭教材并不是教师可以随意发挥，而是需遵循一定的原则。

前面教学实例中的教师之所以能驾驭好教材,达到优化教材内容,如果我们有心去进一步挖掘隐藏在策略后面的东西,就会发现这些策略的运用是遵循了下面一些原则的:

1. 目标性原则。

每一课时的教学目标是课堂教学的出发点和归宿,在课堂中起着定向作用。教学内容是实现教学目标的重要保证。教材中的内容是完成教学目标的重要材料,但并不一定是最佳材料,不可能适应所有地区的所有学生,有待于教师对此进行再加工。这个"再加工"必须围绕教学目标进行,加工后的教学内容要体现目标性原则。

2. 主体性原则。

教学的任务是解决学生现有的认识水平与教育要求之间的矛盾,教师在学生学的过程中起主导作用,能调节学生与教材之间的关系,为学习而设计教学,是教学设计的出发点,也是归宿。教师必须根据学生的实际情况,增加或补充某些内容,删除某些学生已掌握的内容。做到因材施教。在内容的呈现形式上注意结合儿童的年龄特点。

3. 科学性原则。

数学知识具有严密的逻辑性和高度的科学性,小学阶段的数学教学试图用通俗易懂的语言阐明一定的数学原理和方法,但并不乏科学性。因此,"再加工"后的教学材料必须具有科学性。

4. 时代性原则。

随着知识信息的激增,社会的进步,教育的发展,教材的内容就要不断地更新换代以适应时代的需要。而教材具有相对的稳定性。这就要求删改某些已陈旧过时的教学内容,增加某些新进展的内容,及时把学科发展前沿点拨给学生。同时还要收集一些社会实践和生活实践中的数学问题,充实教材内容,以培养学生的数学意识和解决实际问题的能力。

5. 可接受性原则。

数学知识具有时代性，应该不断地调整和充实。但内容的删增，除了要符合社会发展和现代科技发展的需要外，还必须考虑学生在各发展阶段的适应性和可接受性。

体会之三：**教师主动驾驭教材是一个永恒的主题，要让教师主动参与教材建设，首先得让每位教师拥有一套完整的教材（包括教学大纲和课程标准）。**

教育是一种创造，教师从事的是一份创造性的工作，不管是老教材，还是新教材，面对不同的学生，不同的实施条件，教师都要进行教学法加工。所以我们说，教师主动驾驭教材是一个永恒的主题，对教师的教学工作而言，最基本的劳动工具除了粉笔和黑板之外，恐怕就是教材了。时下，许多教师上了许多年的数学课，未曾拥有过一套完整的教材，也从未看到过教学大纲。他们对小学阶段学生的数学学习缺乏整体的了解和把握，常常是上低段数学课的教师不知道高段的教学要求和内容，上高段数学课的教师不了解低段的教学要求和内容。而课程改革决不仅仅是实验区的事情，课程改革也不仅仅是在实验区进行，每个地区和学校，尽管现在不是实验区，也需要为在不久的将来参与和实施新课程做好多方面的准备。教师是课程的主要实施者和课程设计的参与者，新的教育理念、教学方法、教学内容，只有通过教师的教学工作才能贯彻落实，进而促进学生的发展。但问题是，教师对自己所教的学科都缺乏整体了解和把握，要让他们参与课程设计谈何容易。如果能让教师拥有一套完整的教材（包括教学大纲和课程标准），如果他们能去细心研读，主动研究，不断实践，那么他们将有可能从真正意义上成为教材的执行者和建设者。

下篇　案例透视

（十四）计算课该如何上"活"

对计算教学来说，什么是更重要的？随着时代的发展，如果还是把计算教学的目标局限于计算本身，在课堂教学中把计算作为专门的技能来学习，显然是不够的。因为相对于计算的熟练程度来说，寻找解题方法，选择合理的方法和工具进行计算，显得更为重要。这正如美国国家研究委员会关于《人人关心数学教育的未来》致国民的一份报告明确提出的："今天一个其数学本领仅限于计算的人，几乎没有什么可贡献于当今的社会，因为廉价的计算器就能够把事情办得更好。"那么目前的课堂教学是否已经体现了计算教学改革的方向呢？本文收集了"两位数减一位数的退位减法"和"除数是小数的除法"的两组教学对比案例，或许能提供点滴启示。

课例与评析

两位数减一位数的减法（退位）

[课例一]

一、复习铺垫

1. 看卡片口算。

   (1) 13－5　　16－8　　15－6　　12－7　　18－9
   (2) 40＋8　　20＋2　　50＋4　　70＋1　　80＋5

2. 指名口算并说出口算过程：26－3

二、教学新课

1. 导入新课，揭示课题。

师：像这样 26－3 不退位的减法你们已经会口算了，如果把减

数 3 改成 8，变成 26－8，又该怎样口算呢？这就是今天这节课要学的内容。（板书课题）

2. 动手操作，明确算理。（摆小棒，教师在幻灯上摆，学生在桌上摆）

师：如果用小棒摆，26 根是几捆零几根？（师生摆出 2 捆零 6 根小棒）26－8 应该减去几根？（8 根）怎么减呢？（教师拆开 1 捆小棒）现在散的有 16 根，从 16 根里面拿去 8 根还剩几根？（8 根）一共还剩几捆几根？（1 捆 8 根）一捆 8 根也就是 18 根。

指名学生说操作过程。

3. 抽象方法。

师：刚才我们用摆小棒的办法得出 26－8＝18。如果不摆小棒该怎样计算呢？教师边引导学生说思路边板书思维线路。形成板书（如右图）：

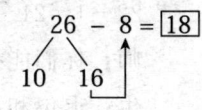

4. 尝试练习。

　　　34－7＝　　45－9＝

要求学生说明口算思路：先做什么，再做什么，最后做什么。

5. 归纳总结口算方法。

师：根据以上三式的计算，你能归纳出两位数减一位数的退位减法的口算方法吗？

组织小组讨论。

反馈讨论结果，教师根据学生的回答逐步归纳出口算方法：两位数减一位数，当个位不够减时，先从被减数里拿出一个 10 与个位上的数合并起来，然后用十几减去减数，最后将得出的数加上原来被减数里剩下的几十就是所得的结果。

6. 看书质疑。

三、巩固练习（略）

四、小结。

师：今天我们学会了什么？

怎样计算两位数减一位数的退位减法？

五、游戏：小蝌蚪找妈妈。

[课例二]

一、导入新课

师：今天我们继续学习口算，请每位小朋友先写一个两位数，再写一个一位数，要求把它们组成减法算式，并且算出得数。

反馈。

师：谁愿意把你写的算式讲给大家听听？

教师根据学生的回答有选择地板书8道：

33－1＝32　　　80－1＝79　　　99－9＝90　　　55－9＝46
22－1＝21　　　22－0＝22　　　24－6＝18　　　34－8＝26

师：你们能把这些算式分类吗？

生：退位和不退位减法两类。

教师根据学生的回答整理算式，把算式写成两列。

33－1＝32	80－1＝79
99－9＝90	55－9＝46
22－1＝21	24－6＝18
22－0＝22	34－8＝26

师：还有不同的分法吗？

二、教学新课

1. 讨论算法。

师：回忆一下，不退位减法是怎样算的？指名回答。

（指24－6＝18）这题你是怎么想的？

$生_1$：4减6不够减，就用26减4等于22，再……

$生_2$：不对，应该先从24里减去4等于20，因为要减去6，所以再减去2，20减去2等于18。

$生_3$：先从2这里借1，14减去6等于8，24减去6等于18。

生₄：先从24里拿出10，10减去6等于4，4加上14等于18。

……

2. 理解算理。

(1) 直观演示，说明算理。

师：像这些被减数个位上的数比减数小的算式，究竟该怎样想怎样算呢？按照生₃的办法，"个位不够减，向十位借1"是什么意思呢？我们先用小棒来帮忙。

师：（边口述边在投影仪上操作）这里有2捆和4根小棒，一共是24根，现在要拿掉6根，散的4根不够，怎么办？就要拆开1捆，这样散的就有14根，从14根中拿走6根，还剩8根。这8根和原来的1捆合起来就是18根。先请大家闭上眼睛想一想刚才的操作过程。

现在老师把刚才的操作过程写下来。（板书）

$$24 - 6 = \boxed{18}$$
$$10 \quad 14$$
$$\boxed{8}$$

$$14 - 6 = 8$$
$$10 + 8 = 18$$

(2) 抽象方法。

师：如果没有小棒帮忙，看到这些算式该怎样想呢？教师引导学生讲出算理：24－6，个位4减6不够减，就把24分成10和14，14减6等于8，10加8等于18。（逐步形成上述虚线框中的板书）

师：谁能把刚才口算的过程说一说？请你说给同桌听。

3. 尝试练习。

师：（指黑板上其余三道退位减法题）用这样的方法该怎样想呢？选一道说给自己听。

指名说说80－1＝79的口算过程。

师：比较一下，这四道题有什么共同点，完成书本"试一试"习题。

4. 看书质疑，新课小结。

师：你们有什么问题？

生摇头表示没有。

师：大家都没有问题，那我有一个问题没有搞明白。为什么像这样的减法题，不够减时都只是从十位退1作10，而不是退2呢？大家可以讨论一下。

生：就好像借钱买东西一样，借够了就行了，用不着多借。

师：你们明白他的意思吗？谁来解释？

生：这些题从十位退1就够减了，用不着退2。

师生共同小结方法：像这样的口算我们往往都把被减数分成几十和十几，先用十几减去减数，然后和整十数合起来。并鼓励学生用多种方法口算。

三、巩固深化

1. 专项训练。

(1) 把下列各数分成几十和十几的形式：

40＝30＋（　）　　84＝70＋（　）　　75＝60＋（　）
62＝50＋（　）　　93＝80＋（　）　　37＝20＋（　）
24＝10＋（　）　　51＝40＋（　）

(2) 15－9＝　17－8＝　16－7＝　12－4＝　18－9＝

(3) 70－2＝□　　68－9＝□

2. 巩固练习。

(1) 完成课本习题。

(2) 同桌互相出题口算。

3. 提高练习。

34－（　）＝（　）

在（　）里填上合适的数，使它成为一道今天学过的减法式题，比一比，谁填得既对又快。

反馈。

生₁：填5。

生₂：填6。

生₃：还可以填7。

生₄：填8。

生₅：减数只要填比4大的就可以了。

师：是吗？你们发现了什么？同桌互相说说。

师：如果要求成为一道不退位减法式题呢？该怎么填？

生₁：减数只要填比4小的数就可以了。

生₂：4也可以。……

[评析：20以内的退位减法，整十数加一位数，两位数减一位数不退位减法，是学习新课所必须的基础知识。课例一正是抓住了新旧知识的联系，一开始就复习了这些知识，在新课教学中让学生充分地摆小棒，借助直观操作获得的表象抽象出口算方法，再经过讨论、归纳、概括得出一般方法。而事实上尽管"两位数减一位数的退位减法"在课本中是第一次出现，是地地道道的新课，但大部分学生口算出得数都不会有什么困难，课例二教师正是事先已经掌握了这些情况，不再把"算出正确的得数"作为教学的重点，具体教学时，围绕如何把计算课上"活"采取了以下一些新的教学策略：(1) 导入新课丢弃了课例一中的复习铺垫练习，通过让学生自己写数，组算式，算得数，通过把算式分类，从而揭示新课，给人以耳目一新的感觉。(2) 在新课展开时，注意充分暴露学生的思维过程，鼓励口算方法的多样化。如24－6＝18作为重点讲评时，学生运用已有的经验想出了多种方法。(3) 简化了学生操作这一环节，教师就课本中关于"退1做10"的方法用小棒加以演示，以帮助理解上有困难的学生，而没有让全体学生动手操作。(4) 善于把握教学中的难点，及时深化学生的思维。如当学生发现"被减数

的个位不够减,需从十位退1做10,与个位上的数合起来再减"的规律时,教师让学生讨论为什么只是退1,而不退2呢?从而使学生不仅知其然,而且知其所以然。(5)注重开放题的设计。最后一题开放题34—( )=( )的设计,更是独具匠心,不但给予全体学生参与的机会,做到了"上不封顶,下要保底",还起到了总结本节课的作用,对退位减法和不退位减法很好地进行了梳理,从而再次沟通了新旧知识的联系。]

除数是小数的除法

[课例一]

一、复习铺垫

1. 填表。

被除数	15	150	
除数	5	50	500
商			3

填完表后提出以下问题让学生观察回答:

(1)第二组与第一组比较,被除数和除数有什么变化?商怎么样?

(2)第三组与第二组比较,除数有什么变化?商呢?被除数怎样变化?

(3)谁能用语言概括这种现象?

2. 运用商不变的性质填空,并说出思考过程。

$6.21 \div 0.3 = ( ) \div 3$

$220.5 \div 1.47 = ( ) \div 147$

$5 \div 0.025 = ( ) \div 25$

3. 竖式计算： 7.41÷13

指名板演并说说除数是整数的小数除法计算法则。

二、教学新课

1. 将复习第3题改编成尝试题 7.41÷0.13，教师同时进行如下提问：

（1）观察例题与复习题有什么不同？（学生回答后，板书课题）

（2）这道算式中除数是小数能不能直接计算？

（3）利用你学过的知识能不能把除数是小数（0.13）的除法转化成除数是整数（13）的除法呢？（学生小组讨论）

（4）全体学生试做：7.41÷0.13，并指名一人板演。

（5）师生讨论尝试题。

$$0.13\overline{)7.41}$$ 商 57

提问：题中的除数是怎样转化成整数的？除数扩大100倍，为什么被除数也扩大100倍？计算 7.41÷0.13，关键的一步是什么？转化后再按照什么计算法则进行计算？

2. 不计算，将下面各题转化成除数是整数的除法。

（1） $3.8\overline{)91.2}$　$0.18\overline{)0.756}$　$1.2\overline{)4.68}$　$0.34\overline{)2.38}$

（2） $0.27\overline{)51.3}$　$0.325\overline{)5.2}$　$0.035\overline{)2.8}$

（3） $0.46\overline{)161}$　$0.6\overline{)30}$　$0.104\overline{)26}$

练习时，教师依次出示三组题，并以第一组题的练习为重点，当出示（2）、（3）两组题时，教师分别组织学生讨论：转化时遇到被除数小数位数不够，怎么办？

练习后，教师作如下总结性设问：

（1）计算除数是小数的除法，先移动哪个数的小数点，使它变成整数？

（2）为什么除数的小数点向右移动几位，被除数的小数点也要向右移动几位，移动的依据是什么？

3. 出示例 5，计算 10.44÷0.725。

（1）全体学生试做，指名一人板演。

（2）师提问：要把除数转化成整数，应怎么办？这道题被除数的小数位数不够，怎么办？商的小数点如何处理？

补充练习：计算 26÷0.104

4. 概括除数是小数的除法计算法则。

……

[课例二]

一、新课引入

师：前几天学习了除数是整数的除法，如 3.25÷5（板书）之类。今天，我们要研究 0.065÷0.05（板书）这样的问题。

师：这道题和以前学过的题有什么不同？

生$_1$：除数是小数了。

生$_2$：被除数和除数都是小数。

揭题：今天就学习除数是小数的除法。（板书）

二、新课展开

1. 讨论方案。

师：除数是小数的除法，你觉得应怎样算？

生$_1$：转化成整数。（板书）

生$_2$：应用商不变性质。（板书）

生$_3$：先按整数的除法算，再点小数点。（板书）

师：现在有两种意见，一是先按整数除法算，再点小数点；二是在计算过程中可能要用到商不变性质。

2. 分层探究。

（1）分层。

师：参考以上两种意见后，你觉得自己已经能够计算的可以开始独立计算，觉得还不能计算的，再和老师一起从简单的问题出发研究。

（实际情况为，大部分学生都能自己独立计算，只有5位同学不能尝试计算，就到讲台前和老师一起研究，以下(2)为一起研究的情形。）

(2) 研究简单问题。

出示：豆奶5角一袋，1元5角可以买几袋？

师：可以买几袋？

生（异口同声）：3袋。

师：能把算式列出来吗？

生$_1$：$15 \div 5 = 3$

生$_2$：$1.5 \div 0.5 = 3$

师：两个算式得数都是3，就可以用等号把它们连起来，写成："$1.5 \div 0.5 = 15 \div 5$"，你们还能不能用另外的理由说明它们是相等的吗？

生$_1$：被除数和除数同时扩大10倍。（点评：商不变性质）

生$_2$：1.5元就是15角，0.5元就是5角。

师：把等式从左往右看，左边是今天要学的算式，右边是我们已经学过的算式，实际上我们只要把没学过的转化成已学过的算式就行了，现在你们能算了吗？

生：能做了。（或点头）

3. 讨论。

(1) 收集各种算法到黑板上，如下：

① $0.05 \overline{\smash{)}0.065}$ 商 1.3，减 0.05，余 15，再减 15，余 0

② $0.05 \overline{\smash{)}0.065}$ 商 0.013，减 5，余 15，再减 15，余 0

③ $\cancel{0.05} \overline{\smash{)}0.065}$ 商 0.013，减 5，余 15，再减 15，余 0

④
```
         1 3
0.05)0.065
       5
       1 5
       1 5
        0
```

⑤
```
       1.3
   5)6.5
       5
       1 5
       1 5
        0
```

⑥
```
         1.3
0.05)0.06.5
       5
       1 5
       1 5
        0
```

(2) 分类

师：你觉得哪个得数是正确的？

生$_1$：我觉得 0.013 是对的。

生$_2$：我觉得 1.3 是对的。

师：我们有办法来证明哪一个对吗？

生：有办法——通过乘法来验算。

师做乘法：$1.3 \times 0.05 = 0.065$，说明商是 1.3 是正确的。

(3) 请算对的学生介绍想法。

写竖式⑥的学生：我先把被除数和除数都扩大 100 倍，这样划去零和小数点，就可以算了。（边讲边演示）

师：为什么要扩大 100 倍？

生（不能尝试算的学生之一）：把不会做的转化为会做的。（表扬！）

写竖式⑤的学生：我是把划零的过程在脑子里先想好，再列出这个（指竖式）。

师：这样做干脆利落，就是要求有点高。

写竖式①的学生：我是先按整数除法想，0.06 里只有 1 个 0.05，所以商是 1，在 1 的右下角点小数点。然后余下的 0.015 除以 0.05，等于 0.3，最后得 1.3。

师：他先按整数除法算，后来又考虑写那么多零，太麻烦，就果断地不写了，他边算边改进，把过程简化，非常独特。但可以更进一步，从一开始就划零和小数点，这样就和竖式⑥、⑤一样了（师示范）。

（4）分析算错的原因。

生：（关于竖式④）因为除数扩大了100倍，而被除数却扩大了1000倍，这样商就扩大了。

生：（关于竖式②、③）他们把除数是整数的除法和除数是小数的除法混起来了，现在不应该把小数点点在原来被除数的小数点的上面。

（5）归纳。

擦去三种错误的算法后。

师：这三种算对的方法，它们一开始都先干什么？

生$_1$：它们都是先划去零，变成整数除法再除。

生$_2$：它们都是利用商不变性质，把被除数和除数同时扩大了。

师：对，除数是小数的除法一般先转化成除数是整数的除法，在转化的过程中应用了商不变的性质。（板书）

……

[评析：课例一整个教学过程设计严谨、层次清楚，为了让学生掌握新知识，教师给学生不断地"搭台阶"，学生在教师的指导下非常顺利地掌握了"除数是小数"的计算法则。而课例二通过简短的谈话后，就出示了例题，让学生自己探讨解决办法，只是给少部分有困难的学生设计了简单的实际问题，以启发他寻找解题策略。尽管学生在尝试解答中出现了一些错误，但由于这样的设计给学生提供了更多自主探索的机会和更大的思维空间，他们的学习是主动的、积极的。]

体会与思考

一堂好课可以有不同的教法，但不管怎么教都必须有利于促进学生的学习，保证他们的主体地位。因为教学成功的关键在于让学生主动参与学习数学，获得成功的体验。这两组计算教学的课例从表面上来看，是课堂教学结构和教学方法的差异，实质上反映了不同的教学观念。两个案例的课例一都是从知识结构本身来考虑的，都非常重视复习铺垫环节的设计，新课的展开设计了许多问题让学生回答，但问题本身经过教师的支解，已显得过细、过碎，无多大的思考性，学生可以轻而易举地加以回答。教师的"好心肠"忽视了"学生的需要"，尽管教师为了给学生一杯水，准备了满满的一桶水，可惜学生并不"渴"。课例二之所以能放手让学生在自主探索反馈校正中获得解决问题的经验，得出计算方法，关键在于教师对计算教学有了新的认识，着眼于学生可持续发展能力的培养，认为计算教学的目标不仅仅只是让学生学会计算，教材上的方法或教师认为比较好的方法可以作为解题的一种思路介绍给学生，但不强求学生用一种固定的方法，在学生选择合理的方法进行计算时，处理了算法多样化与一般方法之间的关系，渗透策略优化的思想。

《数学课程标准》非常强调：计算教学时，应通过解决实际问题进一步培养数感，增进学生对运算意义的理解；要鼓励算法多样化，要避免繁杂的运算，避免将运算与应用割裂开来。这是指导我们设计课例二的两节计算课的原则，但在具体的策略上，我们并不强调计算课每一节课都从实际问题引入，到解决实际问题结束，因为我们觉得计算还有计算本身的问题要解决，这两节课已经不是讲运算意义的起始课，就不存在非得从实际问题引入的必要性。我们鼓励学生在原有的知识经验的基础上用多种策略计算出得数，但我们不一味地追求算法的多样化，我们的理由是，在众多的算法中应该有一种比较一般的方法，让学生积极、主动地去探索，并不等于在数学学习中每个学生可以自行其事，鼓励每个学生具有独特的解决问题的方法，并不等于他们可以满足了现状，而拒绝学习新的更有效的方法。

（十五）应用题该如何上出"应用味"

——"较复杂的分数（百分数）应用题"教学比较

数学是一门应用性很强的学科，数学的应用也已渗透到社会的方方面面。小学应用题教学是培养学生应用数学知识解决一些简单的实际问题的能力的重要载体，也是联系实际，沟通数学与生活的重要桥梁。但在以往的课堂教学中，教师很少讲知识的来源和实际运用，学生的应用意识淡薄。即使是应用题教学，也缺少了"应用味"。绝大多数都是凑好数据编好题型直接塞给学生的。学生做了千百道应用题，还是只会按类型解题，不懂得怎么应用。既不知道数据从哪里来，又不知道解决某个问题需要哪些数据、怎样获得数据。很多学生只在课堂内、考试时感到数学有用，而走出课堂，离开试场，几乎感觉不到数学的存在。为了改变现状，许多学者和一线教师都把眼光投向了教材，认为现行教材内容偏旧，知识面偏窄，忽视数学的实际应用等。确实，随着时代的发展，教材的滞后会不断凸现，内容需要及时地更新。但我们也必须看到，教师在教育教学改革中所起的关键作用。下面我们不妨看一看三位教师对同一内容"较复杂的分数（百分数）应用题"的不同教法。

课例与评析

[课例一]

一、复习铺垫

1. 口答下列各题，并说出谁是单位"1"的量。（指名回答）

（1）运走了一批货物的 $\frac{1}{4}$，还剩下几分之几？

（2）女生占学生总数的 55%，男生占学生总数的百分之几？

（3）九月份用水比八月份节约 $\frac{5}{10}$，九月份的用水量是八月份的几分之几？

2. 出示：水果批发公司有水果 25000 千克，卖出 $\frac{2}{5}$，卖出多少千克？

师：我们学过了简单的分数应用题，想一想：像这样的题目该怎样列式？

指名列式：$25000 \times \frac{2}{5} = 10000$（千克）

教师根据学生的回答强调：要求"卖出多少千克"就是求25000的 $\frac{2}{5}$ 是多少，用乘法计算。这里单位"1"的量是水果的总重量。

二、教学新课

1. 出示例题：水果批发公司有水果 25000 千克，卖出 $\frac{2}{5}$，还剩多少千克？

2. 读题，分析数量关系，画出线段图。

3. 进一步理解题意。要求"还剩下多少千克"首先要知道的是"卖出多少千克"，因为卖出多少千克没有直接告诉，所以需两步计算。

4. 列出算式：$25000 - 25000 \times \frac{2}{5}$

$$25000 \times \left(1 - \frac{2}{5}\right)$$

5. 指导看书，要求比较两种解法有何异同。
6. 与准备题比较异同，揭示课题。

[课例二]
一、新课导入

一、教学片段的摘录与评析

上课一开始出示一条横幅:"开业志喜,九折酬宾"。

师:老师在大街上看到了这样一条信息:某家商店门口挂着:"开业志喜,九折酬宾"。你想到了什么?

生$_1$:商店里的东西现在比原来便宜了。

生$_2$:现价是原价的90%。

生$_3$:便宜了10%。

师:便宜了10%,你是怎么知道的?

生:100%-90%。

师:100%是哪里来的?

生:把原价看作单位"1"。

师:如果走进商店想买一件商品,你们又想到了什么?

生:原价是多少元?

师:如果一件大衣的原价是100元,编成一道应用题怎样?

二、教学新课

1. 出示下面的题。

(1)一件标价100元的衣服,九折出售,现价是多少元?

(2)一件标价100元的衣服,九折出售,可以便宜多少元?

2. 分析数量关系。

师:第(2)题你是怎么求的?先算什么?再算什么?

指名列式,教师板书:100-100×90%。

师:还有其他方法吗?同时出示线段图。

根据同桌讨论的结果反馈得出:100×(1-90%)。

师:100、1、90%分别表示什么?根据学生的回答,强调:要求"便宜多少元"就是求"原价的10%是多少"。因为题目中这一条件没有直接给出,所以要先求出来。

3. 比较两种解题方法。

4. 比较(1)、(2)两题的异同。

师:90%还可以怎样表示?

生：$\frac{9}{10}$。

5. 揭示课题。

6. 出示课本例题：水果批发公司有水果25000千克，卖出$\frac{2}{5}$。

师：只告诉你条件，没有问题，请你自己提问题解答。
（学生尝试完成。反馈后要求学生看书，理解解题思路。）

7. 小结，布置独立作业。

[课例三]

一、导入

师：昨天，老师在街上看到：某某服装八折出售，谁能告诉我是什么意思？

生：打八折就是80％的意思。

师：还在电视上看到了，某某股票上涨了8个百分点。又是什么意思呢？

生："就是说，这则股票上涨了8％。"

二、新课教学

1. 出示例题。

师：老师从水果公司又获得这么一条信息：水果批发公司有水果25000千克，卖出40％（同时板书）。看了这条信息你觉得这个公司的生意怎样？

生：不很好。因为才卖出了40％。还有一半以上没有卖出。许多学生表示同意。

师：你怎么知道还有一半以上没有卖出？

生：1－40％＝60％，60％大于50％。

师：有不同意见吗？

生：有！如果这么多水果是一天卖出的，那么生意是好的。因为我们并不知道,这批水果是什么时候进的。卖出了 40%,是分几天卖出的。

师:有道理吗?(学生点头)那你能用学过的数学知识来解释吗?

学生试着自己列式解答。列出了这样一些算式:

(1) $25000 \times 40\% = 10000$(千克)

(2) $25000 - 25000 \times 40\% = 15000$(千克)

(3) $25000 \times (1 - 40\%) = 15000$(千克)

(4) $25000 \times 40\% = 10000$(千克)

　　$25000 - 10000 = 15000$(千克)

　　$15000 - 10000 = 5000$(千克)

(5) $1 - 40\% = 60\%$　　$60\% - 40\% = 20\%$

　　$25000 \times 20\% = 5000$(千克)

反馈讲评。要求学生说明自己所列的算式的表示意义,最后求得的结果是什么。教师根据学生的回答板书:

(1) 卖出水果多少千克?

(2) 还剩下多少千克?

(3) 剩下的比卖出的多多少?(卖出的比剩下的少多少?)

师:唉,如果把这些问题补写上,就成了一道百分数应用题。比较一下(1)和(2)两个问题在解题思路上有什么异同。

师:题中的 40% 还可以怎样表示?

生:$\frac{2}{5}$。

师:该怎样解答?请大家看看课本是怎样解答的。(学生看书)

2. 揭示课题。

3. 巩固练习。

(1) 完成课本练习。

(2) 师:刚才是老师获得的信息,你们有没有类似的信息?

生:一件标价 100 元的衣服,九折出售。

生：一种铅笔盒原价是 50 元，八折出售。

生：全班 40 个同学，有 $\frac{1}{10}$ 的同学家里买了电脑。

生：一台彩色电视机要比一台黑白电视机贵 50%。

……

师：你们能把这些信息改编成数学题吗？要求自己提出问题列式解答，如果有困难可以同桌讨论完成。

（3）课堂小结后要求学生讨论："雏鹰假日小队"共 18 人，参观河姆渡博物馆。见售票处写着："每位票价 10 元，20 张以上八折优惠"。请你给他们出个金点子，怎样买票合算？

生：按 20 人买合算。因为 $10 \times 20 \times 80\% = 160$（元），而 $10 \times 18 = 180$（元）。

师：有不同意见吗？（没有）是不是都这样买票合算？

$生_1$：不是。如果只有 15 人，还是每人一票好。只要 150 元。

$生_2$：有一个范围，16 人以下按每人一票买合算；16 人以上按 20 人买。

$生_3$：我还有补充：16 人的话，两种买法都一样。

……

师：这说明，在我们的身边就有许多的数学问题，有待于我们去发现，去思考，我们要经常用数学的眼光去观察这些实际问题。

[评析：应用题该如何上出"应用味"来，这是一个普遍关注的问题。这里收集的同一节课的三个课例，在一定程度上反映了应用题课堂教学的现状，也反映了三位执教老师不同的应用题教学的价值观。课例一是典型的传统意义上的应用题教学课，教师紧紧抓住应用题的结构特征和数量关系，从复习铺垫到新课的教学都体现了这一点，教师自己讲清楚，让学生听明白。课例二，教师试图突破原有的应用题教学模式，把应用题与生活实际相联系。创设了很有生活气息的情景，给人耳目一新。但在新课的教学上还是回到了

课例一的思路上,真可谓"穿新鞋,走老路"。课例三,教师的着眼点放在了解决生活中实际问题上,着力点放在了改变应用题的呈现方式上。不拘泥于数量关系的分析,条件、问题的应用题结构训练。因为对六年级的学生来说,对稍复杂的分数(百分数)应用题的数量关系已不会感到太复杂。用不着翻来复去的训练。整个教学过程都力求体现数学知识,数学问题来源于生活的思想。可见,这样的应用题教学注重了数学的应用价值,更能培养学生的数学意识,养成用数学眼光观察生活问题的习惯,培养解决实际问题的能力。事实上,分数、百分数的知识,在日常生活和工农业生产中有着广泛的应用。如出勤率、发芽率、合格率、利息、税收、折扣等,如何改进分数、百分数应用题教学,使它们能够恰当地反映实际问题,又能为学生所接受。从上面的教学实例中,我们可以清晰地看到,只要教师留心观察生活,及时收集生活中的材料,把应用题上出"应用味"并不是一件困难的事。]

体会与思考

《数学课程标准》指导下的新教材将突破以知识块为主线,而以基本的数学思想方法为主线,来选择和安排教学内容,强调数的意识、空间观念、优化思想、统计思想、方程与函数思想、估计意识、推理意识和应用意识,不再将应用题单独列章节编写,不分类型,强调从运算意义出发进行思考和教学,强调密切联系学生的生活。目的是让学生通过基础知识和基本技能的学习,学会从数学的角度提出问题、理解问题,能综合应用所学的知识和技能解决问题,发展应用意识。

由此引发我们思考的是:是不是因为原来的大纲和教材不重视甚至不讲数学的应用而造成学生应用意识淡薄呢?

其实如果我们有心去关注我国从建国以来,已颁布的几份小学数学教学大纲,对于应用题教学的目的和要求,尽管经历了一个发展与变化的过程，但都非常强调知识的应用。如 1956 年颁布的《小学算术教学大纲（修订草案）》对于应用题的教学目的和要求是：能够应用已经获得的知识、技能和技巧去解答算术应用题和解决日常生活中简单的计算问题。1978 年颁布的《全日制十年制学校小学数学教学大纲（试行草案）》和 1986 年颁布的《全日制小学数学教学大纲》对于应用题的教学要求都是：掌握常见的一些数量关系和解答应用题的方法，能够解决一些简单的实际问题。1992 年颁布的《九年义务教育全日制小学数学教学大纲（试用）》对于应用题的教学要求是：掌握常见的一些数量关系和解答应用题的方法，能够应用所学的知识解决简单的实际问题。并在"应注意的几个问题"中强调应用题教学是培养学生解决简单的实际问题和发展思维的一个重要方面。要注意联系学生的生活实际，引导学生分析数量关系掌握解题思路。随着年龄和知识的增长，逐步扩大联系实际的范围。要引导学生了解数学的实际应用，从当地实际出发，进行调查，收集数据，在教师的帮助和指导下，编成数学问题，进行计算、解答，或做一些简单的统计，逐步培养学生这方面的兴趣、意识和解决问题的能力。

　　这说明大纲一直重视学生应用意识的培养，教材编写者也充分地认识到了应用题教学对培养学生解决简单实际问题的能力所起的作用，尽可能地联系学生的实际和工农业生产的实际选取题材，但由于长期受应试教育的影响，我们教师自身对应用题教学的认识有失偏颇，在具体进行教学时，例题呈现方式封闭、单一，一般是在复习铺垫的基础上，通过改变准备题的条件或问题，出示课本例题，例题教学基本上遵循了这样一条呈现途径：读题——分析条件问题——列式解答——说解题思路，很少去挖掘数学与生活的联系，过分强调了应用题的类型，过分注重了数量关系的分析，过分关注了学生解题技巧的训练，传统的应用题的呈现，致使许多学生在解答应用题只是把问题与应用题的类型相联系，死扣类型，他们思考问题的空间很小，不会分析其中的数学意义，应用题教学仅仅发展了学生的解题技能，而没有发展学生的数学理解和思考能力，也未能培养学生学以致用的意识。

新的时代和教育对教师提出了更高的要求，尤其是对于已积累了丰富的应用题教学经验的教师来说，在新课程理念下必须重新认识应用题教学的价值，进行教学的创新，不断超越原有的经验，突破原有的应用题教学的框框。否则，最好的教材也只能是徒有形式。

（十六）教学要关注学生的生活经验

——从"时、分的认识"的教学谈起

对小学生来说，小学数学中的许多知识并不是"新知识"，在某种程度上来说就是一种"旧知识"。因为他们在日常生活中免不了与"数"和"形"打交道，就会积累许多数学知识。即使是一年级的学生，他们也有丰富的生活经验和知识积累。这其中就包含着大量的数学活动经验，特别是运用数学解决问题的策略。要使数学教学有效，应紧密联系学生的生活实际，从他们已有的生活经验和知识背景出发。这一点似乎已成为广大教师的共识，但实际教学时，许多教师又会有意无意地忽视学生已有的生活经验。下面我们就通过"时、分的认识"一课两个不同的教学实例的比较分析，就如何关注学生的生活经验问题谈一点粗浅的看法。

课例与评析

[课例一]

一、创设情景导入新课（说明生活中掌握时间非常重要）

师：在日常生活中我们时常会听到这样的问话：现在几点了？什么时候上课？几点下班？几点放学？等等，说明生活中掌握时间很重要。

接着播放录像：一轮红日从天边升起，伴画外音："太阳从东方升起，新的一天开始了。小红清晨6：30起床了，8：00到校了，晚上9：00进入了甜甜的梦乡。"学生甲拉着大提琴，学生乙边看边问："姐姐，你学习好，琴也拉得这么棒，有什么秘密吗？"甲："其实很简单，秘密就在那儿！"手指时钟。

教师揭示课题：你想成为时间的主人吗？让我们一起来认识时

间。出示课题。

二、教学新课

（一）认识钟面。

出示钟面模型，教师引导观察并要求逐一回答下列问题：

（1）钟面上有多少大格？（生齐答：12个大格）

（2）每个大格中有几个小格？（生齐答：5个小格）

（3）钟面上一共有几个小格？教师带着学生5格5格地数，一直数到60。

（4）钟面上除了格子，还有什么？

教师讲解：短、粗一点的是"时针"，时针走一大格（从一个数走到下一个数）就是1小时；长、细一点的就是"分针"，分针走一小格是1分钟。

（二）建立1分、1时的时间观念。

建立1分的时间观念。

师：1分有多长呢？（师计时，要求学生数脉搏）

师：1分能干什么呢？（出示一些工农业生产中的数据）

教师强调：尽管1分钟时间很短，但人们却能用它做很多事情，千万不要小看1分钟，应珍惜生命中的每一分钟。

（三）小时、分的进率。

1. 师用钟面模型进行演示；生观察时针、分针各走了多少。

得出：1时=60分

2. 建立1时的时间观念。

师：1小时究竟有多长呢？出示：一节课（　）分，下课（　）分，再加上（　）分就是1小时。

（四）学看钟面时刻及表示方法。

1. 教师演示钟面模型，讲解时刻的表示方法，指名学生读出钟面时刻。

强调：时针走过几，就是几时多；多多少要看分针。分针从

12起走过几小格就是几分。

2. 教学表示方法。

强调：先写数几，表示几时；再点上两个小圆点，最后在两点后面写上几，表示几分。注意两点后面有两位，不满10分用"0"占位。

三、巩固练习（略）

[课例二]

一、谈话导入新课

师：今天，有这么多老师来看我们上课，老师心情很激动。早上5∶00就起床了。你们呢？

生$_1$：我也很激动，我是6∶00起床的。

生$_2$：我是6∶30起床的。

……

师：你是怎么知道这些时刻的？

生$_1$：妈妈提醒的。

生$_2$：自己看钟表的。

师：对了，钟表是我们用来记时的工具。有哪些同学会看钟表上的时刻？（许多学生举手）

逐一出示2∶00、8∶05、10∶50、2∶25等钟面图，指名试读相应的时刻，把有争议的8∶05，10∶50等钟面图挂在黑板上。

师：这些时刻你是怎么看的？

指名学生各自介绍自己看时刻的方法。

二、教学新课

1. 认识钟面。

师：到底该怎样读呢？我们先来研究钟面结构。要求4人小组合作。

(1) 议一议：从钟面上，你知道些什么？

(2) 填一填：书本第62页。

2. 时、分的进率。

师：如果这个钟面给通上电源，会怎样？

生：三根针会一起走动。

师：它们是朝着什么方向走的？用手比划一下。像这样的方向我们称为顺时针。

教师用钟面模型进行演示，要求学生观察：时针走一大格，分针怎么走？分针走一圈，时针怎么走？得出结论：1时＝60分。

3. 自学课本，掌握看时间的方法。要求是：

(1) 划一划书上介绍的方法。

(2) 想一想：你用这个方法什么地方最容易出错？

4. 练习。

(1) 指名读钟面上的时刻（6：00、12：00、12：20、4：25），并说说你是怎么读的。

(2) 出示表示2：55的钟面。当学生读出2时55分后，提问：还有其他的读法吗？

生：可以读作3时差5分。

师：你是怎么读的？

生：倒着看的，因为时针走过2，不到3，又与3很接近。

师：你们明白他的意思吗？倒着看也就是逆时针看。出示3：50的钟面，要求学生读一读后，追问：是不是在什么情况下都这样读？

(3) 再读导入时有争议的钟面时刻。

5. 教学钟面时刻的表示方法。

(1) 师拨钟面模型，让学生试着记下来。（2：45、8：05、3：12）

师：像这样的表示方法你们在哪里见到过？

生$_1$：电子表。

生$_2$：电视机屏幕上。

生₃：作息时间表。

……

师：好！我们就这样把钟面时刻记下来，想一想：要是不满10分该怎么表示呢？

生：用"0"占位。

教师拨钟，学生记录相应时刻。如：2：05，3：08等。

(2) 师：像这样表示的时刻能读出来吗？

出示大会的日程安排表。谁能向听课的老师们介绍一下明天上午的安排？

三、小结，并建立1分、1时的时间观念

1. 建立1分的观念。

师：离下课时间还有5分钟了。1分到底有多长呢？

接通电源，让学生静静地观看钟面上的秒针走一圈，感知1分。

师：1分钟我们能做些什么呢？现在给你们1分钟时间，你们想干什么就干什么。

反馈。

生₁：我做了18道口算题（事先教师给部分同学准备了口算卡片）。

生₂：我给老师画了一张像。

生₃：我写了几句话。

生₄：我还没想好干什么。

师：有多少人还没想好做什么？（部分学生举手）

师：太可惜了。尽管1分钟很短，但好好利用它可以做许多事情。如：……

2. 建立1时的观念。

师：刚才我们是几时几分上课的？（2：25）出示钟面图，并贴到黑板上。

一、教学片段的摘录与评析

师：现在是几时几分？（3：03）出示钟面图，并贴到黑板上。

师：到下课应该是几时几分？（3：05）出示钟面图，并贴到黑板上。

师：从上课到下课有多长时间？（40分）我们在40分时间里做了些什么？

师生一起小结本节课所学内容。

师：40分时间我们学了这么多本领。如果1时的话，学到的知识肯定会更多。那1时有多长呢？谁来说说？（指名回答）

师：希望在以后更长的时间里，同学们学到更多的知识。

[评析："时、分的认识"是一节老师们经常上的观摩课或公开课。现行的国内几套教材基本上把这一知识点放在二、三年级，是按照"认识钟面的结构——教学时、分的含义和进率——教学看钟表的方法及时间的写法"的顺序编排的，大多数教师也是按照这样的顺序教学的。课例一就是如此。这样的教学最大的缺憾是忽略了学生的起点能力。尽管借助电教手段的作用，精心创设了情境，但整个设计还是把学生当成一张"白纸"，对学生已有的生活经验熟视无睹，只注重了教师的教，忽视了学生的学。

与课例一相比，课例二最难能可贵的是充分估计了学生的起点，考虑到现在许多学生已有了看钟表的生活经验。实际教学时，调整了教学顺序把"看钟表的方法"这一环节提前，上课一开始就通过师生谈话，很自然地引导学生试着读出钟面上的时刻，介绍读时刻的方法。当学生有争议时，要求4人小组合作研究钟面结构，认识钟面。至于钟面上有几个大格、几个小格，教师不再细细提问，而是让学生通过自己观察，直接填在书上。在引导学生看钟面时刻时，不仅让学生掌握按顺时针看的方法还注意到了按逆时针看的方法。按顺时针看时刻是每位教师注意到的，但按逆时针看这一点往往是被忽视的。而课例二对此有意识地进行了设计和铺垫，使学生不仅会看时刻，而且会巧看时刻，注重了学习方法的指导。钟面时刻表示方法的教学，通过让学生回忆在哪里见到过这样的表示，把复杂问题简单化。1分、1时的时间观念的建立更是独具匠心。通过创设情景让学生亲身体验，从而建立1分、1时的时间观念，并根据学生1分时间里所做的事情，结合课堂小结很巧妙地、也极其自然地进行了珍惜时间的教育。整节课始终注重联系学生的生活实际，如在让学生掌握钟面时刻的表示方法后，善于就地取材，让学生介绍大会日程安排，既及时巩固了所学知识，又培养了学生的应用意识，使课堂充满了浓浓的生活气息。这样的教学设计反映了教师具有鲜明的主体意识和服务意识。]

体会与思考

一些教师备课只注重教材，教材背得滚瓜烂熟，教案写得详详细细，讲课讲得头头是道，但到头来教学效果并不令人满意。这是什么原因呢？其中很重要的原因就是教师"心中有书，目中无人"，只是"带着教材走向学生"，忽略了对教育对象——学生的研究。一些教师在课堂教学中，不顾及学生的原有的生活经验，仅仅根据自己的主观愿望确定教学内容和教学方法，千人一面，千篇一律，不是"满堂灌"，就是"满堂问"。

学生是课堂学习的主人，教师的教是为学生的学服务的。要使学生在课堂上真正有所收获，教师就必须尊重学生原有的知识经验，从学生的实际出发而不是一厢情愿设计教学过程。为此，教师在每一节课上课以前，就必须问问自己：关于这个内容学生已经知道了什么？并想方设法地去了解。正如美国认知教育心理学家奥苏贝尔所说的：如果我不得不将教育心理还原为一条原理的话，我将会说，影响学习的最重要原因是学生已经知道了什么，我们应当根据学生原有的知识状况去进行教学。

当然，利用学生的生活经验引入概念时，要注意学生的日常概念与所学习的概念的内涵是否一致。日常概念由于受生活经验的限

一、教学片段的摘录与评析

制,有时会忽略了本质属性,有时又会包含非本质属性。从前面的教学实例中我们已经看到了学生看钟表的生活经验无疑对"时、分的认识"一课的教学起了积极的作用,但学生头脑中的"数学"与成人的理解会有不同的含义,如学生基于生活经验的"角"往往会给数学意义上的"角"带来负面影响。因此,在教学中既要充分利用学生生活经验所形成的表象作用,又要防止它的消极作用。在这个意义上来说,教师的作用就在于帮助学生实现由模糊的、生活化的语言过渡到精确的、严密的数学语言。

（十七）怎样扩大学生探索的空间

——有感于"三角形的面积计算公式的推导"

现代教学论认为：动手实践、自主探索与合作交流是学生学习数学的重要方式，数学教学活动必须建立在学生的认知发展水平和已有的知识经验基础之上。教师应激发学生的学习积极性，向学生提供充分的从事数学活动的机会，帮助他们在自主探索和合作交流的过程中真正理解和掌握基本的数学知识与技能、数学思想和方法，获得广泛的数学活动的经验。为此，广大教师在课堂教学中十分重视学生通过观察、操作、猜测、实验等方式，目的是培养学生的探索意识。但由于教师认识上的差异，教学效果也各不相同。下面是有关"三角形面积公式推导"的两则教学实例，我们可以从中初步领略到怎样的教学能为学生提供探索的空间。

[课例一]

教师创设情景、导入新课后，让学生做实验探索三角形的面积计算公式。具体教学过程如下：

1. 研究直角三角形的面积与长方形面积的关系。

师：三角形能不能像长方形、正方形、平行四边形那样用公式计算出面积呢？我们一起来做实验。先做第一个实验，请每个同学拿出2个红色的三角形，看看这两个三角形有什么关系？

生：能完全重合。

师：说明它们的形状、面积怎样？

生：形状相同、面积相等。

师：请大家拼成一个长方形，拼好后，小组讨论并填写实验报告（一）。

学生小组实验。

一、教学片段的摘录与评析

> **实验报告（一）**
> （1）（2）个完全相同的直角三角形可以拼成一个（长方）形。
> （2）一个直角三角形的面积是相应的长方形面积的（一半）。

完成的小组把实验报告（一）贴在磁性黑板上，并相互检查，比一比哪个小组完成得最出色。

师：通过实验（一），你们自己从三角形与长方形的关系中，得到了什么知识？

生：我们知道了一个直角三角形的面积是相应的长方形面积的一半。

2. 研究锐角三角形的面积与长方形面积的关系。

师：现在请大家用2个锐角三角形来拼长方形，拼好后填写实验报告（二）。

教师巡视，发现学生遇到了困难。

师：我发现大家都碰到困难了，怎么办？

师：能不能用剪刀将其中一个锐角三角形剪成两个较小的直角三角形后再拼呢？

学生操作：

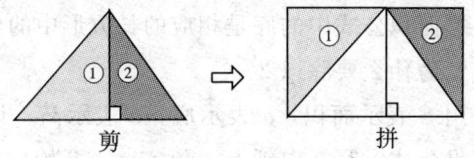

剪　　　　　　　拼

> **实验报告（二）**
> （1）（2）个完全相同的锐角三角形可以剪拼成一个（长方）形。
> （2）一个锐角三角形的面积是相应的长方形面积的（一半）。

学生完成实验（二），得到新知识：一个锐角三角形的面积是相应的长方形面积的一半。

3. 研究钝角三角形的面积与长方形面积的关系。

师：用 2 个完全相同的钝角三角形剪、拼成长方形，并且直接填写实验报告（三）。

实验报告（三）

(1)(2)个完全相同的钝角三角形可以剪拼成一个（长方）形。

---

4. 概括面积公式。

（1）比较三个实验的结论：

一个直角三角形的面积是相应的长方形面积的一半。

一个锐角三角形的面积是相应的长方形面积的一半。

一个钝角三角形的面积是相应的长方形面积的一半。

共同点：一个三角形的面积是相应的长方形面积的一半。

（2）把上面概括的语言用数学公式表示：

三角形面积＝相应的长方形面积÷2

（3）得出求三角形的面积公式：

相应长方形面积＝长×宽

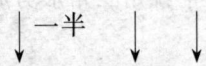
一半

三角形面积＝底×高÷2

师：三角形面积公式中的底是相应的长方形中的什么？高是长方形中的什么？为什么要除以 2？

师：如果用 S 表示面积，a 表示底，h 表示高，谁会写三角形面积计算的字母公式？写在白纸上，预备——开始！

（板书 $S＝a\times h\div 2$）

［课例二］

在复习已经学过的平面图形的面积计算公式，回忆公式是怎样推导出来的基础上，让学生自己想办法推导三角形的面积计算公式。具体教学过程如下：

一、教学片段的摘录与评析

师：同学们刚才都说到了，以前我们通过摆面积单位、剪拼转化的方法推导出了长方形、正方形和平行四边形的面积计算公式。今天我们要学习三角形的面积计算，你能借鉴这些方法，自己设计一种方案，推导出三角形的面积计算公式吗？试试看。

学生以小组为单位探索研究。

反馈。

生₁：我们小组是通过摆面积单位的方法推导的。我们在三角形上摆 1 平方厘米的小方格（如下图），不满一格的按半格计算，得出了三角形的面积。发现三角形的面积正好等于底乘高的一半。

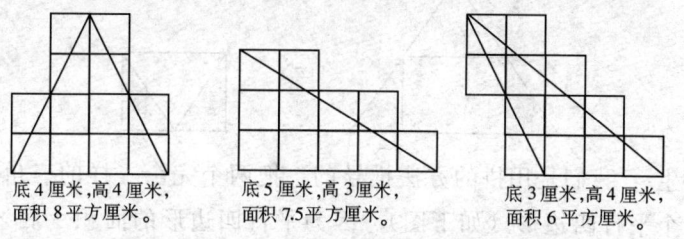

底4厘米,高4厘米, 底5厘米,高3厘米, 底3厘米,高4厘米,
面积8平方厘米。 面积7.5平方厘米。 面积6平方厘米。

生₂：这种方法不好！不满一格的并不都正好是半格，所以不准确。我们小组是用剪拼、转化的方法推导的（如下图）。我们把一个直角三角形剪开，拼成一个长方形，长方形的长就是三角形的底，宽就是三角形的高的一半，因为长方形面积＝长×宽，所以三角形的面积＝底×（高÷2）

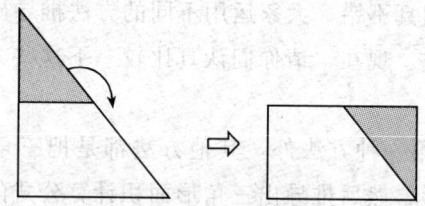

生₃：你们的方法也不怎么样！因为只推导了直角三角形的面积计算公式，锐角三角形和钝角三角形呢？

生₄：我们小组也是用剪拼、转化的方法推导的，不过我们是把三角形转化成了平行四边形，我们的推导过程是……（如下页图）

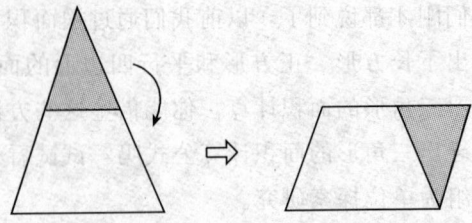

生₅：我们是用折的方法推导的，折法是这样的（如下图）。因为长方形的面积＝长×宽，所以三角形的面积＝（底÷2）×（高÷2）×2＝底×高÷2。

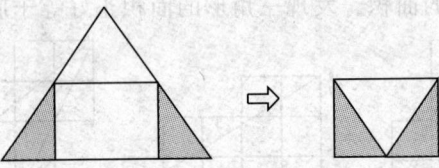

生₆：我们是用拼的方法推导的，把两个完全一样的三角形拼成一个平行四边形（如下图）。因为平行四边形的面积＝底×高，所以三角形的面积＝底×高÷2

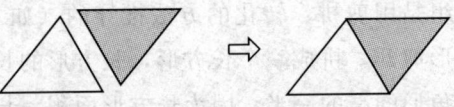

……

师：同学们真不错，大家运用不同的方法推导出了三角形面积的计算方法公式。现在，请你们认真比较一下这些方法有什么相同的地方。

生₁：除了第一种方法外，其他方法都是把三角形转化成我们会求面积的图形，然后推导出三角形面积计算公式的。

生₂：结论相同，三角形面积＝底×高÷2。

师：看来，把新的问题转化为已能解决的数学问题，从中发现规律，这就是我们数学学习中常用的一种方法。至于第一种方法也不能说不准确，在图中不满一格的我们总能找到两块，正好拼成一小格。因此也是一种好方法。

　　[评析：课例一，比起传统的"教师讲清楚，学生听明白"、"教师摆，学生看"来讲，已有了明显的进步，但是课堂上的每一次实验都是在教师的指令下完成的，实验报告单也是形同虚设，其中的问题一看就知道，根本用不着思考，更加用不着小组合作进行完成。这样的教学过程名义上是实验，实际上学生只是按教师要求剪一剪、拼一拼就可以了，学生没有自己的猜想和创造。这样的实验，用著名特级教师顾汝佐老师的话来说就是：学生只做了一次"操作工"。是被动参与，是奉命参与，而不是主动参与。课例二，教师提出问题后没有按照习惯的教法那样，指令学生按教材提供的思路——用两个完全一样的三角形拼成长方形或平行四边形后推导公式，而是放手让学生自己选择问题解决的策略，设计问题的解决方案；自己通过实验操作、分析推理，总结解决新问题的方法。从教学实录中可以看出，学生的思维是活跃的，他们想出了多种方案。在这样的学习过程中，不仅比较主动地获取了新的知识，而且在积极的探索活动中，体验了解决问题的过程，积累了解决问题的经验和策略。这在很大程度上归功于教师为学生的探索提供了充分的时间和空间，自己在学生的活动过程中很好地扮演了组织者、引导者和参与者的角色。]

体会与思考

　　思考之一：两位教师都在问题提出以前，对已学过的平面图形的面积计算公式及其推导的方法加以复习，这时学生有需要吗？是否在问题提出以后，让学生经过认真的思考，在"心求通而未通"的情况下进行复习铺垫更符合问题解决的一般途径呢？

　　"以前我们通过摆面积单位、剪拼转化的方法推导出了长方形、正方形和平行四边形的面积计算公式。今天我们要学习三角形的面积计算，你能借鉴这些方法，自己设计一种方案，推导出三角形的面积计算公式吗?"这不等于明摆着在告诉学生可以用摆面积单位、剪拼的方法推导三角形的面积公式吗?像三角形面积计算公式的推导这样的内容,如果我们直接提出问题,让学生进行思考和探索,也许他们会走一点弯路,但可以扩大探索的空间。如果留心观察课堂,有许多教师总是好心办坏事,我们常常可以看到这样的现象:在进行新课以前,教师总是忙不迭地帮助学生复习铺垫,但新问题提出后,却引不起学生积极思考,主要原因是教师在新问题导入前的铺垫太厚,指导过细,没有给学生留下思维的空间。在此,我们应该扪心自问,自己是否做到了北京师范大学周玉仁教授所倡导的:凡是学生能自己探索得出的,决不替代;凡是学生能独立思考的,决不暗示。要为学生多创造一点思考的时间,多一点活动的余地,多一点表现自我的机会,多一点体尝成功的愉快。

思考之二:两位教师都是假定学生事先对三角形的面积公式全然不知道的状态下进行设计的,这符合学生的实际吗?如果上课前学生已经知道了,又该怎样设计教学?

带着这样的问题,我曾去了解过一些教师和学生。我先问了几位教师:"在上这节课以前,你是否想过学生可能已经知道了三角形的面积计算公式?"有一位教师是这样回答的:"想到过,所以我规定学生上数学课以前不准预习课本。"难道教师规定学生不准预习,学生就没有其他途径知道三角形的面积公式了?!为此,我又与几位学生进行了交谈,下面是我与其中一位学生的对话:

斯:没有上这节课以前,你知道三角形的面积计算公式吗?
生:知道。
斯:你是怎么知道的?
生:同学告诉我的,因为他比我年级高。
斯:你估计有多少人知道。
生:反正不止我一个。

学生的回答应该引起那位教师反思，这样的规定不但达不到目的，因为课本并不是学生获取知识的唯一渠道，更何况信息时代，学生获取知识的渠道是多方面的，在某些方面学生对信息的掌握可能比教师更快、更多。从这个意义上讲，教师与学生接受信息的速度、容量是平等的，也是互补的，有时教师还要向学生请教。更严重的是这样的规定违背了教学改革的宗旨，《基础教育课程改革纲要（试行）》中明确指出："改变课程实施过于强调接受学习、死记硬背、机械训练的现状，倡导学生主动参与、乐于探究、勤于动手，培养学生搜集和处理信息的能力、获取新知识的能力、分析和解决实际问题的能力以及交流与合作的能力。"由此我们可以联想到许多类似的课堂，特别是一些平面几何图形周长面积公式的推导，立体图形体积的推导等，是否也同样存在着这样的问题呢？

如我们经常听到"圆的周长"一课的教学，公式推导时大多都是教师指令学生进行实验操作（比起教师进行实验演示已前进了一大步了），出示以下的实验表格，让学生先测量，再填表，最后进行分析得出圆的周长和直径的关系。有的还先让学生猜一猜它们之间的关系。

圆的直径	圆的周长	周长与直径的关系

其实有许多学生在进行新课以前早已知道周长与直径的关系了，而老师同样在假定学生全然不知的状态下设计教学。一位教师曾经在上课前对一个班 50 个人做了调查，结果表明有 80% 的同学已经知道圆周率与周长的关系，及圆周长的计算公式。学生在课堂上所进行的活动，与其说是探索，不如说是验证。

面对这样的情况，我们又该怎样设计教学呢？有一位教师的做法值得我们借鉴。上课一开始，他就直接在黑板上板书了课题，并提问学生：谁知道圆周长该怎么计算？等学生说出了圆周长的计算公式后，教师再问学生：你们知道这个周长计算公式是怎么研究得出的？是不是所有的圆都可以用这样的公式来计算周长呢？接着就要求学生分组进行实验验证。学生饶有兴趣地拿出自己带来的各式各样的大大小小的圆形的物品。如透明胶、圆形橡皮、硬币、瓶盖等。有的小组先用线绕圆形物品一周，在直尺上量出了长度，然后与用公式求得的周长进行比较；有的小组通过测量多个圆的周长与直径，验证周长与直径的关系；有的小组则在研究圆周长与直径的关系的基础上，推导周长与半径的关系……实践证明，这样的教学更加关注了学生已有的知识经验，更能给学生提供探索的空间；这样的教学多了一份实在，少了一些说教。

思考之三：我们究竟在哪些地方可以给学生腾出探索空间？又该怎样去衡量探索空间的大小？

这个问题还有待于我们做进一步的思考和实践。

（十八）好课可以有不同的教法

——"分数的意义"教学方案三则

没有一个可以适合于任何学生的教案，教师设计一节具体的课时，都应当把它当成一个创造性的活动。好教师之所以成功，是因为经过长时间的实践和积累，在脑子里已经建立了一个"方案库"，面对不同的学生、不同的教学条件能有所选择。为此，我们有意借助于对"分数的意义"一课的研究和探索，力求形成一个关于这节课的"方案库"。在研究和设计这一内容时，我们的理念是：好课应该有一些共同的基本特征，如着眼于学生全面素质的提高，尊重学生原有的生活经验和知识基础，重视数学与生活的联系，关注数学思想方法的挖掘，注意多种教学手段的运用，注重每个学生的主动参与，等等，但可以有不同的教法不应该有固定的模式。因此，如果你细心研读下面的三个教学实录，就会发现，三个方案的总体思路是一致的，但所运用的具体策略并不完全相同。

方案一（刘永宽）[*]

一、导入新课

1. 播放录像，说明分数是怎样产生的。

2. 复习分数各部分名称，揭示课题。

（1）像这样（指录像中的画面），把一个西瓜平均分成两份，每份用分数表示是多少？$\left(\dfrac{1}{2}\right)$

---

[*] 此课曾获华东六省一市第五届课堂教学观摩活动一等奖，教学实录与评析曾发表于《山东教育》2000年第9期，作者是刘永宽和斯苗儿。

(2) 说一说 $\frac{1}{2}$ 的各部分名称。

(3) 在草稿本上任意写一个分数。

二、新课展开

1. 教师布置任务。要求学生小组合作以 $\frac{1}{2}$ 为例，选择自己喜欢的材料通过动手切一切、折一折、分一分等，来说明 $\frac{1}{2}$ 的意义。（课前为每组都提供了一些材料：一张圆形纸片、一块橡皮、一根1米长的绳子、一盒水彩笔、画一幅有4个苹果的图、一幅熊猫图）

2. 学生操作，教师巡视，并参与一个组的讨论。

3. 学生汇报。

师：谁愿意说一说，你是怎样表示 $\frac{1}{2}$ 的？

生：把一张圆形纸片对折，每份用分数表示是 $\frac{1}{2}$。

师：对折也可以说是怎么分？

生：平均分。

师：这样表示 $\frac{1}{2}$ 可以吗？（教师演示不平均分）为什么？

生：不可以，因为没有平均分。

师：还有其他表示方法吗？

$生_1$：把一块橡皮平均分成两份，每份是它的 $\frac{1}{2}$。

$生_2$：把1米长的绳子平均分成两份，每份是它的 $\frac{1}{2}$。

$生_3$：把一个苹果平均分成两份，每份是它的 $\frac{1}{2}$。

$生_4$：把12枝水彩笔平均分成两份，每份是它的 $\frac{1}{2}$。

$生_5$：把4个苹果平均分成两份，每份是它的 $\frac{1}{2}$。

生₆：把6只熊猫平均分成两份，每份是它的$\frac{1}{2}$。

师：还有吗？现在老师把大家说的整理一下，你们看一看，有没有意见。（逐个用课件进行演示）

4. 引导归纳。

师：有意见吗？（没有）请大家想一想，在表示$\frac{1}{2}$的过程中，有什么相同的地方？

生：它们都平均分成了两份。（板书：平均分）

师：有什么不同的地方吗？

生₁：平均分的内容不同。

生₂：有些分的是一个一个的物体，有些是好多个物体组成的。

师：一个圆，我们把它叫做一个物体。（板书：一个物体）还有哪些是一个物体？

生：一块橡皮，一个苹果，一条1米长的线段。

师：一块橡皮、一个苹果是一个物体，1米是一个计量单位。（板书：计量单位）许多物体组成的我们把它叫做一个整体。（板书：一个整体）哪些是一个整体呢？

生：12枝水彩笔组成一个整体，4个苹果组成一个整体，6只熊猫组成一个整体。

师：一个物体、一个计量单位、一个整体，都有一个"一"字，我们给它们起个名字，叫单位"1"。谁愿意说一说，哪些可以用单位"1"表示？

生：一个物体，一个计量单位，一个整体，都可以用单位"1"表示。

师：老师举一些例子，你认为能看作单位"1"的举右手，不可以看作单位"1"的举左手。（教师举例：一本书的页数，1千克，教室里所有的课桌椅，所有听课的老师……）

师：刚才大家通过操作、讨论、分析、归纳得出：一个物体、一个计量单位、一个整体都可以看作单位"1"。把单位"1"平均分成两份，表示这样的一份都可以用 $\frac{1}{2}$ 表示。其他分数大家能表示吗？

5. 课件演示。

(1)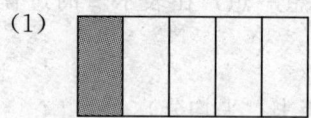

师：谁能用分数表示出阴影部分的大小？

生：$\frac{1}{5}$。

师：你是怎样想的？

生：把一个长方形平均分成5份，每份是它的 $\frac{1}{5}$。

师：有意见吗？这一部分呢？

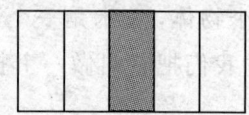

生：也是 $\frac{1}{5}$。

(2)

(3)

(4)

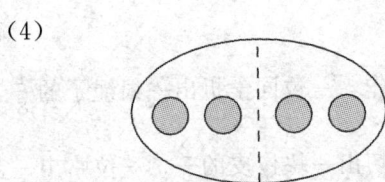

生$_1$：$\dfrac{1}{2}$。

生$_2$：$\dfrac{2}{4}$。

师：同意生$_1$意见的举手，同意生$_2$意见的举手，两种意见都同意的举手，两种意见都不同意的举手。同样是两个圆，怎么会用两个分数表示呢？你们是怎么想的，能跟大家说说吗？

生$_1$：我是把4个圆平均分成两份，2个圆为一份，用分数表示是$\dfrac{1}{2}$。

生$_2$：我是把4个圆平均分成四份，2个圆是两份，用分数表示是$\dfrac{2}{4}$。

师：大家想一想，这两位同学说得有道理吗？

生：有道理，他们表示的都正确。

师：老师把它用$\dfrac{4}{8}$表示可以吗？为什么？还能用其他分数表示吗？

生：可以，刘老师把4个圆平均分成8份，2个圆里有4份，用分数表示是$\dfrac{4}{8}$。

生：还可以用$\dfrac{8}{16}$、$\dfrac{16}{32}$等分数表示。

师：对，由于平均分成的份数不同，用来表示两个圆的分数也不同。

6. 学生操作练习。

师：请每小组同学团结协作，一位同学折出一根绳子的 $\frac{1}{8}$，一位同学画出一个圆的 $\frac{3}{4}$，一位切出一块橡皮的 $\frac{2}{3}$，一位拿出一盒水彩笔的 $\frac{1}{6}$。

7. 归纳意义。

师：大家自己已经学会了：把单位"1"平均分成几份，表示这样的一份的数就是几分之一，表示这样几份的数就是几分之几。（板书：表示这样的一份或者几份）那到底什么叫分数，谁能用一句话概括出来。

生$_1$：把单位"1"平均分成几份，表示一份就是几分之一，表示几份的就是几分之几。

生$_2$：把单位"1"平均分成几份，表示这样的一份或者几份的数，叫分数。

师：现在请大家看一看，课本上是怎样归纳的。

学生看书后反馈。

师：有什么问题吗？（学生表示没有）"1"为什么要加引号？

生$_1$：一个整体，也可以看作一个单位"1"，所以加引号。

生$_2$：不但一个物体，一个计量单位，可以看作单位"1"，许多个物体组成的一个整体也可以看作单位"1"，所以加引号。

生$_3$：引号表示这个"1"和自然数1有点不一样。

师："若干份"是什么意思？

生$_1$：很多份的意思。

生$_2$：不对，应该是随便几份的意思。

师："若干份"是不定的份数的意思，大家果然理解了。黑板上有两个分数，谁能说一说它是什么意思？（指黑板上的 $\frac{7}{9}$、$\frac{11}{100}$）

生回答。(略)

师：大家刚才也举了例子，请你结合自己举的例子，把分数的意义说给同桌听。

三、巩固练习（略）

四、课堂总结（略）

五、游戏活动

师：今天的任务大家都完成得很好，有很多同学都举手发表了自己的看法。下面请发过言的同学举手（34人），没有发过言的同学还有几次机会，请发过言的同学把机会让给他们，好吗？

师：全班多少人？（44人），发过言的人数占全班人数的几分之几？

生：$\dfrac{34}{44}$。

师：现在呢？

生：$\dfrac{35}{44}$。

师：没有发言的占几分之几？

生：$\dfrac{9}{44}$。

师：请今天第一个发言的同学站起来，他占全班同学人数的几分之几？

生：$\dfrac{1}{44}$。

师：占小组人数的几分之几？

生：$\dfrac{1}{7}$。

师：那他占全校学生人数的几分之几呢？

生：全校学生人数不知道。

师：假定是900人。

生：$\frac{1}{900}$。

师：同样是一个人，为什么一会儿是 $\frac{1}{44}$，一会儿是 $\frac{1}{7}$，现在又是 $\frac{1}{900}$ 呢？

生：因为单位"1"变了，平均分的份数不同，所以表示的分数也不同。

师：你占了黄岩区学生人数的几分之几呢？课后去了解一下。

方案二（金熠）

一、新课导入

师：如果有两个苹果，平均放在2个盘子里，每个盘里放几个？

生：每个盘里放1个。

师：如果有1个苹果，要平均放在2个盘子里，每个盘里放几个？

生：半个。

师：用分数怎样表示？

生：可以用 $\frac{1}{2}$ 来表示。

师：在日常生活中，像这样把一个苹果平均分成2份，每份不能用整数表示的时候，我们可以用分数来表示。$\left(\text{板书} \frac{1}{2}\right)$ 谁来说说 $\frac{1}{2}$ 各部分的名称？指名回答。

师：除了 $\frac{1}{2}$，你还知道其他的分数吗？请你在纸上大大地写一个分数，并读给你的同桌听。（教师巡视）

师：我们已经初步认识了分数，知道了分数各部分的名称，并且会读、会写分数了。今天这节课我们继续来研究有关分数的知

识,一起来学习"分数的意义"。(板书课题)

二、新课展开

1. 操作。

师:$\frac{1}{2}$除了可以表示把一个苹果平均分成2份,取其中的1份以外,还可以表示什么?为了便于同学们研究问题,老师为你们提供了一些动手材料(12颗围棋子、一根1米长的绳子、一张圆形纸片、一幅苹果图和一幅小狗图),请你们以四人小组为单位,以小组合作的形式,每人选择自己的操作材料来表示$\frac{1}{2}$。如果有哪些你认为不能表示的,可在小组里进行讨论,也可以提出来我们一起来讨论。

学生动手操作,教师巡视。

2. 反馈。

师:谁愿意来说说,你是怎样表示$\frac{1}{2}$的?

生$_1$:我把一张圆纸片对折,其中的一半就是$\frac{1}{2}$。

生$_2$:我拿了6颗围棋子,它就是12颗的$\frac{1}{2}$。

生$_3$:我圈出了2个苹果,2个是4个的$\frac{1}{2}$。

生$_4$:把6只小狗平均分成2份,一份是$\frac{1}{2}$。

生$_5$:把绳子对折,一半是$\frac{1}{2}$。

师:刚才同学们用不同的材料表示了$\frac{1}{2}$,下面老师把你们刚才说的请大屏幕显示一下,(课件演示)你们看一下,是不是这个意思?

3. 引导归纳。

师：请同学们回忆一下，刚才你们在表示$\frac{1}{2}$的过程中，有什么相同的地方？

生：都是把物体平均分。（板书：平均分）

师：那么有什么不同的地方？

生$_1$：有的是分一个圆，有的是分一条线段。

生$_2$：有的是分4个苹果，12颗围棋子。

生$_3$：还有的在分6只小狗。

师：有的是一个圆，也就是一个物体（板书：一个物体），也有的是一个计量单位，像1米长的绳子的1米，就是计量单位。（板书：计量单位）还有的是由几个物体组成的，如4个苹果，6只小狗12颗围棋子，我们称它们为"一个整体"，（板书：一个整体）你还知道哪些是一个整体吗？

生$_1$：我们第一小组的人数可以看作一个整体。

生$_2$：10本本子也是一个整体。

生$_3$：一杯水。

生$_4$：全班52个同学。

生$_5$：可以是很多凳子。

生$_6$：很多书。

……

师：一个物体、一个计量单位、一个整体，我们都可以把它们看作是一个单位，所以我们把它们取个名字叫做单位"1"，（板书：单位"1"）

师：谁愿意说说，哪些可以看作单位"1"？

生$_1$：一只苹果。

生$_2$：全班同学的人数。

生$_3$：1千克。

……

师：一枝粉笔是单位"1"吗？（学生表示同意）刚才同学们通过动手操作，研究讨论，最后归纳出了一个物体、一个计量单位、一个整体都可以看作单位"1"。如果把单位"1"平均分成两份，表示这样1份的数就是$\frac{1}{2}$。除了我们刚才表示过的$\frac{1}{2}$以外，你知道用$\frac{1}{2}$还可以表示什么呢？

生$_1$：4本本子，我拿了2本，这2本可以用$\frac{1}{2}$表示。

生$_2$：1千克里的500克可以用$\frac{1}{2}$表示。

生$_3$：火车每小时行120千米，汽车每小时行60千米，汽车的速度是火车的$\frac{1}{2}$。

……

师：能用$\frac{1}{2}$表示的有很多很多，只要是把单位"1"平均分成两份，表示这样1份的数，都可以用$\frac{1}{2}$来表示。你们都已经能非常正确地表示$\frac{1}{2}$了，那么别的分数你们能表示吗？

4. 课件演示。

（1）

| 红 | 黄 | 蓝 |

师：红色的部分用分数怎样表示？黄的、蓝的呢？

生：$\frac{1}{3}$

师：为什么都用$\frac{1}{3}$表示？

生：因为把这个长方形平均分成了3份，红、黄、蓝各占其中的$\frac{1}{3}$，所以都可以用$\frac{1}{3}$表示。

(2)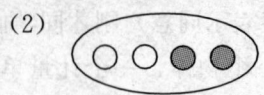

师：请用分数表示 2 个红的圆。

生$_1$：$\dfrac{1}{2}$

生$_2$：$\dfrac{2}{4}$

师：同意第一种意见的举手，同意第二种的呢？为什么同样是 2 个红圆，可以用两个不同的分数表示？你是怎么想的？谁愿意和大家说说。

生$_1$：我是把 4 个圆看作单位"1"，把单位"1"平均分成 2 份，1 份是红的，一份是黄的，所以红的可以用 $\dfrac{1}{2}$ 表示。

生$_2$：我是把 4 个圆看作单位"1"，每一个占其中的一份，红的有 2 个占了 2 份，所以用 $\dfrac{2}{4}$ 表示。

师：你们认为这两个同学说的有道理吗？（教师用课件演示）

师：现在老师想用 $\dfrac{4}{8}$ 表示 2 个圆，你认为可以吗？

生$_1$：我认为不可以，因为这里没有 8 个圆。

生$_2$：我认为是可以的，这里虽然没有 8 个圆，但我们可以把每个圆平均分成 2 份，这样一共有 8 份了，红的占了 4 份，所以可以用 $\dfrac{4}{8}$ 表示。（教师课件演示）

师：你们认为还可以用别的分数表示吗？

生$_1$：$\dfrac{6}{12}$

生$_2$：$\dfrac{8}{16}$

生$_3$：$\dfrac{12}{24}$

师：像这样的分数能写多少个？

生$_1$：能写很多很多。

生$_2$：它们是写不完的。

师：为什么？

生：因为我们可以把每个圆平均分成许多份，那么红的2个圆所表示的份数也就有许多许多。

师：看来能表示2个红圆的分数有很多很多，写也写不完。但老师还有一个问题想了解一下，为什么同样表示2个圆，可以用这么多不同的分数表示呢？

生：因为把单位"1"平均分的份数不同，2个圆所占的份数也就不同，所以表示的分数就不相同了。

5. 阶段小结。

刚才大家通过动手操作表示了$\frac{1}{2}$，并且能根据图意说出相应的分数，知道了把单位"1"平均分成几份，表示这样一份的数就是几分之一，表示这样几份的数就是几分之几。那么，到底什么叫分数呢？你是怎么理解的，谁能说说看。

生：分数就是把单位"1"平均分成几份，表示这样一份的数。

师：只能表示一份吗？

生：还可以表示很多份。

师：那么到底什么叫分数呢？请同学们看书本P66，看看书上是怎么归纳分数的意义的。（学生看书）还有什么问题？

生：我们都看懂了。

师：这里所指的单位"1"的"1"为什么要加引号？

生$_1$：这个"1"和我们平时所说的1、2的1是不同的。

生$_2$：这个"1"表示一个物体、一个计量单位、一个整体。

师：那么"若干份"又是什么意思呢？

生$_1$：随便几份都可以的意思。

生₂：表示不确定的份数。

师：看来你们是真的理解了。

三、巩固延伸

用学生自己写的分数进行练习。

如：$\frac{7}{10}$、$\frac{5}{12}$根据分数的意义来说一说这两个分数所表示的意义。

师：这两个分数的分母都表示什么？

生：把单位"1"平均分的份数。

师：分子表示什么？

生：表示这样几份的数。

师：其中的一份我们叫它"分数单位"。（板书：分数单位）

师：$\frac{7}{10}$的分数单位是什么？它有几个$\frac{1}{10}$？

生：$\frac{7}{10}$的分数单位是$\frac{1}{10}$，它有7个$\frac{1}{10}$。

师：$\frac{5}{12}$呢？$\frac{5}{12}$里面有几个$\frac{1}{12}$？

生：$\frac{1}{12}$是$\frac{5}{12}$的分数单位，它有5个$\frac{1}{12}$。

同桌互相交流自己写的分数所表示意义及分数的分数单位是什么。

书面练习（附练习纸）着重分析下面一题。

师：请你任意选一个分数，在图中涂色表示出来。

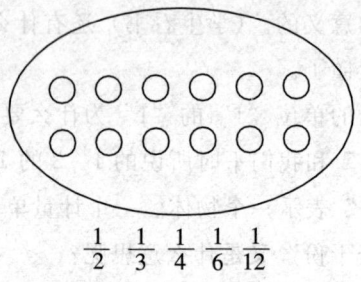

$\frac{1}{2}$　$\frac{1}{3}$　$\frac{1}{4}$　$\frac{1}{6}$　$\frac{1}{12}$

反馈。

生$_1$：选$\frac{1}{2}$，可以用图中的6个圆圈表示。

师：为什么可以用6个圆圈表示？

生$_1$：把12个圆圈看作单位"1"，平均分成2份，每份是6个，就可以用$\frac{1}{2}$表示其中的一份。

生$_2$：选$\frac{1}{3}$，可以用图中的4个圆圈表示。

生$_3$：选$\frac{1}{4}$，可以用图中的3个圆圈表示。

生$_4$：选$\frac{1}{6}$，可以用图中的2个圆圈表示。

生$_5$：选$\frac{1}{12}$，可以用图中的1个圆圈表示。

师：大家在解答这道题目的过程中，有什么想法？

生：同样是把12个圆圈看作单位"1"，同样是取一份，由于平均分的份数不同，每份所包含的圆圈的个数也不同。

师：为什么都是表示这样的一份，而得到的圆圈数都不一样呢？

生：因为把单位"1"平均分的分数不一样，所以表示这样一份的个数就不同。

四、总结

今天这节课我们研究了什么问题？通过研究讨论你懂得了什么？还有什么不明白的吗？

五、延伸练习（同方案一游戏）

方案三（丁杭缨）

一、新课导入

师：（板书$\frac{1}{4}$）认识吗？（学生读）

师：今天我们继续学习分数。（板书：课题）关于 $\frac{1}{4}$，你知道些什么？

生₁：例如把一个西瓜平均分成 4 份，吃了其中的 1 份，可以说吃了这个西瓜的 $\frac{1}{4}$。

生₂：$\frac{1}{4}$ 还可以表示把一个正方形平均分成 4 份，表示其中的 1 份。

生₃：$\frac{1}{4}$ 中间的一条是分数线，分数线上面的是分子，分数线下面的是分母。

生₄：$\frac{1}{4}$ 表示 0.25。

生₅：$\frac{1}{4}$ 是真分数。

师：你怎么知道的？

生₅：课外书上看来的。

师：还有别的说法吗？

二、新课展开

1. 师：如果用图表示 $\frac{1}{4}$，100 个人会有 100 种表示方法。老师这儿有一些图，你能在每一幅图上表示出它的 $\frac{1}{4}$ 吗？在小组里交流你这样表示的理由。

2. 学生在小组交流用 $\frac{1}{4}$ 表示的理由。

全班交流、质疑。（媒体演示）

3. 师：在表示 $\frac{1}{4}$ 的过程中，你有什么发现？（它们是怎么分的？它们分的对象相同吗？）

一、教学片段的摘录与评析

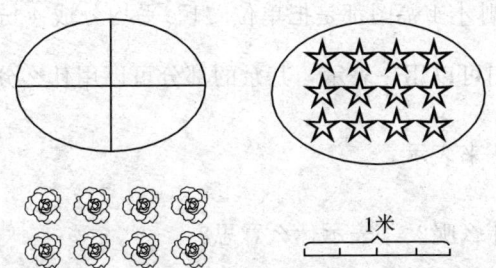

生$_1$：我发现它们都是把东西平均分成4份，表示这样的1份。

生$_2$：我发现它们也有不共同的地方：有的是把1个图形平均分、有的是把1米平均分、有的是把12个五角星、8朵花平均分。

师：它们平均分的对象不同，（媒体演示）如果我们把一个实物、一个图形、一个计量单位称单个物体，那么由许多个单个物体组成的如12个五角星、8朵花，我们称作一个整体。

师：像这样的一个实物、一个图形、一个计量单位、一个整体都可以把它叫做单位"1"。（板书：单位"1"）单位"1"可以指哪一些？

生：单位"1"可以是一个实物、一个图形、一个计量单位、一个整体。

师：一个计量单位除了1米还可以是哪些？

生：1千克、1小时。

师：关于这个整体，你能举一些例子吗？

生$_1$：这个整体可以是一堆西瓜、一盒饼干。

生$_2$：可以是天空中所有的云。

生$_3$：一群羊、铅笔盒里的铅笔、一个班级的人。

师：一个班级的人、一个五年级、一个学校的人数、杭州市的人、浙江省的人、全中国的人、整个地球村的人、一项城域网的建设工程。

4. 师：刚才 4 幅图都是把单位"1"平均分成 4 份，表示这样的 1 份，我们可以用 $\frac{1}{4}$ 表示，其余的部分可以用什么分数表示？

生：用 $\frac{3}{4}$ 来表示。

师：为什么呢？$\frac{3}{4}$ 表示什么意思？

生$_1$：因为把单位"1"平均分成 4 份，其余的部分表示这样的 3 份。

生$_2$：其余部分有 3 个 $\frac{1}{4}$，所以可以用 $\frac{3}{4}$ 表示。

生$_3$：$\frac{3}{4}$ 表示把单位"1"平均分成 4 份，表示这样的 3 份。

师：如果把单位"1"平均分成 7 份，表示这样的 5 份，用什么分数表示？如果把单位"1"平均分成 21 份，表示这样的 8 份，用什么分数表示？

……

师：像这样的分数还能举吗？

生：举不完。

师：看来分数有无穷多个。

三、总结

1. 师：到底什么是分数，你能试着用文字描述一下什么是分数吗？

生$_1$：分数就是把 1 个物体平均分成几份，表示这样的几份。

生$_2$：把单位"1"平均分成几份，表示这样的几份。

生$_3$：把单位"1"平均分成几份，表示这样的 1 份或几份。

师：书上是这样描述的：把单位"1"平均分成若干份，表示这样一份或者几份的数，叫分数。（板书）（学生自由朗读）

2. 师：请以 4 人小组为单位，任意写 4 个分数，说说这个分数的意义。(学生反馈：各组写的分数及其意义。)

师：老师发现我们班男生人数占全班人数的$\frac{14}{25}$，这个$\frac{14}{25}$表示什么意思？

生：$\frac{14}{25}$表示把单位"1"平均分成25份，表示这样的14份。

师：谁是单位"1"？平均分成几份？男生人数占其中的几份？

师：黑板上的分数，分母分别是4、7、21……表示什么意思？

生：表示把单位"1"平均分成若干份的这个若干份。

师：分子又表示什么意思？

生：表示这样一份或者几份的数就是分子。(板书)

师：把单位"1"平均分成若干份，表示这样一份的数就是分数的分数单位，如$\frac{3}{4}$的分数单位是$\frac{1}{4}$。说说黑板上的这些分数的分数单位是什么？(学生逐一指出)

师：你发现这些分数的分数单位有什么特点？

生：它们都是几分之一。

师：为什么？

生：因为分数单位把单位"1"平均分成若干份，表示这样一份的数就是分数的分数单位。

师：黑板上这些分数分别有几个这样的分数单位？

(学生逐一回答)指出你们写的分数中的分数单位以及有几个这样的分数单位。

小组交流。

四、巩固延伸

1. 独立作业。(课本练习)

2. 任选一幅图表示出它的 $\frac{5}{6}$。

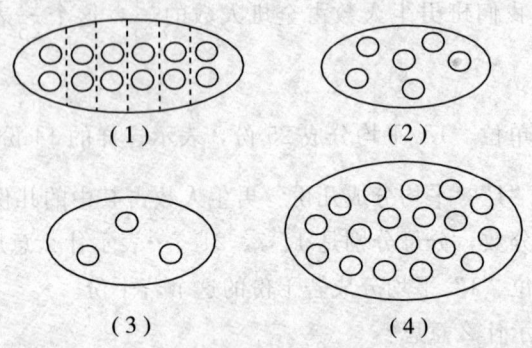

(学生反馈，其中在（1）分别表示出 $\frac{5}{6}$、$\frac{10}{12}$、$\frac{20}{24}$，在（4）中分别表示出 $\frac{5}{6}$、$\frac{15}{18}$。)

师：如果让你来出题，你会画几个圆？

生：36个、48个……

师：（质疑）你有什么要问的？

生$_1$：为什么都是 $\frac{5}{6}$，可每一幅图中的圆的个数不一样？

生$_2$：因为每一幅图中的单位"1"中的个数不一样。

（渗透单位"1"的具体量、分数与所对应的具体量、分数的基本性质。）

3. 发展练习。

（1）测一测你的眼力：涂色部分占整个图形面积的几分之几？（媒体演示）

（2）师：猜一猜浙江省面积占全中国面积的几分之几？

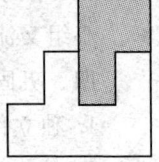

（媒体演示中国地图）

生$_1$：浙江省面积占全中国面积的 $\frac{1}{100}$。

一、教学片段的摘录与评析

生$_2$：浙江省面积占全中国面积的$\frac{1}{76}$。

生$_3$：浙江省面积占全中国面积的$\frac{1}{56}$。

师：你为什么猜浙江省面积占全中国面积的$\frac{1}{56}$？

生$_3$：我想全中国有56个民族，所以浙江省面积占全中国面积的$\frac{1}{56}$。

师：想知道准确的分数吗？对不起，老师这儿没有答案。怎么办呢？

生$_1$：回家自己想。

生$_2$：到图书馆查资料、到网上查资料。

师：好办法，请你们顺便查一下浙江省人口占全国的几分之几？根据你得到的这两组数据，你想到些什么？在下一次的数学活动课中大家来交流。

[评析：综观"分数的意义"的三个教学实录，尽管他们所采用的具体策略不尽相同，如方案一通过放录像导入新课，方案二借助于分苹果这一情境导入新课，方案三则直接用$\frac{1}{4}$导入新课；又如方案一和方案二都是借助实物操作让学生初步建立概念的，最后通过游戏活动来加深对概念的理解，沟通数学与生活的联系，而方案三则让学生直接在图上表示，最后通过"猜测浙江省的面积占全国面积的几分之几"来沟通数学与生活的联系。但从教学设计的总体思路来看，颇有异曲同工之感。具体体现在：1. 都遵循了儿童学习概念的一般规律。能从学生已有的知识经验出发，通过动手操作、观察比较逐步归纳出分数的意义，在运用中进一步加深对概念的理解。2. 都创造性地处理了教材。把课本上的几个例题作为一个整体，以一个分数作为突破口，选择具有代表性的材料呈现给学

生,把可以作为单位"1"的一个物体、一个计量单位、一个整体同时让学生进行探索和研究,既突出了重点,把握了难点,又沟通了新旧知识间的联系,扩大了学生自己探索的空间。3. 都适时渗透数学思想方法。除了重视培养学生学会抽象和归纳的方法以外,都非常重视极限思想的渗透和孕伏。4. 都着力沟通数学与生活的联系。如三个方案中让学生对一个整体看作单位"1"的举例,最后设计的延伸练习都体现了学以致用的思想。这些环节花时不多,效果很好,拓宽了学生学习的渠道。5. 都重视小组合作学习和设计开放题的设计。答案不唯一、思路不唯一的开放题的设计为每个人体验成功提供了前提和条件。重视同桌合作,小组交流,大大提高了单位时间的受益面。6. 都摆正了教师的角色。这一点从教学实录中反映的学生情况就可以明显地感觉到,教师尊重学生,发扬教学民主,引导学生自主探索、自主评价,较好地体现了组织者、引导者、合作者的角色。在这样的课堂上,学生不仅获得了扎实的基础知识和技能,数学思考和问题解决的能力也得到了良好的培养。]

体会与思考

体会之一:要真正上好一节课,是一件很不容易的事。

我们在设计这些方案以前,曾查阅了不少资料,发现"分数的意义"尽管可供参考的教案很多,但都没有跳出"教师讲清楚,学生听明白"的讲解式的教学模式,在课堂上,教师一个一个地讲解课本例题,很少去挖掘数学思想方法,也很少去沟通数学与生活的联系。这样的课堂很难让学生有真正意义上的主动参与,更多的是奉命参与、被动参与。为了突破这一"模式",我们进行了反复的研究和实践。当刘永宽老师执教的"分数的意义"在2000年的华东六省一市观摩课上获第一名时,我们异常激动,但激动之余,我们在冷静地思考观摩课的"平常性",许多观摩课给听课者留下的印象是"听听激动、想想感动、回去一动也不能动"。要是这样，不就失去了观摩课的价值了吗?! 于是，我们就开始考虑方案一中不能进入"家常课"的环节，就形成了第二套方案，课堂导入不用录像，因为第一套方案中的录像是专门实地去拍来的。其他的环节稍作修改。等两套方案出来了，在课堂实践中，我们又开始思考，新课教学都是让学生动手操作，在有的班级发现起点是低了一点。于是，就形成了第三套方案，把操作环节作为一个"选用环节"，根据课堂上学生的情况加以取舍。如果让学生用四幅图表示$\frac{1}{4}$，大多数学生连用第一个图（一个4等分的圆）表示都有困难，那么紧接着就安排操作环节，如让学生动手分一分、折一折长方形或正方形的纸。这在第三套方案的课堂实录中我们就看不到这一环节了，因为学生的教学起点远远超出了教师的想象，学生连分数与除法的关系、真分数都知道了。这就是我们感悟课堂和形成方案的历程。

体会之二：这样去研究一节课很有必要，能促使教师自我成长。

改革开放20多年来，教育界的学术研究也搞得轰轰烈烈，教科研成果层出不穷，有关教育教学的著作也不少，我们不能说这些理论不能指导实践，但对于从事小学数学实际教学工作的老师来说，似乎是隔靴搔痒，未能解决我们课堂教学改革中所面临的问题，更何况许多理论工作者很少光顾我们的课堂。我们悉心研究一节课的目的，并不仅仅只是为了上好一节课，而是通过解剖麻雀，让教师"为迁移而教"，在反复的实践中不断地感悟，通过反思和积累，促使自己专业化成长。我们有许多教师教了几年甚至几十年的书，送走了一批又一批的学生，上了成千上百节课，但如果让他（她）回忆一下，有没有几节课甚至一节课值得自豪的，他们一脸茫然。"怎样的课是一节好课"和"怎样备好一节课"仍然是他们最为关心而又把握不定的问题。如果我们有心去关注名师的成长经历，就不难发现不少名师促使他教学生涯转变的很可能就是一节课。因此，我们认为研究一节课很重要，也很值得。

我们试想一下：在关注学生可持续发展能力的提高的同时，我们该如何关注自己可持续教学能力的提高？脱产进修、学历提高、观摩教学、师徒结对等，当然是好方法。但是这些仅仅是外部条件，况且许多教师并没有这样的机会。由此我们认为，教师的战场在课堂，研究一节课就更有必要。我们不妨关注自己在教育教学中碰到的问题，从研究和改变自己的日常教学行为开始，从研究备课和上课开始，一节课一节课地加以研究和积累。就算每个教师每个学期有心地去研究一节课，几年下来，展示在自己面前的将会是一沓沓属于自己的富有个性的教案，而不是千篇一律，千人一面的"手抄本"了。那么又何愁没有一个可以供自由选用的"方案库"，又何愁自己没有可持续教学的能力呢?！我们做教师的要有一点研究的意识，要有一种脚踏实地的精神，更要有一股誓不罢休的韧劲。

（十九）不要被教材束缚了手脚

——听"有趣的图形"一课有感

新教材与以往的教材相比，从材料的选择到呈现方式都发生了较大的变化，一些教学用书也减少了以往详尽的教材分析，这都给教师提供了更为广阔的创造空间，但也增加了他们"吃透"教材的难度，使不少教师表现出了对教材的迷茫。本文介绍盛菲老师执教的"有趣的图形"一课以及课堂背后的故事，或许能从中得到一些启迪。

朴实而富有个性的设计

"有趣的图形"是北师大版义务教育课程标准实验教材一年级下册的内容，也是新课程实施以来教师们喜欢作为公开观摩的一节课，我已不止一次听了这节课，尽管几位教师都把这节课的教学目标定位在：让学生直观认识平面图形长方形、正方形、三角形和圆，并感悟"面在体上"。但从把握教材到具体环节的设计，都存在着这样那样的问题，一般都是根据课本的四幅图大做文章，把感悟"面在体上"作为教学的重点，下面就是一个富有代表性的教学片段：

师：（出示课前准备的长方体、正方体、三棱柱和圆柱形的物品）同学们，你们知道老师手里拿的这些物体是什么形状吗？你们手中有吗？把它举起来给大家看看。除了长方体外，还有哪些形状的？

生$_1$：我拿的是正方体。

生$_2$：我拿的是圆柱体。

生$_3$：我拿的是三角体。

师：像这样的我们叫它三棱柱。现在请大家摸一摸这些物体的面，有什么感觉？

（学生摸各物体的面）

反馈：

生$_1$：我觉得这些面摸起来滑滑的，如果不小心，就会从手上掉下来。

生$_2$：我觉得这些面摸起来冰冰的。

生$_3$：圆柱上下两个面摸起来是平平的，中间这个面摸起来是圆圆的、弯弯的。

师：通过摸一摸，同学们发现这些物体有的面是平的，有的面是圆圆的、弯弯的，也就是曲的。这节课我们就来认识平面图形。（出示课题）

师：哪一位小朋友知道三棱柱的底面是什么图形？

生：三角形。

师：对了，我们可以把三棱柱的一个面搬家，找到三角形。（从三棱柱的一底面上拿下一个三角形纸片，贴在黑板上，并板书：三角形）

师：下面请每个小朋友从桌上找一个圆柱。举给大家看看。你能从自己手中的圆柱上找到圆吗？

（学生找）

反馈：

师：谁找到了？

生：我从可乐罐上找到了圆。

师：在哪儿呢？摸给大家看一看。

学生边摸边说：在这里。

师：还有谁找到了？

生：我在铅笔上找到了圆。

一、教学片段的摘录与评析

师：大家很能干，都能从三棱柱上找到三角形，圆柱上找到圆，那在长方体上能找到什么图形呢？请大家找一找。

接着就让学生从正方体上找正方形。

师：刚才大家从圆柱上找到了圆。（从圆柱的一个底面上拿下一张圆形纸片，贴在黑板上，板书：圆），长方体上找到了长方形，（从长方体上拿下一个面，贴在黑板上，板书：长方形），正方体上找到了正方形，（从正方体上拿下一个正方形纸片，贴在黑板上，板书：正方形）

接着教师依次用课件演示长方形、正方形、圆和三角形从相应的立体图形的"搬家"过程，并强调：三角形在三棱柱上，圆在圆柱上，长方形在长方体上，正方形在正方体上。

师：下面就请小朋友利用桌面上的物体描出今天学过的图形。小组同学可以合作。

学生描画。

师：（出示课本的四幅交通标志图）你们认识这些图吗？谁来说说？（指名回答，教师依次介绍每幅图的意思）

……

对照课本，我们就不难发现，这位教师忠实地执行了教材，在课堂上演绎教材时，甚至被教材束缚了手脚。因为课本上第一幅图是一个小朋友把一块底面是三角形的积木在沙滩上按了几下，出现了几个三角形，所以就让学生认识三棱柱，而且误解了课本的意图，课本中一开始呈现的四幅图目的是让学生在活动中，认识长方形、正方形、三角形、圆等平面图形，经历从具体情境中抽象出平面图形的过程，感悟面与体之间的关系，但并不是说，三角形、圆、长方形和正方形必须分别由三棱柱、圆柱、长方体和正方体的一个面"搬家"得到。

而盛菲老师不拘泥于教材的束缚，对教材进行了大胆的处理，朴实而富有个性的设计，让我耳目一新，我们不妨看一看她整节课的教学过程。

（一）导入。

师：（出示右图）这是什么？

生：像轮船。

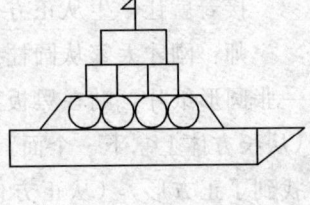

师：这是老师用各种图形拼起来的，请一个同学来分分类，其他同学看他分得对不对。

指名学生上台操作，学生分成了四类。

（二）认识平面图形。

师：（出示绿色的圆形纸）知道是什么形状吗？知道的请站起来。

生$_1$：圆形。

生$_2$：球。

师：球是什么样的呢？

生：会滚的。

师：你们知道球和圆是不一样的。

紧接着教师依次出示蓝色的长方形纸、黄色的正方形纸和红色的三角形纸，让学生说说是什么形状，并一一展示在黑板上。

师：同桌说一说，它们分别是什么样的。

师：（出示用一张白纸折成的正方形）看一看，是什么图形？

生：正方形。

师：你怎么知道是正方形？

学生验证。

（三）感悟"面在体上"。

教师给每个学生发放了一只塑料杯，里面装有长方体、正方体和圆柱形的学具各一个。

师：他们都是我们的好朋友，叫一叫他们的名字。

教师逐一出示，学生回答。

师：你摸一个面，让你的同桌说一说是什么形状的。

学生小组活动。

师：用你们的好朋友把今天学的图形画在白纸上，好吗？

学生纷纷借助长方体、正方体和圆柱形的学具等画出了长方形、正方形、圆，用手中的尺画出了三角形。

（四）小结，延伸。

师：画好的同学想一想，我们生活中哪些地方可以见到这样的图形？

学生举例。

可见，盛老师没有直接把教材的编排顺序作为这节课的教学顺序，也没有在让学生感悟"面在体上"的这一环节上纠缠不清，而是紧扣这节课的教学目标，大胆处理教材，构思教学环节。这样朴实而富有个性的设计着实让我耳目一新。

课堂背后的故事

一下课，我就急切地想与上课教师沟通，特别是想听听她为什么这样处理教材。下面是我与她个别交换意见的一段对话。

斯：盛老师，你导入新课用的是课本练一练中的习题，你能说一说理由吗？

盛：长方形、正方形、三角形和圆形，学生在幼儿园就已经认识，我觉得用不着一个一个让学生去认识。课本的这道练习题很有童趣，我就稍加修改，增加了一些正方形（课本中的这艘"轮船"没有正方形）直接作为导入材料，让学生在分类中初步感知这些图形。

斯：让学生感悟"面在体上"，我听到的很多课都是放在第一个环节，你为什么把这一个环节放在认识平面图形之后？

盛：这节课的重点应该是认识四种平面图形，至于让学生感悟"面在体上"，一年级学生恐怕还不能讲得太深，所以我只是让学生借助立体图形的学具画一画平面图形而已。

斯：课本的第一幅图是用三棱柱画三角形，许多教师都会在课前准备一个三棱柱，在课堂上让学生认识，目的是让学生能够借助三棱柱找到三角形，你怎么就没有提供三棱柱呢？

盛：我觉得学生对三棱柱这一名称并不熟悉，三棱柱本身也不像长方体、正方体和圆柱那样常见，况且，也不见得只有在三棱柱上才能看到三角形。所以我就让学生自己想办法画三角形，结果学生不是都画出三角形了吗?!

斯：还有一个问题，课本中的四幅交通标志图你为什么不在课堂上出现？

盛：这些交通标志图对我们这里的农村孩子来讲，他们一点都不熟悉，还不如让他们自己举一些例子。

……

一场酷似论文答辩的交谈就这样结束了，盛老师大胆而富有见地的辩解让我信服。激动和感慨之余，我就很想再听一节课。于是，和当地的数学教研员一起又走进了另一个班（那位教师刚上完语文公开课）。没想到那位教师非常坦诚地告诉我们："其实我的课你们可以不听，因为我的教案与盛老师的一样，我们是一起备课的。"原来他们两个都是语数包班的教师，学校领导为了减轻他们的负担，允许他们集体备课资源共享。

我的体会与思考

"关注学生已有的生活经验，灵活处理教材"，这不就是每个教师耳熟能详的一句话吗？但要在课堂上能真正地做到，而且能做好，恐怕就不那么容易了。这有赖于教师的教学观和教材观。笔者曾在一次大型观摩活动中听过这样一节课，内容是"求一个数比另一个数少几"的应用题，课本的例题是：同学们擦课桌，小青擦了

一、教学片段的摘录与评析

10 张,小新擦了 6 张,小新比小青少擦几张?在新课教学环节,教师首先出示了例题,让学生自己读题,找出条件和问题,按理学生在前一节课已学习了"方民家收了 8 棵大白菜,13 棵圆白菜,圆白菜比大白菜多几棵"这样的例题,他们不会有什么困难。但从下面的师生对话中可以看到这位教师在出示这道例题后教得并不轻松。教师问:告诉我们哪两个条件?求什么?学生答:小青擦了 10 张,小新擦了 6 张。教师边出示实物图边追问:是小新还是小青擦了 10 张?学生答:小青(新)。这时教师疑惑地问:到底是小青还是小新?"青"是后鼻音,"新"是前鼻音。你们带字典了吗?课后可以去查一查。接着在黑板上把两个字分别注上了拼音。……由于教师和学生在"小青"还是"小新"上的争论占用了足足 4 分钟的时间,练习环节匆匆过场,到最后,还拖堂了 5 分钟,这节课没有得一等奖。当时,我真替这位老师感到惋惜,心里老是嘀咕着:"小青"和"小新"不就是两个人名吗,犯得着费那么大的劲!既然这么难分辨清楚,干脆换成"小红"和"小明"或其他名字不就得了?!总觉得是这位教师的课堂应变能力有问题,现在想起来,深一层次的原因并非这样简单。据了解,在许多老师心目中,教材是神圣不可侵犯的,如果说习题还可以补充和更改的话,那么例题是绝对不能动的。所以"换名字"不是做不到,而是没想到,甚至压根儿就不敢去想。时至今日,我们有理由相信这样的现象不会再发生,也不应该发生。在实验区听课的过程中,我们已经看到了教师主动驾驭教材的热情和意识,他们或多或少会对教材内容作相应的调整。但值得注意的是,尽管对教材作了处理,并不见得他们都已经充分地了解和把握了课程标准,学科特点,教学目标和教材编写意图。看来,要真正地用好教材,教师在教学中应时刻树立通过自己的实践来验证完善教材的意识。

（二十）计算教学面临的困惑

——从"两位数加减两位数"的教学谈起

倡导和鼓励算法多样化是计算教学改革的一个亮点，也是广大教师在教学实践中遇到的一个难题。本文试图借助于实施新课程以来，"两位数加减两位数"一课中较为流行的教学设计，对计算教学中的几个问题谈一点粗浅的看法。

一堂典型的计算教学课

两位数加减两位数（不进位，不退位）是课标教材（北师大版）一年级下册的内容，是在整十数加减整十数、两位数加减一位数（不进位，不退位）的基础上编排的。教材一开始就呈现了"小兔拔萝卜"的情境图，图的左边画了一只灰兔，对话框中出示了"我拔了36个萝卜"；右边画了一只白兔，对话框中出示了"我拔了23个萝卜"，从中引出问题："一共拔了多少个？"接着教材提供了四种计算方法，其中有用计数器的，用口算的，也有用竖式的。下面是整节课的教学过程。

（一）创设情境，提出问题。

师：（将教材的主题图投放到实物投影仪上）同学们，老师这儿有一幅图，谁能用一个好听的故事把它讲给大家听？

生：森林里住着小兔一家人。有一天，兔哥哥出去玩，忽然看见一片萝卜地，这儿全是它喜欢吃的萝卜。它赶紧跑回家叫来妹妹，一起拔萝卜。兔哥哥一下拔了36个萝卜，兔妹妹拔了23个萝卜。

师：从图中你知道了什么？

生$_1$：我知道了兔哥哥拔得多，兔妹妹拔得少。

师：你还能提出哪些问题？

生$_1$：为什么兔哥哥拔得多，兔妹妹拔得少？

师：谁能帮他解决这个问题？

生$_2$：因为兔哥哥大，兔妹妹小。

生$_3$：因为兔哥哥长得壮，比兔妹妹力气大。

师：(对生$_1$)他们的回答，你满意吗？还有什么问题？

生$_4$：为什么兔哥哥不把自己的萝卜分给妹妹一些呢？

生$_5$：兔哥哥长得高，吃得多；兔妹妹小，吃得少。两个人的萝卜刚够自己吃。

生$_6$：它们两个是一家人，拿回家一起吃。

生$_7$：我想知道，兔哥哥和兔妹妹一共拔了多少个萝卜？

生$_8$：兔哥哥比兔妹妹多拔了多少个？

生$_9$：兔妹妹比兔哥哥少拔了多少个？

教师非常高兴地把生$_7$、生$_8$、生$_9$的问题板书在黑板上。

(二) 探讨算法，解决问题。

师：同学们提出了好多问题，有的咱们已经解决了，这儿还有三个问题，咱们来解决。先解决"一共拔了多少个萝卜"，怎样列式呢？

生：36+23=？(有的学生已报出结果)

师：算出结果的同学自己想一想是怎么算出来的。其他同学自己想办法计算36+23的结果，可以用小棒、算盘、练习本等。

生$_1$：我是用口算得出的：6+3=9，30+20=50，50+9=59。

生$_2$：我也是用口算的：36+3=39，39+20=59。

生$_3$：我也是用口算的：36+20=56，56+3=59。

生$_4$：(边列竖式边说)我是用竖式计算的。

师：很好。在列竖式的时候一定要注意，两个加数中个位的两个数上下要对齐。然后再计算：个位上6+3=9，把9写在个位上，和上面对齐，十位上3个10加2个10是5个10，5写在十位上，和上面对齐。

师：能不能用小棒或计数器算出得数呢？

生$_5$：我是摆小棒的。左边摆3捆零6根，是36，右边摆2捆零3根，是23。一共是5捆零9根，就知道36＋23＝59。

生$_6$：我是拨计数器的。

师：还有其他方法吗？

学生一脸迷茫，教师提示：数数的方法可以吗？

生$_7$：我是在36的基础上，一个一个数的。

师：以上这些方法，你认为哪种最简单？

生$_1$：我认为列竖式简单。

生$_2$：我认为口算简单。

师：刚才大家通过自己的努力解决了一个问题，后面还有两个问题，同学们可以小组为单位选择其中的一个问题，四人小组共同解决。

（学生以小组为单位，选择并讨论解决问题）

组$_1$：我们解决的是第一个问题，兔哥哥比兔妹妹多拔了多少个萝卜，算式是：36－23＝13。

师：你们是怎样算的？

组$_1$：口算：6－3＝3，30－20＝10，10＋3＝13。

组$_2$：列竖式（边写边说）6－3＝3，3－2＝1。

师：是3－2＝1吗？

生：是3个10减2个10等于1个10。

组$_3$：我们用口算解决第二个问题，算式也是36－23＝13。

（三）总结。

师：在这节课中，你们认为自己表现得如何？

生$_1$：我认为自己表现得很好。

师：哪一点表现得很好？

生$_1$：老师提的问题我认真思考，还积极发言了，而且我讲的故事很好。

生₂：我认为自己表现还可以，我积极发言了。

生₃：我认为自己表现得不好，我把 36＋23 算错了。

师：这节课中，有好多同学认真思考，积极发言，而且把小组活动组织得很好。大部分同学也都能好好学习，个别同学没积极思考，老师希望你下一节课有所进步。

教师自我评价

整节课的教学目标是让学生自己探索 100 以内两位数加减两位数的计算方法，从整个教学过程可以看出，学生能提出那么多问题，想出那么多的算法，很好地体现了课程标准的理念，把算法多样化落到了实处。具体体现在：

在第一个环节，能创设一种具体的情境，让学生在情境中学习，引起学生的学习兴趣。让学生在看懂图意的基础上提出问题，培养学生从实际生活中提出问题的能力，体会数学问题从生活中来。

在第二个环节，学生自己探索计算 36＋23 的方法，发挥了学生的主体性，让学生亲身经历知识结论的形成过程，发展了学生的思维。算法多样化充分关注学生的个体差异，让学生根据自己的情况在原有基础上提高，又注意了算法的优化，使学生从比较中选择更简便的方法。学生根据自己的实际，灵活处理，在口算与竖式中任选一种。在学生已探索出加法的计算方法的基础上，再让学生探索减法的计算方法，学生很容易由加法类推到减法，由此培养学生初步的知识迁移能力；同时让学生自主选择，发挥学生的主体性，再一次调动学生的兴趣，以小组为单位，共同解决问题，培养学生的合作意识和合作能力。

在课堂总结时，将自己评、他人评和教师评、学生评结合起来，让学生对自己整节课的表现有一个回顾与反思。

我的体会与思考

从教师的自我评价中，我们很欣慰地感到，目前教师的课堂教学理念已经开始发生变化，每位教师都在努力尝试新课标教材新的教法，上面这堂课比较典型地反映了目前这段时期计算教学课堂的现状。但从理念到行为总觉得还有一些差距，至少有下列几个问题值得进一步思考。

思考之一：计算教学中究竟需要怎样的情境？

现在的计算课，似乎想担当起应用题教学的重任，都非常重视情境的创设，呈现出这样一种教学流程：教师创设情境——学生提出问题——独立思考算法——交流反馈算法——自主选择算法。为此，许多课不是从"买东西"开始，就是到"逛商场"结束。但是在充分认识情境在教学中的作用的同时，要防止认识上的偏差。《数学课程标准》中强调的"要提供丰富的现实背景"，这个现实背景既可以来源于生活，也可以来源于数学本身。"计算教学应与现实生活相联系"，绝不是说所有的计算教学都必须从生活中找"原型"。计算教学有自身的特殊任务。教材所提供的情境也仅仅是一个例子而已，并不见得所有的"两位数加减两位数"都要以"拔萝卜"为教学情境。因此，在情境创设上必须注意：

1. 创设的情境必须目的明确，切忌在情境中"流连忘返"。

我们常常看到这样的现象：教师出示情境图后，就问学生：看见了什么？想到了哪些问题？学生呢，往往是天马行空、漫无边际。而教师呢，不管学生如何回答，都一一加以肯定。我们再回头看一看前面的教例，学生提出了那么多问题，每个问题本身的质量如何？其实，在这样"流连忘返的情境对白"中，上课教师由于学生的问题迟迟没有到达自己预先设定的数学问题上，表面上"面带微笑",以示教学的民主和开放,实质上"背脊冒汗",内心十分的紧张和不安——"怎么还没说到点子上"。而这样的紧张和不安又是谁造成的呢?为什么就不能直接出示或让学生提出数学问题呢?如此这般的启发、等待问题的出现有必要吗?

2. 情境的内容和形式应根据不同的年段有所变化,切忌生拉硬扯,让情境成为课堂的"摆设"。

对于低年级儿童,颜色、声音、动作有极大的吸引力,要多创设生动有趣的情境,如运用讲故事、做游戏、模拟表演、直观演示等形式;到了高年级,则要侧重于创设有助于学生自主学习、合作交流的情境,用数学本身的魅力去吸引学生,尽量让他们由内心的成功体验产生情感上的满足,进而成为推动下一步学习的动力。但要避免情境创设的简单化和庸俗化。如下面两例情境。

例1:"10的认识"一课,教师讲述了这样一个故事:数字王国里,数字9总以为自己最大,常常欺负比它小的数字,你们听一听它是怎么说的。播放录音:我是老大,你们都得听我的,1、0你们两个最小,不配与我站在一起,走开点,哼,我最大,你们谁也不能和我比。0和1听了可伤心啦,它们走到一个角落里,一起想了一个好办法对付9,猜一猜他们想了一个什么办法?课件演示:1——0——10。板书10,这就是我们今天要认识的又一个新的数字朋友。

例2:"射线和角"一课,教师用三个问题导入新课,这三个问题分别是:你们知道线爸爸长什么样吗?是直直的、可以向两端无限延长的。请画一画线爸爸。线妈妈是线段,长什么样呢?也请画一画。线爸爸和线妈妈生了一个线宝宝,猜一猜,这个线宝宝会长什么样?这个线宝宝,一半像爸爸,一半像妈妈,叫做射线。今天我们就来研究射线和角。

应该说这两位教师在课前花了大量的时间和精力,但这样的付出值得吗?我们在运用情境展开教学时,必须防止由一个极端走向另一个极端。正如郑毓信教授所指出的：数学教学无疑应当密切联系学生的生活经验，但是"生活味"显然又不应完全代替数学课程的"数学味"；同样地，尽管游戏这一形式有益于调动学生的积极性，但是，如果让学生花费很多时间去从事游戏，但在数学上却没有什么收益（或者说，收益很少），对于这一方法的采用，我们显然也应作出认真的思考：一节数学课真正能够吸引孩子的是什么？教师自己有兴致是不是就等于学生有兴趣？我们辛辛苦苦所创设的情境，是不是真正地贴近了孩子们的生活？如有一位教师在教"除数是小数的除法"时，开门见山地出示了 $0.625÷0.5$，让学生自己想办法算出得数，然后引导学生对多种方法加以比较。这样的设计计算不算是创设教学情境呢？

思考之二：如何把握算法多样化？

算法多样化是问题解决策略多样化的一种重要思想，它是培养学生创新意识的基础。就计算教学而言，提倡并鼓励算法多样化可以矫正过去"计算方法单一，过于注重计算技能"的倾向。可以充分调动学生已有的计算经验，发现、创造不同的算法。但从微观的实践操作层面来看，还有许多具体的问题需要思考和解决。就"两位数加减两位数"这节课来说，我们需对下列两个问题作出明确而清晰的回答：

1. 计算方法是不是越多越好？前面的课例中，对于 $36+23=59$，学生确实想出了多种计算方法，但教师需要扪心自问的是：这么多方法是学生真的独立思考出来的，还是在你不断的驱赶下得到的？方法之间是否存在着思维的层次性和差异性？如果带着这样的问题再回头去看一看那部分的教学片段，我们就不难寻觅到教师"驱赶"的痕迹。当教师追问：能不能用小棒或计数器算出得数呢？学生得出了摆小棒和拨计数器的方法；当教师继续追问：还有其他方法吗？学生又想出了一种数数的方法。这几种被迫得出的方法所体现出的思维层次，应该是基于动作的思维，是低层次的。这样的

一、教学片段的摘录与评析

现象在其他的课堂我们也可以看到：一些教师过于追求计算方法的数量，在课堂上花很多的时间去挖掘各种各样的计算方法，要是不能把众多的算法展示出来，就会遗憾万分，甚至狠狠地谴责自己。有一位教师在教学"100 以内的加减法"时，原以为出示例题"36＋8"算出得数 44 以后，当问及学生是怎样得出结果时，会产生许多算法，如：①摆小棒算；②用计数器算；③列竖式算；④从 36 起连加 8 个 1；⑤把 36 看成 40，40＋8＝48，48－4＝44；⑥6＋8＝14，14＋30＝44 等等，但实际的教学大大出乎教师的意料，全班 45 名学生只有两种算法，即个位加个位，十位加十位直接口算以及列竖式计算。为此，教师就认为是自己平时的教学不够到位，问题的开放性不够。于是，就设计了第二套方案并进行了实践。出示例题后，就让学生猜测结果，并提问："你有哪些与众不同的算法？"要求以小组为单位进行讨论，反馈时强调：比一比哪个小组想出的方法多？这一招果真灵，学生想出了十几种不同的算法，除了前面预料中的以外还有：⑦8＋2＝10，10＋34＝44；⑧先把 8 分成 4 和 4，4＋36＝40，40＋4＝44；⑨把 36 先分成 20 和 16，20＋8＝28，28＋16＝44；⑩从 36 开始，37、38、39……一个一个数下去；等等。当学生说出第⑩种方法时，下面同学便窃窃私语："那是幼儿园小朋友的算法。"但教师还是给予了充分的表扬，因为这是学生自己想出的办法。很显然，教师本人对第二次教学的效果十分满意，认为是充分地体现了算法多样化。但是我们应该好好地想一想，真的有必要让学生绞尽脑汁弄出那么多算法吗？当学生已经能够借助表象、甚至符号和逻辑进行思考的时候，为什么一定要让他借助小棒和计数器呢？也许同学们窃窃私语的是一语道破了天机，像第⑩种这样显然是低思维层次的方法，而像第⑨种算法中的 28＋16＝44 比起 36＋8 本身反而要难多了。事实上，一个计算问题在教学中究竟出现几种算法要看班级的实际，没有必要把所有的算法一览无余地罗列展示出来。

2. 需不需要让学生掌握笔算的方法？当学生得出多种计算方法以后，教师就让学生用自己喜欢的方法进行计算。面对这样的现象，我们不禁要问：学生自己喜欢的方法就是最好的吗？在"两位数加减两位数"这节课中，第一次出现竖式，这节课的重点就应该是笔算。为此，编者在《教师教学用书》中就明确指出："教师要做适当的介绍，帮助学生掌握竖式的书写格式、数位对齐及相同数位上的数相加的计算方法。"在上述课例中，教师只是在反馈算法时，轻描淡写对竖式作了介绍。当解决第二个问题时，很少有学生选择用竖式。所以当一节课结束的时候，"需不需要让学生掌握笔算的方法？""如果需要，那么每个学生都会列竖式了吗？"这些问题就不断地闪现在我的脑海里，因为列竖式计算对后继学习是非常重要的。我个人认为，下列做法值得借鉴。一位教师上同样的内容，在探讨算法这一环节，与上述课例最大的不同在于，当学生出现了口算、用计数器、摆小棒等方法后，教师直接出示了 36＋23＝59 的竖式，便开始了笔算的教学：

师：今天老师要给大家介绍一种新的方法，请大家看一看（指竖式）与刚才的方法有什么一样的地方和不一样的地方，可以与你的同桌说一说。

在学生充分发表意见的基础上，教师强调：竖式计算和口算一样，都必须把相同数位上的数相加（减）。但是在书写的格式上，要求数位对齐。

在黑板上出示下列算式：21＋12　54＋24　34－13　66－25

师：你能用新方法算一算吗？请大家试一试。

（学生反馈时，教师重点对书写格式进行讲解）

师：想一想，列竖式计算应注意哪些问题？这里有四位小病人，请你做一做医生，好吗？（出示课本"练一练"森林医生的四道习题。）

① $\begin{array}{r}4\\+5\,3\\\hline 9\,3\end{array}$ ② $\begin{array}{r}7\,8\\-1\,1\\\hline 8\,9\end{array}$ ③ $\begin{array}{r}5\,0\\+4\,2\\\hline 5\,2\end{array}$ ④ $60+30=63$

（学生反馈。教师再次强调相同数位相加减，列竖式时相同数位要对齐。）

师：（出示"练一练"第2题）请大家用自己喜欢的方法计算。

难能可贵的是，教师没有在追求方法多样化上煞费苦心，而是适时地介入了学生的学习活动，并能紧紧把握住本节课的重点和难点，为学生的后继学习夯实基础。由此使我联想到一个课堂教学的效率问题。一节课的时间是有限的，如果每节课都要启发学生提出这么多的问题，想出这么多的方法，教师又羞于干涉，一节课下来，就做了三道题目，那么，长此以往，我们凭什么来保证基本计算技能的形成呢？作为一线教师，我们要对每节计算课需达到的保底目标有一个清晰的认识。

（二十一）返璞归真：让数学课具有"数学味"

——记"认识人民币"一课的两次教学

新一轮数学课程改革十分强调数学与现实生活的联系，要求数学教学，紧密联系学生的生活实际，从学生的生活经验和已有知识出发，创设生动有趣的情境，让学生在数学活动中，掌握基本的数学知识和技能，初步从数学的角度去观察事物、思考问题，增强应用数学的意识。但由于一些教师认识上的绝对化，在实际的教学活动中便采取了一些片面化的做法，时时强调实践，处处联系生活，有的甚至用"生活味"完全取代了数学教学应具有的"数学味"。作为一节数学课，究竟该如何把"生活味"和"数学味"融为一体，防止从一个极端走向另一个极端？这里试图借助"认识人民币"一课两位教师不同的教学实践，谈一点体会和思考。

A 教师的教学实践

在一次新教材教学研讨会上，A 教师执教的"认识人民币"一课，足足上了 55 分钟。为便于寻找"拖堂"的原因，质疑"拖堂"的价值，下面就以课堂实录的形式介绍整节课的教学过程。

一、导入

师：刚才小朋友说课余时间有的喜欢下棋，有的喜欢看书，有的喜欢画画，有的喜欢唱歌，知道老师工作了一天后回到家里喜欢干什么吗？

生$_1$：烧饭。

生$_2$：看书。

生$_3$：睡觉。

生₄：看电视。

师：××小朋友真聪明，猜对了。老师最喜欢看动画片了，你们喜欢吗？

生（齐声）：喜欢。

师：谁来说说你喜欢看哪些动画片？

生₁：黑猫警长。

生₂：猫和老鼠。

……

师：老师给大家带来了很好看的动画片，想看吗？现在就一起来欣赏。

（课件演示"小兔当家"的动画故事：妈妈不在家，小兔当家，先到超市买食品，付钱；又去菜场给妈妈买菜，付钱；投币乘公共汽车回家；最后把剩下的零钱放进储蓄罐。）

（注：这时已经用了10分钟。）

师：看完刚才的动画片，你想到了什么？

生₁：买东西、买书要花钱。

生₂：乘公共汽车要付钱。

生₃：不能瞒着妈妈偷偷拿钱买东西。

生₄：不能乱花钱，要把钱存起来。

……

师：小朋友说得真好，我们从小就要养成不乱花钱的好习惯。你知道生活中还有哪些地方用到钱吗？

生₁：看电影要用钱。

生₂：买水果要花钱。

生₃：交学费。

生₄：交电话费。

……

师：看来钱的用处真大。生活中处处要用钱。你们知道钱又叫什么？

生：人民币。

师：对，今天我们就一起来认识人民币。（揭示课题）

（注：这时已用了 15 分钟。）

二、展开

1. 认识人民币。

师：小朋友认识人民币吗？

生（齐声）：认识。

师：谁能告诉老师你认识了哪些人民币？

生$_1$：我认识 1 元、2 元、5 元、10 元。

生$_2$：我认识 5 毛、2 毛、1 毛。

生$_3$：我全都认识。

师：你真聪明。现在老师给大家准备了很多人民币，我们一起来认一认，说一说。（用课件出示 10 元面值的人民币）这是多少钱？

生：10 元。

根据学生的回答，点击 "10" 和 "拾"，点击单位 "圆"。

师：（课件逐一出示各种面值的人民币）再仔细看一看，它们正面和反面的图案、颜色又有什么不同。老师给每个小组在信封里准备了各种人民币。大家仔细观察，比一比，谁发现的信息多。

反馈。

师：（随意点击）下面老师来考考大家，5 角硬币的背面是什么？

生：国徽。

师：国徽是我们国家的标志。许多人民币上都有国徽，所以我们应该爱护它，不要故意破坏它。

师：20 元纸币的反面是什么？

生：桂林山水。

一、教学片段的摘录与评析

师：桂林山水甲天下，你们知道吗？

生：知道。

师：新版的5元正面是什么？反面呢？

生：正面有毛泽东像，反面有泰山图案。

师：那么新版的5角呢？

生：5角的反面有荷花图案。

师：1分纸币的正面是什么图案？反面呢？

……

（注：这时已用了25分钟。）

2. 分类。

师：这么多人民币这样放在桌子上是不是太乱了？

生：是。

师：那怎么办呢？

生：放到钱包里。

师：行，咱们就按照这位同学的意见把钱放进钱包，小组里先讨论一下该怎么放。

学生讨论。

师：现在请你把桌上乱糟糟的人民币分分类，装进钱包。

学生在小组里整理钱包。

反馈，学生上台展示。

生$_1$：把单位是元的分一类，角的分一类，分的分一类。

师：还有不同的分法吗？

生$_2$：把纸的分一类，硬币分一类。

生$_3$：我们把数字都是1的放在一起。

生$_4$：我们把新的放在一起，旧的放在一起。

……

师：小朋友整理得不错，不过要注意，人民币因为很多人用过，上面难免留下病毒与细菌，所以为了健康，要养成用完人民币及时洗手的卫生习惯。

（注：这时已用了 33 分钟。）

3. 认识进率。

课件播放：我们已经认识了人民币，还知道人民币按单位分有元、角、分。那么它们之间有什么关系呢？我来告诉你们吧：1 元＝10 角。下面我们来做一个换钱游戏，好吗？

三、巩固

1. 换一换，填一填。

　　1元 能换（　　）张 1角。

　　5元 能换（　　）张 1元。

　　1元 能换（　　）张 2角。

2. 在括号里填上＞、＜或＝。

　　8 角（　　）1 元　　　　10 元（　　）10 角

　　4 元（　　）40 角

（注：这时已用了 38 分钟。）

四、延伸

1. 模拟购物。

师：这钱可以干什么？

生：买东西。

师：现在就请几个小朋友做营业员，我们来做买东西的游戏。营业员要求带上头饰，使用文明用语，各自站到"柜台"前（事先在教室后面放了一排桌子，桌子上摆满了琳琅满目的商品，有牙膏、方便面、口香糖、铅笔、橡皮等等），其他每个小朋友做顾客，但只能买一样东西。现在请其他小朋友排队。

学生离开座位，排成 4 列，一个接着一个购物。

反馈。

师：你们有什么收获？

生：人民币可以买东西。

师：有什么意见？

生：××同学找错钱了，我给他50元，他应该找45元。

生：又不要紧的，本来就是假假的嘛。（找错钱的同学马上接上一句。"哈哈"……课堂上便爆发出一阵笑声。）

师：回家要求跟爸爸妈妈去一次商场，买一点学习用品，自己付钱。

（注：这时已用了50分钟。）

2. 献爱心。

师：你们知道吗？我们能在这里学习，但还有很多贫困地区的小朋友因为没有钱不能到学校读书，现在我们就给他们献一份爱心，好吗？

教师边说边拿出了一只事先准备好的募捐箱，这时录音机里传出了"只要人人都献出一点爱……"的歌声。

学生一一上前把事先准备好的零钱投入募捐箱。

师：小朋友真了不起，不但知识学得好，而且有爱心。

（注：这时已用了55分钟。）

教师的诉说和我的思考

一节课总算听完了，A教师匆匆地收拾好自备的教具，带着"拖堂"后的尴尬和不安向我们诉说："我有点不甘心，为了准备这节课，着实忙了一个月，且不说设计故事制作课件花了多少时间和精力，光是模拟购物活动所需要的东西，我利用双休日的时间，跑了好几家商店，总算买到了一些自己比较满意的商品，进行标价分组，还四处兑换零钱，又花费了大量时间，然后带到这里，布置场地。在课堂上，总想着要让自己辛辛苦苦准备的活动能够一展风采，前面就拼命赶时间。到组织活动时，没想到学生一离开座位，课堂秩序就一片混乱,只好临时由自由购买改成先让学生排队等候。到头来,还是拖堂了15分钟。更让我难堪的是,当学生付钱、找钱出现差错时,个别学生还毫不在乎地说:这本来就是假假的嘛。想想真是不划算。觉得课前的付出和课堂上的收获并不成正比,甚至是徒劳无功。现在想起来,自己投入的时间精力实在过多,学生课堂上也不过是买了一样东西……"

确实,这节课是拖堂了,而且拖得有点过分了,如果是评奖课,按照惯例,再好的课也是不能得奖了。但把"棍子"全都打在A教师的身上,难免有失公允。因为一节公开课,往往凝聚着许多人的心血,代表着不少人的想法。对于这位年轻教师来说,在课堂上也许是"人在江湖,身不由己"。但需要我们反思的是:为什么会拖堂?这样的拖堂值不值?

A教师之所以这样煞费苦心地要求学生观看"小兔当家"、整理钱包、模拟购物活动、进行献爱心募捐等,目的就是为了让学生体验人民币在生活中的作用。尽管每个活动学生都比较积极地参与了,课堂也着实热闹了一番,但这样的学习活动是否具有挑战性呢?

从教材编排的角度来看,人民币是我国法定的货币,在人们的生活中起着重要的作用,又由于人民币单位间的十进关系和计数单位间的十进位关系是一样的,一般小学数学教材都会在学生掌握100以内数的知识后,专门安排认识人民币的内容。其目的一方面使学生初步知道人民币的基本知识和懂得如何使用人民币,提高社会实践能力;另一方面使学生加深对100以内数的概念的理解,体会数概念与现实生活的密切联系。但从学生已有的知识基础和生活经验来看,他们已经学习过100以内数的读写、大小比较,认识各种面额的人民币并不会感到困难,只要看清数后面紧跟着的单位就可以了,显然教师就不能无视学生"我全部都认识"的表白。况且有关人民币的功能和作用,学生也并不陌生,买东西要付钱是生活中司空见惯的现象。而从课堂实录中，我们不难发现，学生始终停留在已有的知识和经验上进行着简单的操作活动或游戏活动，学生在活动中并没有在数学思维上得到进一步的发展。如长长 15 分钟的导入环节，许多问题学生不动脑筋就可以回答，如果说花了那么长的时间、兜了那么大的圈子仅仅是为了让学生知道人民币有用的话，似乎根本就用不着；在展开环节，认识各种面值的人民币，学生也只是简单地重复着"我认识了……"，教师未作进一步的概括和提炼。

但这样的设计为许多一线教师所青睐，并纷纷效仿。以致于我后来在实验区听到的 5 节课也基本上沿袭了这一模式，教师在课前依然忙碌着、辛苦着，在课堂上还是紧张着，不时地拖堂着……尽管从导入到巩固环节一些教师作了一些调整和修改，但教师们还是割舍不了对"购物活动"的眷恋，商品的准备更充分了。如 B 教师课前就在教室的四周摆满了琳琅满目的商品，有方便面、牙膏、口香糖、可口可乐、铅笔、橡皮、透明胶、削笔刀、饼干……俨然是一家小超市。课后座谈时，我试探着问："你为了上这节课，至少得搭上半个月的工资了吧？如果这样的课让你多上几次，你不就要向银行贷款了？"她不好意思地说："不会。这些东西是从一位在学校附近开超市的家长那里借来的，他还说，不要还了呢。""啊？那如果要你上 5 个班的课，这位家长迟早要被你吓跑了。"我开玩笑说，"如果下次再上这节课，你还打算设计这样的购物活动吗？""不用怎么行呢？要培养学生的实践能力，就是太费时间……"

联系学生的生活进行教学，本来无可厚非。但值得注意的是，像认识人民币这样已经与学生生活紧密相关的内容，作为一节数学课，该如何挖掘其中的"数学味"？

就现在听到的课而言，教师们普遍在"认识不同面值的人民币，知道元与角之间的进率，即 1 元＝10 角"的基础上，增加了更多的教学目标，如体会人民币的作用、培养合作意识和实践能力、养成勤俭节约的习惯等等。这些增加的目标从学生发展的一般的角度来看，无疑是正确的，但对于一节课来说，这样的目标似乎显得太笼统、太空泛，也太遥远了。因为这些目标的达成需要长期的努力，而不是一节课、两节课能解决的。有的也不见得非得在课堂上完成。那么，从目标的定位到策略的选择究竟该怎样设计这节课呢？于是，我便决定继续跟踪 B 教师听课，并参与其中的设计。下面便是 B 教师执教的一节课。

B 教师的再次实践

一、导入

师：（投影出示各种人民币）这些钱，你们都认识吗？小组里说一说，你已经知道了哪些知识？

$生_1$：钱也叫人民币。

$生_2$：元最大。

$生_3$：10 分就是 1 角。

$生_4$：钱可以买很多很多东西。

……

师：看来有关人民币的知识，大家已经知道了很多，今天我们就来研究更多的知识。（揭示课题）

二、展开

1. 认一认。

师：大家从信封里倒出人民币学具，你都认识吗？你认为比较难认的是哪些？拿到前面来让大家一起帮着认一认。

反馈。

在实物投影仪上逐一展示学生认为有困难的人民币，如面值 2 元的纸币和 2 角的纸币，新版的和旧版的面值都是 50 元的纸币等等，让其余学生帮着辨认。并强调：看人民币的数字和数字后面的单位就能知道它的面值。

2. 分一分。

师：如果让你把这些人民币分分类，你准备怎么分？小组活动后反馈。

生$_1$：放两堆，纸做的一堆，硬币一堆。

生$_2$：分三堆，把元的放在一起，把角的放在一起，把分的放在一起。

生$_3$：把100元的放在一起，再把其他的放在一起。

……

3. 数一数。

师：我这里有多少钱？谁帮忙数一数？

学生上台在投影仪上数，得出一共有5元4角。

师：你手上有多少钱？也数一数，同桌帮忙检查一下。

学生各自数自己手中的钱。

4. 算一算。

师：（出示标价1元的一枝铅笔）你怎么付钱？

生$_1$：给你100元，找我99元。

生$_2$：给你2元，找我1元。

师：有没有不用找的？

生$_1$：给你2个5角。

生$_2$：我给你100分。

师：可以吗？

生：可以。

师：为什么？

生$_1$：1元＝10角。

生$_2$：100分也等于10角，10角就是1元。

三、巩固

摆一摆。

师：看一看，1元有多少种不同的拿法？

小组学生活动。

反馈，在实物投影仪上展示各种不同的拿法，如：1枚1元的硬币，1张1元的纸币，2个5角，10个1角，1个5角和5个1角，6个1角和2个2角，5个2角，1个1角、1个5角和2个2角……教师在黑板上作相应的板书。

四、延伸

1. 估一估。

师：（出示一包水彩笔）要多少钱？猜猜看，给三次机会，比一比，谁猜得最准或最接近？

生$_1$：10元。

生$_2$：5元。

生$_3$：8元。

师：生$_2$猜对了。

2. 买一买。

师：（出示标价分别为2元、17元和45元的削笔器）你要买削笔器吗？如果想买的话，你要哪一种？说说理由。

生$_1$：我买45元的，它很漂亮。

生$_2$：我也买45元的，因为贵的质量好。

生$_3$：我买17元的，我钱不够。

生$_4$：我买2元的，这么小我可以放在书包里。

生$_5$：我不买，家里已经有2个了。

……

师：看来买东西也有很多学问，我们要学会合理用钱。

两次教学的比较分析及启示

从教学目标来看，两节课都已经跳出了认知技能的框框，都非常关注数学与生活的联系，着眼于学生可持续发展能力的培养。所不同的是课例 A 更加关注人民币的人文价值，试图在教学过程中适时渗透爱国、爱家乡、爱同伴、讲卫生等思想品德教育；而课例 B 力求挖掘"数学味"，对具体的教学活动赋予数学思考，注重一些数学思想方法的挖掘和渗透。如延伸环节中两个活动的设计就侧重于"是否物有所值"和"需不需要"问题的思考与讨论，让学生具有初步的估算意识，学会合理用钱，进而逐步学会用数学眼光去观察生活，从而变得精明一些。这样的目标与课例 A 相比更加具体明确。

从具体的教学策略和效果来看，A 教师课前做了大量的准备工作，如：制作小兔当家、数字和单位能闪烁的人民币的课件，筹措各种面额人民币，挑选新颖别致的小钱包，以及购买购物活动中需要的商品；课中，教师安排了不少活动，在活动中又试图关注情感、态度、价值观的渗透和教育，如：看完动画片后，强调从小要养成不乱花钱的好习惯；让学生从字样、颜色、人物等不同方面观察人民币，适时渗透爱国、爱家乡的教育；整理完钱包后，提醒学生要养成用了人民币后及时洗手的卫生习惯，让学生通过角色扮演买完东西时，要求"营业员"使用文明礼貌用语，等等。而课例 B 的课前准备要简单得多，教学环节的构建也显得更为简洁和流畅。与课例 A 相比导入时省略了看动画片的环节，直截了当地在投影仪上出示了各种面额的人民币，让学生小组里说一说，自己已经知道了哪些知识。展开时，首先，简单处理了对不同面额的人民币的认识，不再用课件一一演示，教师只是对个别学生认为有困难的加以指点和辨认。没有要求学生对人民币的正反面从图案、颜色、人物、文字等进行观察和思考（事实上，要不是教师刻意要求，学生不可能也没必要知道这么多信息，除非是一个十足的集人民币爱好者，如果学生自己感兴趣可以鼓励他们课外再去观察）。接着，设计了数钱、付钱等较为丰富的实践活动，让学生体会 1 元 = 10 角以及 1 元钱的不同拿法。最后,让学生经历"估价"和"买不买"、"买哪一件"的抉择。很显然,这样的问题更富有挑战性,学生在活动中体验到的也不仅仅是买东西要付钱了。

  从以上的比较可以看到:同一内容的教学,由于采取的教学策略不同,尽管总体目标相对一致,教学效果却大不相同。看来,我们应该跳出无反思、习以为常的工作状态,时时问问自己:作为一节数学课,在滚滚而来的改革浪潮中,该坚守的是什么?不断地反省自己:有没有戴着冠冕堂皇的帽子、心安理得地进行着不着"数学边际"的教学活动?因为课堂上的时间是一个常数,教学策略的选择就必须简洁而具有针对性。况且,每一门学科都有自己独特的任务需要完成,作为数学课更应关注的是学生的数学思考。

（二十二）课堂常规：在自由与限制中把握分寸

——从课堂上遭遇的尴尬场景谈起

长期以来，我们看到的大多数课堂是：课桌整齐排列，学生正襟危坐，双手背后或交叉胸前，一个个在座椅上纹丝不动。当教师提出一个问题时，学生便齐刷刷地举手，然后由教师指名一个一个地起来回答问题……课堂气氛尽管有些沉闷但井然有序。而现在，我们在课堂上却看到了另外一幅景象：教师开始离开讲台走近学生了，课堂活跃起来了，学生再也不是俯首帖耳的小绵羊了，他们的头抬起来了，手动起来了，话多起来了，身子挺起来了……这说明新课程所倡导的新观念，已开始影响、引导教学实践的改革。与此同时，许多教师普遍感到：现在的课越来越难上了，特别当学生真的"动"起来的时候，新的问题出现了，课堂气氛固然活跃，自己却难以控制，常常使课堂陷入"天下大乱"，使自己面临进退两难的尴尬境地。于是，原来的课堂常规是否过时？课堂还要不要强调常规？如果需要，那么需要怎样的常规？等等，自然便成了广大一线教师挥之不去的话题。本文就借助于一些课堂教学中的尴尬场景，就课堂常规问题谈一点个人的思考和体会，以期抛砖引玉。

案例一："想说什么就说什么"遭遇的尴尬

在一次观摩研讨会上，一位年轻教师执教二年级"乘法的初步认识"一课。课前，教师把全班24名学生分成了6组，让他们4人一组围桌而坐，每组配备了一个无线话筒，并要求学生，上课要积极发言，声音要响亮。还特别宣布一条：不必等老师指名，可以随时提出问题和回答问题。上课一开始，课堂就像炸开了的锅，气氛异常活跃，学生争先恐后地回答着老师的问题，教师不管学生回答得如何，都报以赞许的目光和微笑，还不停地给予表扬和奖励。

眼看有的孩子得到了那么多的"智慧星",为了争取发言的机会,一些孩子从座位上站了起来,不停地摇摆着高高举起的小手;有的为了抢话筒,与同伴争执起来;有的干脆跑到讲台前,抢过教师的话筒发表自己的意见;而后面的几个小组似乎觉得眼前的一切与己无关,与同伴一起摆弄着桌上的东西,谈论着不着边际的话题……尽管教师想竭力调控课堂,不断地发出口令,要求小朋友静下来,但她的声音早已被孩子们此起彼伏的叫嚷声淹没了。渐渐地,课堂变得无序了……

课后,一位听课教师向上课教师提出了这样的质疑:"教师要关注每一个学生,你关注到了吗?一位叫红红的小朋友一节课下来,至少有10次回答问题的机会。那么,一天按5节课计算,就有50次发言的机会;一个星期按5天计算,就有了250次发言的机会;一个月按4个星期计算,就有了1000次发言的机会;一年按10个月计算,就有了10000次发言的机会。她要读6年小学,6年中学,她究竟有多少机会呢?像这样被关注的孩子长大后不是一个女市长,也至少会是一个妇联主任,而其他的呢……"这位教师慷慨激昂的陈词自然博得了在场教师的阵阵掌声,而上课教师除了尴尬,还能说什么呢?

案例二:"鸦雀无声"带来的麻烦

记得与一位教师到某地上公开课,内容是"圆柱和球的认识"。这位教师按照惯例提前一天去接触学生,交待一些第二天上课的要求。这位教师走上讲台,先向同学们深深地鞠了一躬,看着教师鞠躬的样子,孩子们禁不住笑出声了,有的还开怀大笑。"同学们好!你们想了解老师吗?我叫……"还没等这位教师说完,他们就已七嘴八舌地说开了。当老师提出"上课要比一比:谁发言积极,谁能提出问题"时,学生当场就提出了一连串的问题,"老师,你喜欢看足球赛吗?""你几岁了?你有小孩吗?""你要给我们上什么课?"……有几个调皮的学生甚至手舞足蹈起来,气氛非常活跃。这可让教师心里美滋滋的,他要的就是这样的效果,因为他认为以学生为本的课堂首先要让学生敢开口说话。第二天上课,教师满面春风地步入课堂,用多媒体在大屏幕上出示了一幅生动的画面,要求学生说一说看见了什么,并提出问题。没想到全班50多名学生只是两手在胸前交叉,腰干笔挺,两眼正视着教师,而没有一个人举手。"谁愿意把你的想法说给大家听?""来,谁胆子大一点?"教师再三提问,学生依然没有响应。"说错了也没关系,谁先来说?"教师只好走下讲台,穿梭于学生之间,终于有一个学生看一看坐在旁边的班主任老师,战战兢兢地举起了手……后半节课,教师施展浑身解数,试图让课堂活跃起来,可收效甚微。更让我们感到纳闷的是,即使要求学生动手摸一摸桌上的物品,说一说有什么特点,他们也只是在小组内挨个地摸了一边,近乎例行公事,能参与讨论发言寥寥无几。到课接近尾声,教师要求说说这节课有什么收获,他们几乎异口同声地说:专心听老师讲课学到了不少知识。

课后,这个班的班主任向我们介绍说:"我们班一直是学校里最好的班级,特别遵守纪律。"我忍不住插了一句:"他们昨天与老师见面时倒是挺活跃的。""正因为这样,我今天一早就好好地教训了他们。为了保证今天的上课能万无一失,我和数学老师特地坐在学生旁边。免得他们像昨天一样没规没矩的,坐没坐相,还随便说话。我们上课,是不允许有一个学生没坐端正的,也不允许有一个思想开小差。如果有学生交头接耳,我就停下来。"原来是这样,难怪一堂课下来,除了教师的声音,近乎鸦雀无声了。

我的体会与思考

案例一,教师能允许学生在课堂上"不必等老师指名,想说什么就说什么",这样的教学不可谓不民主、不开放;让4人一组围坐一桌,也不能说教师没有关注每一个学生(那位听课教师的质疑似乎是重了一些）。但学生却不领情，使课堂变得难以控制。案例二，在班主任老师的好心关照下，课堂固然有序，但学生不敢开口说话。看来：过于热闹和过于冷清都会让教师在课堂上陷入尴尬的境地。究竟问题出在哪儿呢？

思考和体会之一：课堂依然需要常规，让学生学会约束自己本身就是教育的一项内容，但需要教师在自由与限制之间把握分寸。

在与一线教师尤其是实验区教师的座谈中，我们发现一些教师把课堂的民主和开放简单地等同于活跃和热闹，误认为课堂不再需要常规；而有的认为需要常规，但生怕被扣上"挫伤学生学习积极性"甚至"扼杀创新意识"的帽子，在课堂上羞于强调常规要求。

课堂究竟需不需要常规？对于这一问题，任何对教育有少许了解的人都会而且应该作出肯定的回答，广大一线教师更能直接地体会到。从学校教育的需要来看，为了保证各项预定任务的顺利完成，为了维持正常的学校秩序，必须制定各种规章制度，要求学生遵守；学生要接受教育，不管他们是否愿意，还是必须每天按时上学；上课时，他们必须老老实实地呆在教室里，认真听课，不能随意走动和乱讲话，他们还必须按时完成作业，应付各种考试……因为教育本身也就意味着限制，教育始终处于自由与限制之间，需要在两者之间寻找平衡。从儿童成长的需要来看，在教育中对学生的自由进行一定的限制是必要的，也是合理的，儿童的学习本身就包含着对规则的学习。如果让学生为所欲为，就无法保证教育效果，也不利于儿童的健康成长。即使在日常生活中，人们也不可以为所欲为，无限制的自由在任何情况下都是行不通的，更何况是小学生了。正如苏霍姆林斯基所说的："一个人应当在童年时期和少年时期，即从7岁到10、11岁，就教给一个人自己安排自己的事，并在必要的时候能够'强制自己'。如果错过了这个时期，那么以后就不可避免地出现再教育的问题。"* 况且，学习毕竟是一件艰苦的事情，需要学生有自我约束、自我克制的能力，如果有快乐，那也是苦中有乐；如果有收获，也是付出后的收获。

思考与体会之二：课堂常规不能简单地冠以"传统"和"现代"的帽子，一般的课堂常规需要去粗取精。

对于课堂常规，恐怕不能简单地用"传统"和"现代"加以区分，简单地用"好"和"不好"加以评价，只能从合不合适的角度加以评判，评判时至少需要考虑两个问题：一是为谁而定？二是有何前提？

为谁而定？不同年龄阶段学生有不同的心理特征，常规的制订自然需要考虑这一因素。就像前面案例中"想说什么就说什么"，如果对中学生甚至成人而言，都能心知肚明，所有"说"的内容就会围绕课堂教学目标展开。但对于小学生，尤其是好动、自控能力较差的低年级学生而言，就不见得能领这个情了。再如，有的老师认为，如果一个学生考试能得优，在我的课堂上他可以不听，可以在桌下做自己的事，甚至趴在桌上睡大觉，但不能影响别人。这确实是尊重学生的一项举措，也是因材施教的具体体现，但是如果这样的规定放在小学生身上，放在有几十个人的课堂，只要有教学低年级经验的教师大都会表示怀疑：真的能不影响别人吗？因为小学生最喜欢跟风。

有何前提？课堂之所以需要常规，是因为有四、五十个甚至更多的人在一起学习，一节课只有 40 分钟，还有明确的教学任务需要完成。这就是前提。同样地，我们对长期以来的课堂规范，如课桌如何排列，学生怎样坐，怎样举手等等，我们应该用历史的、发展的、辨证的眼光来看，而不能简单地冠以"传统"和"现代"的帽子。

---

* 《给教师的建议》第 342 页，教育科学出版社。

下篇　案例透视

课堂究竟需要怎样的常规？这恐怕很难有定论。但在众多常规中需要区分的是：哪些是学校"一时一地"的需要？哪些是学生"一生一世"的需要？下面是一所学校的课堂常规。

××小学学生课堂常规

1. 听到预备铃响，应立即安静地进入教室，做好课前准备，将课本和学习用品整齐放在桌子右上角，静候老师上课。

2. 上课铃响，老师进入教室上课，班长发令"起立"，全班同学起立站好。师生要用英语互相问好，学生问好后要鞠躬，班长发"坐下"口令后，全班同学整齐坐下。

3. 迟到同学要在门口喊"报告"，经老师允许后再进教室。

4. 下课时，老师示意"下课"，班长发"起立"口令，师生说"再见"，老师走后，学生才能离开教室。

5. 上课坐姿端正，双手背后，挺胸抬头，集中精力听讲，认真记笔记，不讲话，不做小动作，不做与学习无关的事。

6. 发言要先举手，一律举左手，不过头，得到老师同意后向外跨半步起立发言。老师提问，学生起立回答，其他学生注意听讲，不随便插嘴或喧闹。

7. 有客人听课时，下课后应请客人先走，然后再离座位。

如果用现代教育的理念来审视这些常规：哪些常规依然需要？哪些需要改进？哪些必须放弃？还需要补充哪些？我们不难发现：第1至第4条、第7条以及"发言要先举手"，涉及的是课堂中的一些礼仪，它只是确认课堂生活中师生双方的身份。课堂作为一个群体性的活动场所，需要一定的仪式，就像升旗有升旗仪式一样。况且以师生互相问候的形式预示着开场和结束，简短而迅捷，不致于影响课堂的大局，目前大多数学校就是遵循这样的程序展开教学。第5条和第6条中规定的"坐姿端正"、"挺胸抬头"，如果出于对学生骨骼生长发育和保护视力的角度提出就很有必要；但诸如"双手背后"、"一律举左手，不过头，得到老师同意后向外跨半步起立发言"等就显得过于刻板和僵化，有必要加以改进甚至放弃。而"集中精力听讲，认真记笔记，不讲话，不做小动作，不做与学习无关的事"、"学生起立回答，其他学生注意听讲，不随便插嘴或喧闹"等，需要着眼于一个人可持续发展能力的角度，加以重新梳理。可以从"学会表达"、"学会倾听"、"学会质疑"、"学会合作"的角度，提出明确而清晰的要求，如"学会表达"，可以要求学生能从完整地说一句话到大胆地阐述自己的观点；"学会倾听"，可以要求学生有耐心，不随便打断对方，不轻易反驳甚至争吵，能积极响应，认真思考，通过点头、微笑、提问、质疑、解析、意译、补充等方式作积极反应和意见反馈，而且注意力集中，目光尽量针对说话者，并积极地修正与完善自己的观点。"学会质疑"，可以从语气、语调、口吻等方面提出要求。因为人与人之间的交往很多情况下是通过语言进行的，语言的威力有时非常巨大，"有时候，一句冷酷无情的话，一个漠不关心的眼光，就足以扯断一根纤细的生命之线"。

思考与体会之三：课堂常规要转化为学生的行为习惯需要教师用心引导，持之以恒。

课堂常规本身就表现为显形的规范条例和隐形的观念意识。尽管许多学校制订的课堂常规都大同小异，但由于教师对制度规范的个性化的认识、理解和诠释，往往给这些常规加入了自己的价值判断和界定的标准，从而使我们看到的课堂千差万别。而课堂常规不可能离开教师的用心引导自动地干预学生的行为。因为规范本身就具有强迫性，与学生的天性格格不入。那么，教师该如何使课堂常规转化为学生的行为习惯呢？

首先，教师需要对自己的行为方式作出相应的调整。

既然课堂是一种交往，语言是交往的重要工具，而且在很大程度上反映了一个人的思维方式。而规范本身只是一种静态的存在，教师的语言是激活、调动规范参与课堂生活的主要手段，具有变通性和灵活性。以往，教师在使用课堂常规维护课堂秩序时，更多使用的是一种居高临下的口吻、命令式的语气，一味地强调纪律本身，学生缺乏对规则的理解和认同。大多影响、干扰、破坏课堂纪律的学生，会遭到批评、警告、呵斥和惩罚。在这些行为的背后隐藏着一种思想，那就是要构建一个保证教师讲、学生听的课堂环境，教师俨然是一个知识的传授者。就像案例二中的学生认为是专心听老师讲课，就能学到知识。而新课程强调教师不仅要做知识的传授者，更需要扮演组织者、引导者和参与者的角色。那么，作为组织者、参与者和引导者，又该如何与学生对话呢？不妨试一试这样的课堂用语，如：同学们说得一些方法都很有道理，老师把这些方法再重复一遍，大家看老师说得对不对？老师也有一个想法，可以说一说吗？我来提一个建议，看一看如何？把这个机会让给其他同学，好吗？谁愿意告诉同学们你是怎样想的？先让这位同学发表一下他的见解。看谁听得最仔细？有的同学没听明白，谁愿意再说一遍？老师也听明白了，你的意思是……如果教师时时用这样平等的口吻、亲切的语气、中肯的态度与学生进行对话，就能潜移默化学生，因为教师自己对学生的行为方式会直接影响学生的行为方式。

其次，教师需要增强自己的"行为分辨"的意识和能力。

课堂上出现的一些令人不够满意的现象，恐怕不能简单地从观念的层面加以评判，对许多教师来说，并不是观念不新，而是缺乏具体的方法。教师特别需要增强"行为分辨"的意识和能力。课堂上学生的违规行为存在以下几种可能的情况。一是"犯错不知错"，如对于低年级学生来讲，守则中提及的"好好学习"、"专心听讲"、"尊敬师长"等规范制度还过于抽象和概括，就会带给他们理解上的模糊与困惑，需要教师作进一步细化为明确具体的要求。如果教师的指令不明，学生的课堂行为就会出现一定的偏差。二是"犯错不自觉"，如低年级的学生自律能力差，经常不由自主地开小差；

三是"知错还犯错",如课堂上学生故意阴阳怪气、哗众取宠的行为。显然,这三种行为需要分别对待。对于前两种特别是有失礼仪但属积极的课堂行为,要给予必要的宽容和适时适度的引导,而不是机械地用框框去束缚。对于第三种,教师在坚决杜绝不良情况的同时,需恰当把握分寸,以免误伤学生的自尊心和自信心。

需要强调的是,教师对有违规行为的学生提出批评时,一方面要认真分析学生是否真的犯了"错"。教师所认为的错误是否真的就是错误?比如一个容易激动的孩子上课时突然未经举手就大声地说出了自己的想法,教师是否应该以违反纪律为由加以批评?另一方面,教师要反省自己。因为学生的违规行为也有可能是因为自己的教学方式单调、乏味,或教师对不同的学生的态度有失公允。如上课时一个成绩好的学生和一个成绩差的学生都在打瞌睡,教师就批评成绩差的学生:"你看别人,睡觉时都在看书,而你倒好,一看书就睡觉!"这样带着"有色眼镜"的批评更多的是将学生推向自己的对立面,使师生关系陷入紧张。

第三,教师之间需要形成合力,持之以恒。

一方面,课堂常规不可能也不需要单独作为一门学科由专职教师负责落实,它渗透在众多的学科教学中。但前面已经谈到,尽管学校的课堂常规大同小异,教师心中的标准却千差万别。而这千差万别的标准落实到一个班上,甚至是一个学生身上,他们就会变得无所适从。另一方面,制订课堂常规的目的是让学生具有良好的学习习惯,而习惯的养成需要时间和耐心。教师要把学生良好学习习惯的培养作为每节课的教学内容之一,贯穿渗透于学习活动之中,贯穿于长期的教育教学活动之中。所以,一个班级课堂常规的形成需要所有教师的共同努力,而且持之以恒。

下篇 案例透视

二、典型课例的实践与反思

(一) 圆柱和球*

教学设想

1. 着力于空间观念的培养。千方百计给予学生实践活动的机会，通过学生自己的摸一摸、看一看、滚一滚等实际操作，认识圆柱和球的某些特征，积累一定的感性经验，进而形成表象，建立空间观念。

2. 从儿童已有的生活经验出发设计教学过程。教学一开始就让学生试着说说圆柱和球的名称，甚至特征。尽管圆柱和球的认识在教材中是第一次出现，但并不是说圆柱和球等形状的物体是第一次接触。事实上，在这之前学生对这些形状已有了初步感知。因为在日常生活中，这两种形状的物体还是很多的。所以我们必须认识到：学生不是一张白纸，即使是一年级的学生，他们也有丰富的生活经验和知识积累。这其中就包含着大量的数学活动经验，特别是

---

* 此课是浙江省小学数学教学分会组织"送教下乡"活动时的一节研究课，由浙江省教育厅教研室斯苗儿执教。

运用数学解决问题的策略。

3. 充分估计学生学习的难点，在突破难点上下功夫。尽管学生已有了一些基础，知道了圆柱和球这些名称，但这仅仅是生活经验。在课堂上还有许多东西值得挖掘，比如如何验证"圆柱的上下两个面是圆形的，且大小一样"？怎样让学生确信细细长长的和像硬币之类矮矮扁扁的圆柱？怎样让学生区别球和苹果、鸡蛋之类的东西？如何呈现直观图？所以在课堂教学中我们特意安排了这样一些环节，借以突破这些难点。如在学生举例后先让学生判断硬币和橡皮，出现了两种意见，教师不急于下结论，而是把十几块圆柱形橡皮叠成圆柱，让学生判断。然后逐渐减少块数，继续判断。让学生观察，在这个过程中，什么变了，什么没有变。紧紧抓住圆柱的特征进行，等最后剩下一块时，学生就明白根据特征还是圆柱。这样就使学生心服口服，如果直接告诉他们"这样的也是圆柱"，就达不到这样的效果。又如当学生得出"圆柱的上下两个面都是圆形的，大小一样"时，就追问："你是怎么知道的？"引导学生寻找解决问题的方法。给予学生充分的探索时间和空间。

4. 注重学法迁移。如让学生用同样的方法学习"球"，注重了学法迁移。再如课堂小结的着眼点不是要求学生讲出"知道了什么"，而是让学生回忆"你是怎么发现这些特征的"。

课堂实录

一、导入新课，揭示课题

师：今天每个同学都带来了一些东西，除了鸡蛋和硬币，你还带来了什么？它是什么形状的？谁来说一说？

指名学生回答。

师：你们带来的东西都是这样的形状吗（教师手拿圆柱和球）？（举起圆柱形的物品）（板书：圆柱、球）。今天我们就一起来认识这两种形状。揭示课题。

二、展开教学

（一）直观认识圆柱。

1. 引导发现特征，并加以验证。

师：我们先来认识圆柱。圆柱有哪些特征呢？请大家拿起圆柱形的物品，先仔细看一看，摸一摸，滚一滚。然后告诉大家，你发现了什么？（学生操作）

师反馈提问：你发现了什么？根据学生的回答，逐步总结并验证如下特征（板书）：上下两个面都是圆形的，大小一样。从上到下一样粗。（可以来回滚动）（每得出一条，师生就共同加以验证）

师："从上到下一样粗"，是真的吗？有什么办法可以验证？老师这里有一个铁圈，边说边拿铁圈从上到下套一套。

师："上下两个面是圆形的，大小一样"你是怎么知道？

$生_1$：看出来的。

$生_2$：摸出来的。

$生_3$：滚一滚知道的。

师：为什么？

生：如果上下两个面大小不是一样的话，滚起来会转圈。

师：是这样的吗？大家分别用圆柱形的物品和装橡皮泥的盒子滚一滚，看看有什么不一样。

师：还有什么方法？

$生_4$：把上下两个面中的一个面取下来比。

师：如果一个面也取不下来，该怎么办？（举手人数不多）前后4个同学讨论一下。

反馈汇报。

生：先把两个面在纸上都描下来，然后用剪刀剪下来，比一比。

师：（在黑板上描出其中一个面）老师没有带剪刀，也不想再描另一个面，该怎么办？

生：已经把其中一个面描下来了，只要拿另一个面去比一比。

师：你们明白他的意思吗？谁来试试？指名学生到黑板上操作。

2. 学生结合圆柱的特征介绍物品，加深对特征的认识。

师：我们通过摸一摸，看一看，滚一滚，画一画等方法发现了圆柱具有（指板书）这些特征。什么特征？大家一起读一读。现在，我们就可以结合特征来说明刚才这些物品为什么是圆柱形了。先想一想：该怎样说？

指名几个同学回答。

师：还想说吗？请说给同桌听。

3. 变式判断。

师：老师也带来了一些物品，你们帮我看一看，我都找对了吗？

让学生用手势判断。先出示对的。提问：为什么是对的？接着逐一出示学生容易混淆的物品，并指名学生说理由。如：上下两个面大小不等的；上下两个面不是圆形的；中间不一样粗的。强调：圆柱形的物品必须要……（指黑板）。

4. 出示实物图，学生举例。

师：请大家闭上眼睛想一想：圆柱画成图形会是什么样的？（贴出直观图）是不是这样的？（指图）你们平时看到的还有哪些物品是这样的？指名4个学生汇报。

对于学生的举例中出现的"吹毛求疵"，加以讲评，让学生知道圆柱和像圆柱一样的物品的区别，懂得在日常生活中，看到的各种各样的圆柱形的物品是经过美化的。［这个环节，有些疏忽］

5. 突破难点。

师：这是一块橡皮（边说边拿出一块圆柱形的橡皮），它是圆柱形的吗？请用手势告诉大家。（学生判断）

师：有两种意见，到底是不是圆柱形呢？我们先来做一个小小的实验。（出示由十几块橡皮叠成的圆柱）这是由十几块橡皮叠成的，它是圆柱形吗？让学生判断。为什么？

生：因为上下两个面是圆形的大小一样，从上到下一样粗。

教师逐渐减少块数，继续让学生判断。提问：还是圆柱形吗？为什么？

生：具有圆柱形的特征。

教师减少到一块橡皮，让学生判断。提问：它是不是还具有圆柱的这些特征？

生：是圆柱形的，尽管矮了一点，但还是符合要求的。

接着出示类似的物品要求学生判断。

师：如果再薄一点，像一枚硬币那样，还是圆柱形吗？请拿出硬币看一看。让学生把5枚硬币叠一叠，比一比，谁叠得最像圆柱形？

学生操作。

师：这是两枝同样的铅笔，都是圆柱形的。现在把它们连接起来，还是圆柱形的吗？（边出示边讲述）如果再接上一枝，是不是？如果再长一些呢？如果截取其中的一段呢？

最后教师强调：像这些物品不管是高的还是矮的，厚的还是薄的，粗的还是细的，只要具有圆柱的特征，我们就可以判定是圆柱形的。

6. 巩固练习。（课本第1题）

师：（投影出示）要求是把圆柱形的物品用线连起来。指名回答。

7. 小结。

师：我们通过看一看，摸一摸，滚一滚，画一画等方法认识了圆柱，发现了圆柱的特征。下面就请你们用同样的方法找一找球的特征。

（二）直观认识球。

1. 发现特征。

让学生摸一摸，看一看，滚一滚等，得出球的特征（板书）：没有平平的面，可以四面八方滚动。提问：鸡蛋是不是球？让学生把鸡蛋与球加以比较，指名讲一讲不同点。提问：球和圆一样吗？（边讲边与黑板上的圆比较）

2. 判断练习。教师出示一些物品，如乒乓球、苹果、橘子、玻璃球等，要求学生用手势判断。

3. 巩固练习。（课本练习第2、3题）

师：这是球的图（边讲边出示，并贴到黑板上）。接着投影出示2、3题。指名回答。

三、全课小结

1. 师：这节课我们学习了哪些知识？指名回答。你是用什么方法学会这些知识的？

待学生回答后强调：这些方法很好，我们以后还会经常用到。

2. 指导看书。

师：请大家把课本翻到第58页，这就是我们今天学的内容。大家还有什么问题？

四、发展练习（摸"百宝袋"）

师：接下来我们一起来做一个摸"百宝袋"的游戏。先请大家听清楚要求。这是一只"百宝袋"，里面有各种形状的物品。要求一位同学上来摸，其余同学做裁判。要是对了，就用掌声鼓励。

师：谁能摸出一个圆柱形的物品？指名摸。谁能摸出一件球形的物品？指名摸。还想摸吗？请几个同学一起上来摸，只要摸出一个物品，讲出是什么形状即可。

课后体会

这是我自己在1998年执教的一节课。在形成这个方案之前，曾设计了多套方案，以便面对不同的学生和教学条件。如我们猜测学生会根据是否能滚动，把圆柱和球形的分一类，所以我们就曾经尝试过这样的教学路径：一开始就让学生小组合作把课前带来的各种形状的物品（有长方体的、正方体的、圆柱形的、球形的）分类，然后针对把圆柱和球分为一类的情况展开教学，放手让学生选择圆柱或球进行观察研究，得出它们各自的特征。但结果发现有的班级学生从来就没有这样的自主合作探究的习惯。也曾尝试过这样的教学路径：一开始同样是要求学生把带来的物品分类，根据学生的分类，在教师的引导下把圆柱和球逐个进行研究，重点放在研究圆柱上。但也发现分类的时间过长。最后就形成了这个起点较低，但直奔主题的方案。

从实际课堂教学进程来看，已较好地体现了教学设想，在课堂上，有收获的不仅仅是学生，还有教师。下列几点体会特别深刻：

1. 重新认识了学生，"学生也能照亮教师"。已经离开讲台6年之久的我，当再次步入课堂时，心情异常复杂。一种感觉是非常明显的，那就是课堂设想不能代表实际的教学进程，课堂上随时会出现"意外事件"；学生有很大的潜力可挖。如在多种方案中，等学生发现"圆柱的上下两个面是圆形的，大小相等"时，我都让学生说说你是怎么发现的。尽管我事先对于可能出现的情况进行了充分的估计，但"滚一滚"的方法来自于学生，是我没有想到的。从这里我真正体会到了"教学相长"的含义。

2. 用活了教材，重新认识了教师劳动的创造性。课本上就这么简简单单的三句话，如果按照认知目标"直观认识圆柱和球，能从多种形状区分出圆柱和球"，那么凭学生原有的生活经验，不上这节课也无大碍。但一本教材就是一本"十万个为什么"，需要教师去挖掘，让学生不仅仅在课堂上获取知识，还要发展能力。

3. 积累了修订教材的第一手材料，为修订教材提供了思路。当时正值我省着手修订教材之际，这次"下水课"所获得的经验和教训，自然就成了这部分内容教材修订的依据。从修订前后的教材内容（见图）中，我们可以看到上述教学实践的痕迹。但是教材毕竟是教材，不可能把整个教学情况都跃然纸上，所以，教师主动驾驭教材是一个永恒的主题。

修订前：

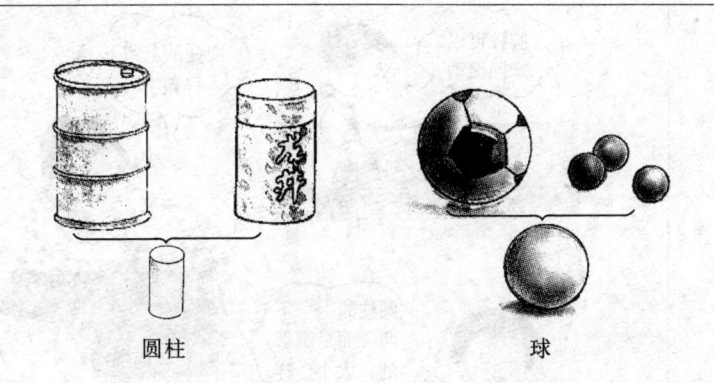

圆柱　　　　　　　　球

看一看，圆柱的上下两个面是什么形状？大小一样吗？
摸一摸，球面是怎样的？
想一想：你见过哪些东西的形状是圆柱？哪些是球？

修订后：

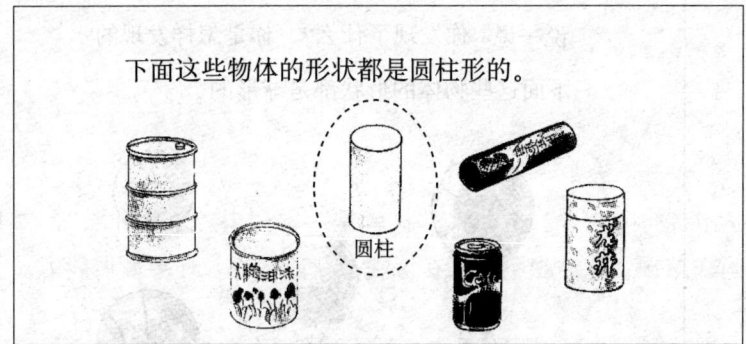

下面这些物体的形状都是圆柱形的。

圆柱

说一说，你还见到过哪些物体的形状是圆柱形的？

说一说，你发现了什么？ 你是怎样发现的？

下面这些物体的形状都是球形的。

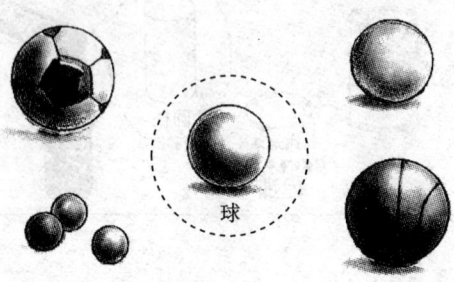

二、典型课例的实践与反思

（二）直线、线段和射线*

教学设想

整节课的设计力求根据儿童的认知规律和数学学科的特点，展现知识的形成过程，让学生通过动手、动口、动脑，比较、归纳出直线、线段和射线各自的特征和相互间的关系；借助计算机辅助教学和儿童的想像，初步感悟"无限延长"的含义以及"从一点出发可以画无数条射线"，渗透极限思想；在指导线段的量法时，特意创设用"破尺"量的情景，旨在培养学生解决实际问题的能力，使教学内容生活化。

课堂实录

一、创设情境，确定目标

电脑演示：大屏幕上出现一个红点。

师：你们看见了什么？（一个红点）如果把这个点按照一定的轨迹滑动一下，会怎样？（形成线）

师：在日常生活中你看到过什么样的线？（学生举例）

电脑演示移动红点，学生画线。

师：仔细观察，大屏幕上的点是怎样移动的，你能把这个点移动后留下的痕迹画下来吗？

教师移动大屏幕上的红点，学生画线，如下页图：

---

* 此课曾获浙江省第五届课堂教学观摩活动一等奖，全国首届录像课评比二等奖，由杭州市学军小学袁晓萍老师执教。

师：你们能把这些线分类吗？（直的线、曲的线）

今天这节课我们就着重来研究"直的线"。板书课题：直的线。

二、教学新课

1. 认识直线。

电脑演示，借助想像，发现特征。

师：在直的线中，我们先来看一条线。大屏幕上出现一条直线，闪动两端。

师：如果把这条线延长，闭上眼睛想像一下，会怎样？

生$_1$：会延长到教室外面。

生$_2$：会延长到天空中去。

生$_3$：到大海边。

生$_4$：无边无际。

……

在此基础上引导得出直线的特征。板书：没有端点，无限延长。

师：像这样没有端点，可以向两端无限延长的直的线，我们把它称作"直线"。

学生自己画直线。

反馈评价后教师在黑板上画了各种各样的直线让学生判断。如下图：

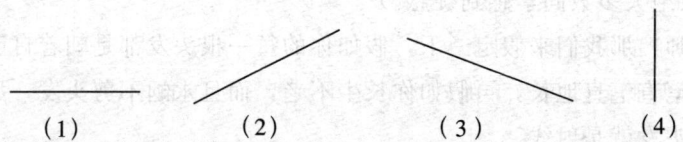

（1）　　　　（2）　　　　（3）　　　　（4）

结果有学生认为（2）、（3）是斜线。

教师讲评。

师：你叫什么名字？

生：×××

师：请你站起来，你叫什么名字？

生：×××

师：这直线也跟你一样，不管是站着还是坐着都还是直线。

2. 认识线段和射线。

师：直的线中，除了没有端点，可以向两端无限延长的直线，还有其他吗？同桌商量一下，把你所发现的画下来。

反馈。

师：介绍一下，你发现了一种怎样的线？

生：我发现了一条线段。出示线段图。

师：它与直线有什么关系？电脑演示说明：线段是直线上的一段。

生：我发现了一条射线。出示射线图。

师：生活中你能找到这样的例子吗？学生举例。

师：我们可以把手电筒和太阳等射出来的光线，看成是射线。你还能举出一些射线的例子吗？

生：手电筒和太阳射出来的光线不是射线，是线段，因为被东西挡住了。头发是射线。

（全班同学笑了。）

师：你们有意见吗？

（绝大多数同学感到疑惑。）

师：那我们来假定一下，假如你的每一根头发都是朝着自己的方向笔直笔直地长，再假如你长生不老，而且永远不剪头发，那么你的头发就是射线。

3. 比较直线、线段和射线的区别。

师：直线、线段和射线有什么相同和不同的地方呢？把你们讨论发现的填在表格中。

图 形	端点个数	延长情况
直线		
线段		
射线		

4. 量和画线段。

师：你能画一条线段吗？先指名画，集体校正后，每人画一条，同桌互相检查。

要知道你画的线段有多长怎么办？学生量线段，同桌互相检查。

电脑演示量线段，强调量法。

师：如果老师这把尺断了，找不到0刻度，怎么办？电脑出示一把缺少0刻度的尺。

师：老师量了一条直线，长是12厘米。怎么样？

（许多学生默认。）

生：不可能，因为直线是无限延长的。

三、全课小结

师：今天这节课你有什么收获？

学生回答（略。）

四、巩固深化

1. 判断练习。哪些是直线？哪些是线段？哪些是射线？

2. 出示（右图）要求学生在半分钟的时间内从一点出发画射线，比谁画得多？

反馈。

师：你画了几条？

生$_1$：5条

生$_2$：7条

生₃：我画了 12 条……

师：有比 12 条还要多的吗？

生₄：我画了 26 条。

师：你能把画的情况到实物投影仪上展示一下吗？（该学生上台展示）

师：如果再给些时间，你们觉得在这张纸上还能再画吗？

生：能。

教师"放大"学生作业纸，边在上面画射线，边说：唉，是还能再画，但看不清楚了，现在我们就请电脑老师来帮忙好吗？接着就进行课件演示，大屏幕上再现了"从一点出发画射线"的过程，最后出现了这样一幅画面：

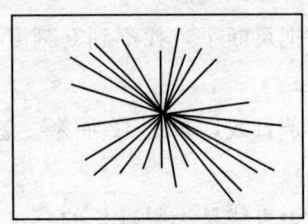

我也画累了，不想再画了。

（三）长方形和正方形的周长[*]

教学设想

学生在本单元已学习了长方形和正方形的认识，知道了长方形和正方形的特征。本节课要在这一基础上，使学生理解周长的含义，会用简便方法计算长方形和正方形的周长，并能解决一些简单的实际问题。同时，培养学生观察、比较和分析推理能力。

本课在设计时，力求充分体现以"学生为本"的教学理念，具体从以下几个方面入手：

1. 以学生现有知识水平为教学起点，合并长方形和正方形的周长为一课时教学，提高课堂教学效益。

按浙江省义务教育六年制小学课本的安排，长方形和正方形的周长分为两课时教学。在教学设计时，我们充分考虑当前学生知识面宽，理解能力强的特点，并从长方形、正方形周长为同一板块的知识体系出发，进行安排设计。在教学中，以长方形周长的计算方法为重点，正方形周长的计算方法只让学生感悟和体验，从而反映出教学设计的目的是为了支持学生的学习过程的整体构想。

2. 以知识的系统性和学生的后续学习为着眼点，拓宽周长概念。

按现有教材，周长的概念描述为围成平面图形边长的总和，叫做它的周长。但从本课教学的地位和学生后续学习考虑，我们把周

---

[*] 此课是浙江省小学数学教学分会第六届年会上的观摩课，由宁波市宁海城中小学刘永宽老师执教。本文曾发表于《小学数学教育》2000年第4期，作者是刘永宽、邱惠芬、宋章豪。

长概念描述为"围成平面图形一周的长度,叫做它的周长"。这样的处理教材,既反映了对教材的正确把握,又规范了知识的系统性。

3. 以实践性为准则,确立解决问题的策略。

本课在概念理解教学上定在感悟的层面。增设研究求周长的策略环节,旨在体现教学的实践性原则,目的是让学生体会解决问题应从方法、策略入手,在比较中得出最佳的最优方案,而长方形周长的计算方法只是最优方案中的一个特殊的具体过程。

4. 确定以学生为主体的探索性的学习模式。

教师尊重学生,发扬教学民主,尽可能让学生充分暴露自己的思维过程,引导学生自主评价,体现教师是学习的组织者、引导者、合作者和共同研究者。

课堂实录

1. 认识周长,让学生感知周长的含义。

出示长方形、正方形、三角形、圆形。指出:这些都是平面图形。

(板书:平面图形)

师:今天这节课,老师和大家一起来研究平面图形的周长。(板书课题:周长)谁知道,周长是什么意思?谁愿意来指一指,这个长方形的周长是指哪里的长度?(学生指一指)你是怎么想到的?

生:我是从周长的名字中想到的,周长就是一周的长度。

师:有不同的想法吗?同学们,围成平面图形一周的长度就是它的周长。

(1) 围成这个长方形一周的长度就叫做这个长方形的什么?

(2) 这个三角形的周长是指哪里的长度?

(3) 这个圆的周长是指哪里的长度?

(4) 书本封面的周长是指哪里的长度?指给全班同学看。

(5) 课桌面的周长是指哪里的长度?指给同桌同学看。

(6)（课件演示）这些图形的周长是指哪里的长度？能描出来吗？（学生练习）（反馈）

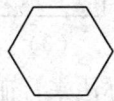 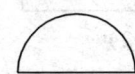 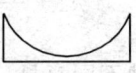 

师：周长在日常生活中的应用非常广泛，你能举出一个周长在日常生活中应用的例子吗？

生：黑板四周铝合金的长度就是这块黑板的周长。

生$_1$：铅笔盒上的这条红线的长度，就是这个铅笔盒面的周长。

生$_2$：做衣服时量的腰围就是人体腰的周长。

师：那到底什么是周长？谁愿意用一句话概括出来？

生$_1$：一周的长度就是周长。

生$_2$：图形一周的长度就是它的周长。

师：教材上是怎样概括的？

（板书：围成平面图形一周的长度，叫做它的周长）

（1）小冬沿着跑道跑一圈，他跑的总长度是不是运动场的周长？

（2）在长方形木板的四周围上铁皮，铁皮的长度是不是这个长方形木板的周长？

（3）红线部分的长度是不是这个正方形的周长？为什么？（指出围成一周）

2. 研究求周长的策略。

师：刚才大家通过找、描、指、举例，知道了周长的意思。周长是有长短的。请判断（见下页图）这个长方形和这个正方形的周长比较：哪一个长一些？

生$_1$：长方形的周长长一些。

生$_2$：正方形的周长长一些。

生$_3$：两个图形的周长一样长。

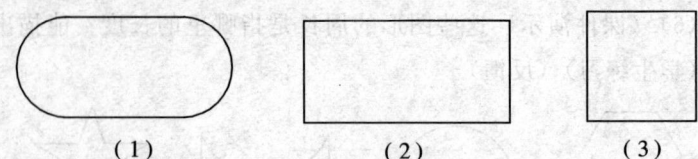

（1）　　　　　　（2）　　　　　　（3）

师：现在有三种不同意见，谁能想出一个比较办法来，证明你的判断是正确的，让大家心服口服，可以独立思考，也可以同桌讨论（学生讨论）（反馈）

生$_1$：我想用一根绳子先"围"，再量绳子长度的比较方法。

生$_2$：我想把长方形和正方形像自行车轮子一样先"滚"一圈再量长度的比较方法。

生$_3$：我想把两个图形的边"拆"开，接起来，再量的比较方法。

生$_4$：我想先量出它们边的长度，再"算"出它们的周长，再比较。

师：大家想到的方法，都可以求出这两个图形的周长，也能比较出它们的长短。如果要求一个长方形游泳池的周长，用哪一种方法比较准确，比较方便呢？

生：用"滚"、"拆"的方法行不通，"围"的方法太麻烦，还是"算"的方法最方便。

师："围"、"滚"、"拆"的方法有时有局限性，算的方法最准确、最方便。今天我们要学习周长的计算。平面图形有很多，这节课我们主要研究长方形和正方形周长的计算方法。（完整课题板书）

3. 探究长方形和正方形周长的计算方法。

师：刚才这位同学想到的先量后算的方法，请问量什么？为什么？（课件演示）

学生计算长方形和正方形的周长。

反馈：（课件演示）

师：大家自己已经总结了长方形周长的三种计算方法，第一种

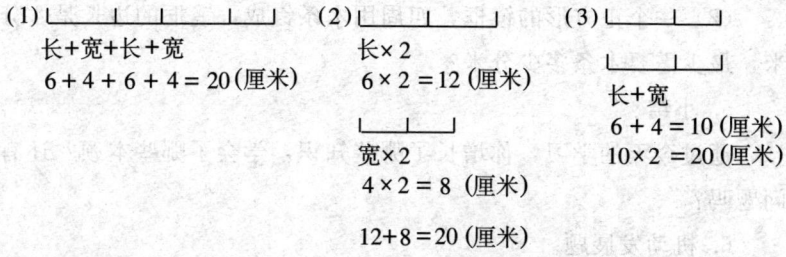

(1) 长+宽+长+宽
6+4+6+4=20(厘米)

(2) 长×2
6×2=12(厘米)

宽×2
4×2=8(厘米)

12+8=20(厘米)

(3) 长+宽
6+4=10(厘米)
10×2=20(厘米)

四条边长连加；第二种运用了长方形对边相等的特征；第三种更巧妙、更简便。三种方法都可以用，但无论用哪一种方法求长方形的周长，都必须知道哪两个条件？

生：求长方形周长，必须知道长和宽。

师：这三种方法你喜欢哪一种，为什么？

生：喜欢第三种方法，因为第三种方法简便。

师：正方形的周长你是怎样计算的？4、20厘米各表示什么？求正方形的周长只要知道什么条件？

生：求正方形的周长只要知道边长一个条件就可以了。

师：经过计算，我们已经准确知道这两个图形的周长一样长，刚才判断两个图形周长一样长的同学是正确的。真不错，大家自己找到了长方形和正方形周长的计算方法。知道了求长方形周长必须知道长和宽这两个条件，最简便的方法是先求出长加宽的和，再乘2。求正方形的周长只要知道边长一个条件，用边长乘4的方法。

长方形和正方形周长计算练习：求下面各图形的周长。

4. 长方形、正方形周长计算的应用。

(1) 一块长方形的台布，长5分米，宽4分米，在它的四周绣上花边，花边长多少分米？

(2) 一个正方形的镜框,四周用木条钉成,镜框的边长是4分米,最少需要木条多少分米?

5. 小结。

通过今天的学习,你增长了哪些知识,学会了哪些本领?还有问题吗?

6. 机动发展题。

(1) 要计算下图的周长,你准备量哪几条边?最少量几条?为什么?

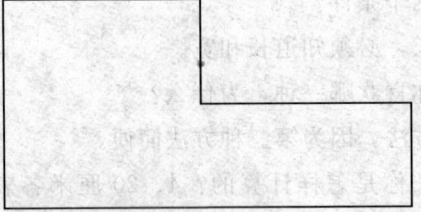

(2) 计算下图的周长呢?

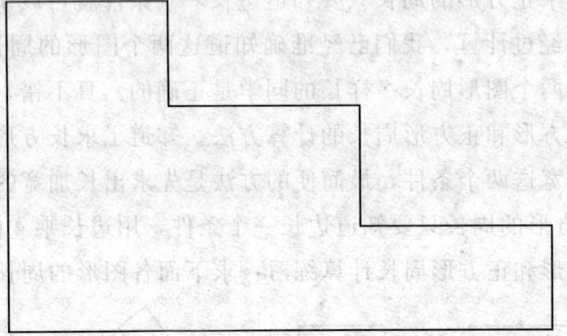

课后反思

"长方形与正方形的周长"是一节教育思想新,教学设计精,教学效果佳的好课。具体体现在以下几个方面:

1. 大胆重组教材。

二、典型课例的实践与反思

本课的教学是在长方形、正方形认识的基础上进行教学的。学生对长方形、正方形的特征已经有了明确的认识，并知道正方形是长和宽相等的长方形。因此，正方形周长的计算实际是长方形周长计算的延伸。教师正是把握了教材的逻辑结构和学生的认知水平，才大胆地把原来两课时分开教学的内容并在一节课进行。实践证明，在教师对教学内容进行灵活的加工与处理后，只要能把握教学的重点，学生是可以掌握的。具体教学时，教师着力引导学生探索长方形周长的计算方法（这里需要说明的是，浙江省编教材在学习这一知识时，学生还未接触过小括号，所以没有把长方形的周长计算公式最后概括为：长方形周长＝（长＋宽）×2），正方形周长的计算便水到渠成，从而提高了课堂教学效率，也为这一部分教材的修改提供了有力的依据。

2. 重视培养解决问题的策略意识。

寻求和应用各种策略去解决各种问题，是数学教学的目标之一。教师成功地把问题解决的策略应用到课堂教学之中。创设情景，让学生带着"如何比较这个长方形和正方形的周长的长短"问题，展开求周长策略的探究。学生或利用手中的学具（尺、绳子）去寻找、发现，或凭直觉和经验加以推测，提出了诸如"围"、"滚"、"拆"、"算"等方法。对于这些方法，教师没有简单地加以肯定或否定，而是十分重视小组讨论与交流，让学生从实践的角度对其可行性加以思考、比较和取舍。在策略的比较中，促进了学生认知能力的发展。这一环节的设计体现了教师"跳出数学教数学"的思想，它带给学生的是：体会到解决问题要从方法、策略入手，通过比较得出最优方法和策略。这种数学素养正是学生全面素质不可缺少的一部分。

3. 重视知识的应用和思维的拓展。

教师从素质教育的高度认识数学应用的问题。纵观全课教学，无不围绕"用"字展开。教学周长概念时例举做衣服要量胸围和腰围：探究求周长策略时，启发学生从应用的角度去发现矛盾，决定取舍；周长计算方法的优化，也是以应用作标准，最简便的为最优；设计练习时，选用了一些联系实际的问题，让学生运用所学知识去解决。另外，教师还在发展学生空间观念的同时，设计了拓展题，作为思维方法的训练。这道题至少使一部分学生能享受到综合运用基础知识和数学思想方法后获得成功的快乐，如果能借助计算机辅助教学，通过课件的动态演示，展示思维过程，便能使更多的学生受到思维的训练。

（四）平均数*

教学设想

平均数是统计中的一个重要概念。小学数学里所讲的平均数是指算术平均数，也就是一组数的和除以这组数量的个数所得的商。在统计中算术平均数常用于表示统计对象的一般水平，它可以反映出一组数量的一般情况，也可以用它来进行不同组数量的比较，以看出组与组之间的区别。尽管从教材编写的角度来看，"平均数"对学生来说是一个新的概念。但在此之前学生已经接触过"平均"的概念，在生活中也已接触了大量的有关平均数的问题。基于这样的认识，我主要从以下几方面来设计这节课。

1. 整体把握目标。

在确定教学目标时，力图体现"发展为本"的理念，不仅注重双基的落实，让学生掌握应用总数量除以总份数求平均数的方法，理解平均数的意义。还非常注重学生学习过程，教学时"以人为本"整体把握每一个环节，使每个环节都蕴涵着多重目标，在意义建构的同时对学生渗透思想教育，让学生掌握一定的数学方法和思想。同时让学生在自主、合作、探索的过程中发展自己，非常注重学生学习过程的情感体验，激发学生的求知欲，力求做到学生的知、情、意、能诸方面得到和谐发展。这节课的目标就从知识目标、能力目标、情感目标三方面加以考虑，制定的教学目标是：（1）初步理解平均数，知道怎么求平均数，会求平均数；（2）渗透

---

* 此课曾获全国第二届录像课评比二等奖，由杭州市学军小学汪培新老师执教。本文曾发表于《小学数学教育》2002年第6期。

移多补少、估算等数学思想方法，能选择灵活的方法解决平均数问题；能从生活中获取信息，解决实际问题，增强应用数学意识。
(3) 在良好的课堂氛围中，激发主动参与的热情，主动建构，学会学习。

2. 注重数学的应用。

应用味与开放性是当前应用题教学改革的一个重要方面。在传统的课堂教学中往往关注着求平均数的数量关系式，让学生在不断分析数量关系的过程中来掌握平均数的计算方法，形成一定的解题技能，做到熟能生巧。训练的内容也是书本上的教师人为编制的封闭的数学题目，很少把数学学习和学生的平时生活相联系。在本节课中一开始就情景引入，让学生根据生活实际提出数据处理的方法与策略，感知平均数的意义；同时在学习的过程中呈现许多生活中的平均数。通过对平均数的分析，来发现问题，体会平均数在生活中的用处；让学生寻找生活中的平均数，最后让学生统计平均身高，直接应用于生活，较好的体现了应用味。这样学生学习的内容是看得见，摸得着的，既富有实际意义，又激起学生学习的兴趣，同时培养学生的一种能力。

3. 让学生参与数学学习的全过程。

以学生为主体，主要是指在学习过程中让学生体验数学知识的形成过程，把教学过程转化为学生创造知识的过程，学生的学习能力也只能在知识的再创造中得以培养。当然，要让学生参与到教学的全过程就必须相信学生，相信每一个学生都有一定的潜能，教育的作用关键是挖掘学生的潜能。学生潜能的挖掘不是靠教师一点一点的分析告诉学生知识，而是要靠学生自己去实践去探索，这也就是现代数学教学与传统数学教学的主要区别。我们认为学生学习是建立在学生已有知识和生活经验的基础上的，学生在日常生活中已经接触了很多的数据，已经初步了解了一些数据整理的方法，甚至有部分学生已经感受到用平均数来处理数据，只不过这种感受是肤浅的。我们在教学中就充分认识到这一点,在学生的发展点上进行教学,和学生一起来处理数据,通过学生的思考、讨论,教师的组织、点拨学会新知,学会学习,同时发展学生的能力。

课堂实录

1. 学习准备。

大屏幕出示学校建筑工地上学生参加搬砖劳动的情境,谈话导入。

师:他们在干什么?

生$_1$:他们在造房子。

生$_2$:他们有的在搬砖,有的在砌墙。

师:我们也去参加好吗?其中有一个红领巾小队搬砖的情况是这样的。(屏幕出示)

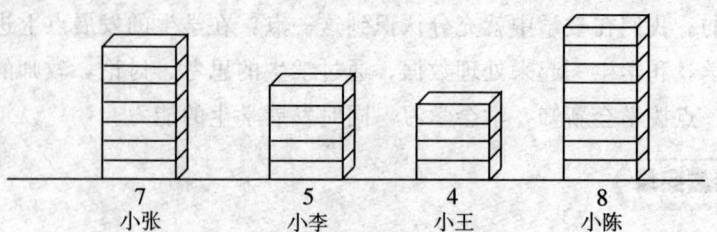

7	5	4	8
小张	小李	小王	小陈

师：看了这些数据，你获得了哪些信息？

生₁：我发现这个红领巾小队有4个人在搬砖。

生₂：我发现小陈搬的最多，小王搬的最少。

生₃：我发现他们搬砖的块数都在4块到8块之间。

师：还有吗？

生₁：我发现前两个人搬的块数是单数，后两个人搬的块数是双数。

生₂：我发现他们总共搬了24块。

生₃：我发现了，知道总数是24块，也就知道了他们平均每人搬6块。

生₄：我还发现他们四个人中，小陈的力气最大，小王的力气最小。

师：你是怎么发现的？

2. 探索新知。

师：刚才有同学发现了这四位同学平均每人搬了6块砖，谁能说说平均是什么意思？

生₁：平均就是一样多。

生₂：平均就是大家都一样。

师：这四位同学搬砖的块数如果都一样多的话，每个人搬了6块，这个数，你能给他取个名字吗？

生：平均数。

师：他是怎么得到平均每人搬6块的呢？（停顿），请同学们拿出学习材料，四人小组讨论一下。最后，推选一位同学介绍你们小组的学习成果。

反馈。

师：哪个小组来汇报一下？

生：我们小组是这样想的，我们大致估计了一下，这四个人如果要使他们同样多，大概在6块左右，所以我们在6块的高度划了一根线。

师：他们用到了估算的方法，我们一起来估算一下，（看大屏幕，教师把一根水平线移到8块的高度），平均数会是这么多吗？

生：不是，因为只有小陈有8块，其他人都比8块要少，所以肯定比8块要少。

师：（继续往下移动水平线到4块的位置）会是这么多吗？

生：也不是，因为除了小王以外，其他人的块数都超过4块，如果把多的移给少的，就没地方移了。平均数肯定比最少的要多。

师：那老师把这根线往上移，移到合适的位置大家一起鼓掌喊停，好吗？（继续把水平线慢慢往上移）

生：鼓掌。（线移到6块的高度）

师：为什么呢？

生：这时候，把小陈超过的2块移给小王，把小张超过的一块移给小李，这样四个人搬的块数就一样多了。也就得到了四个人搬砖块数的平均数，平均每人搬6块。

师：确实，通过这样的方法，使得不一样多的数量，在总数不变的情况下同样多，就得到了他们的平均数。你们能给这种方法取个名字吗？

生$_1$：估计法。

生$_2$：估算法。

生$_3$：移多补少法。

生$_4$：先估算，在移多补少。

师：我们就用同学们想的名字来命名，叫移多补少法。（板书）

还有其他方法吗?

生:我们小组认为,这四位同学的平均数只要把他们的块数加起来,然后除以 4 就可以了。也就是 $(7+5+4+8)÷4$

$$=24÷4$$
$$=6（块）$$

师:大家同意吗?你们是怎么想到这种方法的?

生:我们想,以前学过总数除以份数等于每份数,每份数是每个人都一样的,平均数也是每个人都一样多,所以我们应用这个方法求出平均数。

师:那平均数是不是就是以前学过的每份数呢?为什么?

生:不是的,现在平均每人搬 6 块并不等于每个人真的都有 6 块,而是平均以后的。

师:真不容易,你们用以前学过的方法求出了平均每人搬 6 块。这里 $(7+5+4+8)$ 表示什么?

生$_1$:总块数。

生$_2$:总数。

生$_3$:总数量。

师:我们称它们为总数量好吗?(板书)4 又表示什么呢?

生$_1$:人数。

生$_2$:份数。

师:我们称它为总份数好吗?那你们知道平均数可以怎么求吗?一起说。

生:总数量除以总份数等于平均数。(板书)

师:刚才同学们通过自己讨论,尝试,发现了平均数,学会了求平均数。知道这个红领巾小队平均每人搬 6 块。如果我们全班 40 名同学都去参加,一次可以搬多少块呢?

生:240 块。

师:你是怎么想的?

生：这个红领巾小队平均每人一次搬 6 块，就可以想到我们全班同学平均每人也是搬 6 块。40 位同学，应用上面的公式倒过来想就是平均数乘人数就得到总数量。所以是 6×40＝240 块。

师：清楚吗？这位同学非常大胆，根据平均每人搬 6 块，就推想到我们全班平均每人搬 6 块，从而推算出全班一次搬砖 240 块。真了不起，这就是平均数的一个用处。我们还可以推想出全年级的搬砖块数。

3. 巩固。

师：我们已经学会了求平均数的方法，你们能解决有关平均数的问题吗？老师这里有一组来自西湖博览会的消息。出示下列信息：

（1）美食节开幕后，第一天参观的有 3 万人；第二天参观的有 4 万人；第三天参观的有 1 万人。

（2）李刚参加打靶比赛，第一次中了 7 环，第二次中了 9 环，第三次与第四次共中了 16 环。

师：你能求什么问题？请大家做在练习纸上。（学生开始练习）

反馈时强调：我们在求平均数时要找准总数量与总份数之间的对应关系。

师：平均数问题在我们生活中有很广泛的应用，我从统计部门了解到一组平均数。出示：

（1）1959 年杭州市女性平均寿命是 52 岁，1999 年杭州市女性平均寿命是 72 岁。

（2）1978 年杭州市平均每人住房面积 4 平方米，1999 年杭州市平均每人住房面积 9 平方米。

师：你发现了什么？

生$_1$：我发现每组数据后面一个都比前面一个大。1999 年女性的平均寿命比 1959 年增长了 20 岁，1999 年杭州市人均住房面积比 1978 年大了 5 平方米。

生$_2$：我发现我们的住房越来越宽敞了，杭州市女性的寿命越来越长了。

生$_3$：我认为我们社会发展很快，社会主义建设越来越快了，这都是改革开放的结果。

生$_4$：我认为，我们的环境好了，生活水平也提高了，医疗保健水平也好了。

生$_5$：……

师：是不是杭州市每个人都拥有住房面积9平方米呢？

生$_1$：不是的，这个9平方米是平均数，是所有人的住房总面积除以总人数得到的，有的比9平方米多，有的比9平方米少，也有的刚好是9平方米。

生$_2$：有的人是百万富翁，3个人住着几百平方米的别墅。而有些乞丐以地为床，以天为被，一点住房也没有。

师：我们同学家里的住房面积有多大？

生$_1$：我们家里有3个人，家里住房总共有120多平方米。

生$_2$：我们家里有87平方米。

……

师：你们能算出你们家里平均每人的住房面积吗？

生$_1$：我们家里的人均住房面积是34平方米。

生$_2$：我们家里的人均住房面积是15平方米。我们家有45平方米，总共有3个人，平均每人的住房面积是45÷3＝15平方米。

师：我们同学家里的人均住房面积比9平方米大的有多少？

（全班学生举手）

师：100％的同学都比9平方米大。生活是很幸福的，我们一定要珍惜这样幸福的日子，好好学习。

4. 拓展。

师：生活当中还有哪些地方也用到平均数呢？

学生举例（略）

师：平均数在生活中的用处确实非常广泛，我们学校的卫生室老师非常关心我们同学的身体健康，经常要了解我们同学的平均体重，平均身高等。（大屏幕出示班级座位图）：

师：如果老师想要了解三（5）班第一组 6 位同学的平均身高的情况，你们想一想老师还需要了解些什么？

生$_1$：这 6 位同学的身高分别是多少？

生$_2$：这 6 位同学的总身高。

师：老师了解了这么些数据：（大屏幕出示）

三（5）班第一小组 6 位同学的身高分别是：

人员	1	2	3	4	5	6	平均身高
身高（厘米）	132	133	134	135	136	140	

你们能求出这一小组同学的平均身高吗？自己试一试。

生：（学生练习。）

师：请一位同学来说一说。

生$_1$：我是用总数量除以总份数等于平均数来算的。所以是 $(132+133+134+135+136+140)÷6=135$（厘米）。

生$_2$：我是把每一个人的身高都看成是 130 厘米，$(130×6+$

$2+3+4+5+6+10)÷6=135$（厘米）。

生：我知道了也可以把每个人的身高都看成140厘米。就是 $(140×6-8-7-6-5-4)÷6=135$（厘米）。

生$_3$：我也可以把每个人都有的130先不管，把另外高出的部分平均一下，就是 $130+(2+3+4+5+6+10)÷6=135$（厘米）。

生$_4$：我可以先估算一下，大致在135厘米左右，然后从136厘米里拿1厘米给134厘米，140厘米拿2厘米给133厘米，拿3厘米给132厘米，这样大家都是135厘米了，也就得到这6个人的平均数是135厘米。

师：很好，大家通过自学、观察、动脑想出了这么多的方法，确实如果数据比较集中，就可以用基数法，用移多补少的方法来算平均数，真不错。老师这里还有一组数，是第一排同学的身高，你能很快的求出平均身高吗？

三（5）班第一排6位同学的身高分别是：

人员	1	2	3	4	5	6	平均身高
身高(厘米)	132	131	131	130	129	127	

生$_1$：130厘米。

生$_2$：130厘米。

师：说说你是怎么求的？

生：……

师：这样同一个班里，抽取了两组数据，求出的平均身高是135厘米和130厘米，到底哪一个更接近全班同学的平均身高呢？

生$_1$：135厘米。

生$_2$：130厘米。

师：请认为是135厘米的同学说说理由。

生$_1$：我认为第一组同学有高有矮，全班同学中也是有高有矮，比较相似，而第一排同学都是比较矮的同学，整体的身高肯定比全班的要矮,所以是第一组的同学的平均身高比较接近全班的平均身高。

生$_2$:我同意这个意见,班级里的座位编排是从矮到高往后排的,第一组里的同学有高有矮和全班比较相似。

5. 总结。

师:今天我们一起学习了什么?你有什么收获?

生:我知道了什么是平均数,怎样求平均数,知道了平均数的用处。

生:……

师:今天,通过同学们自己观察、思考、分析、讨论,应用以前学的除法的知识,自己学会了求平均数问题(总数量÷总份数＝平均数)这一基本方法,知道了什么是平均数,了解了平均数的用处,通过平均数的比较,发现我们的国家在不断的前进,发展。在计算过程中,同学们还发现了根据不同的数据特征,还有许多其他的好方法,解决了一些生活中的问题。

课后体会

从本节课的设想到实践体会很多,最深切的有以下两点:

1. 很好地体现了课堂的开放。从情景引入,体验意义,生活应用每一个环节中教师都只是提供了材料,通过对材料的感知,唤起学生对已有知识和经验的回忆,在回忆的过程中进行思考提高,当然提供的材料要符合学生的认知能力,又要能够激起学生再创造的欲望。比如在一开始教师只是出示了四个不等的数量,让学生利用已有知识和经验进行整理,既符合统计的一般规律,又符合学生的认知规律。学生就发现了总数,份数,最大值,最小值,以及这些数量的取值范围,当学生用平均数来处理时,这里学生是受到总数除以份数等于每份数迁移来的,这是学习过程中的同化,后面就是通过顺应区分每份数与平均数的区别来理解领会平均数。就可以体会到平均数并不是代表每个人真正的数据，而是反映了这组数据的大致情况，使学生感悟到平均数的意义，同时也让学生体会到学习的成功。在后面应用的过程中又出示了许多生活中的平均数，让学生围绕这些数据，进行同组数据的对比，结合生活实际进行分析，发现问题，并提出自己的建设性意见，应用于生活，同时提高学生的分析能力，整个过程中让学生的思维处于开放的、积极的状态。

2. 较好地渗透数学思想和方法。如：在新课的引入部分，教师呈现数据，让学生的处理，渗透整理的思想，和统计的一般方法是一致的。在计算平均数前让学生利用平均数的意义进行估计这组数的平均数的范围和平均数的值，渗透估算的思想，既培养了学生的估算能力，又加深了对平均数的理解。在最后环节，让学生比较两组不同的学生求出的平均数。让学生感悟，要使平均数真实可靠还需要考虑数据收集的方法，收集的数据要有代表性，从而渗透抽样的思想。

（五）分数的意义*

教学设想

"分数的意义"是一节概念课，我们在概念课的教学设计中坚持这样的一个理念：概念教学要注意数学活动的过程，即在数学领域内思维活动的教学，而不仅仅是数学活动的结果——数学知识的教学。因此整节课的教学目标是：学生通过操作活动，在原有对分数的生活基础与运用价值的感知基础上，经历主动探究分数意义的过程，建立分数的概念并理解单位"1"的含义，在学习过程中让学生经历丰富的（合作、成功、失败、兴趣、愉悦）情感体验。围绕这一目标，在设计数学过程时力求以下三方面有所突破。

1. 重新组合教学内容，安排最佳的教学顺序。

当概念作为教材的一个知识点时，教材的编写往往根据知识的结构展示概念发生的顺序。然而，很多情况下学生的认知结构和教材的知识结构会产生冲突，教材的呈现顺序不适合直接作为学生学习的顺序。学生经历了第八册"分数的初步认识"的学习，第九册"分数的意义"在学生的头脑中已经成为下位概念。因此，我们在教学中抓住教学的起点——学生已经知道了什么，突破教学的重点——对1个整体及"1"的理解，重新组合教学内容，力求安排更为合理的教学顺序，使教学顺序更有利于促进学生对新知识的主

---

* 此课是浙江省基础教育科研 2000 年规划课题"关于小学数学课堂教学设计的原则与策略研究"阶段性成果展示活动的一节观摩课，曾获全国录像课评比一等奖，由杭州市阳光小学丁杭缨老师执教。本文曾发表于《小学数学教育》2002 年第 1、2 期。

动建构。

2. 把概念作为一个要解决的问题呈现。

概念作为一个数学知识，有其发生、发展的过程，只有让学生经历概念的"来龙去脉"，学习才会充满兴趣和动力。因此，在概念的引入中我们尝试让概念作为一个要解决的问题呈现在学生的面前，学生已经感知了分数的由来、读写，随着时间推移、经验的积累，当第二次学习分数概念的时候，需要呈现的问题包含更多的内容：如直接在把一个物体为单位"1"和把一个整体作为单位"1"的情景中尝试表示 $\frac{1}{4}$，感知单位"1"的不同表示形式等。

3. 让概念学习具有一定的开放度。

概念学习并不是枯燥的，用概念自身的魅力及教材的内在智力因素可以让概念学习也有一定的开放度。本节课的练习设计突出两点：一是注重教学材料的开放性和思考性，让学生有自主选择的权利和广阔的思维空间，如："任选一幅图表示 $\frac{5}{6}$"中突出了单位"1"的动态变化、分数与所对应的量之间的联系、"平均分"概念的进一步深入、分数基本性质的渗透；二是体现"小课堂、大社会"，如：最后一题中"红色占整个图形面积的几分之几？""浙江省占全国面积的几分之几？"既渗透了数形结合的思想，有助于学生空间观念的建立，也让学生看到了分数与生活的联系，感悟了生活中的数学。

课堂实录

一、新课导入

师：(板书 $\frac{1}{4}$)认识吗？(学生读)

师：今天我们继续学习分数。(板书：课题)关于 $\frac{1}{4}$，你知道些什么?

生₁：例如把一个西瓜平均分成 4 份，吃了其中的 1 份，可以说吃了这个西瓜的 $\frac{1}{4}$。

生₂：$\frac{1}{4}$ 还可以表示把一个正方形平均分成 4 份，表示其中的 1 份。

生₃：$\frac{1}{4}$ 中间的一条是分数线，分数线上面的是分子，分数线下面的是分母。

生₄：$\frac{1}{4}$ 表示 0.25。

生₅：$\frac{1}{4}$ 是真分数。

师：你怎么知道的？

生₅：课外书上看来的。

师：还有别的说法吗？

二、新课展开

1. 师：如果用图表示 $\frac{1}{4}$，100 个人会有 100 种表示方法。老师这儿有一些图，你能在每一幅图上表示出它的 $\frac{1}{4}$ 吗？在小组里交流你这样表示的理由。

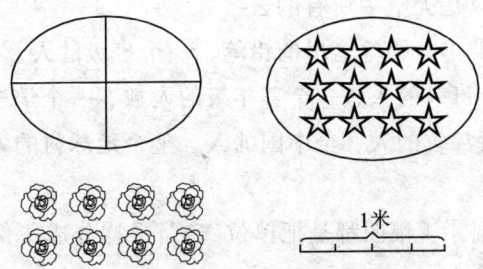

2. 学生在小组交流用 $\frac{1}{4}$ 表示的理由。

全班交流、质疑。（媒体演示）

3. 师：在表示 $\frac{1}{4}$ 的过程中，你有什么发现？（它们是怎么分的？它们分的对象相同吗？）

生$_1$：我发现它们都是把东西平均分成4份，表示这样的1份。

生$_2$：我发现它们也有不共同的地方：有的是把1个图形平均分、有的是把1米平均分、有的是把12个五角星、8朵花平均分。

师：它们平均分的对象不同，（媒体演示）如果我们把一个实物、一个图形、一个计量单位称单个物体，那么由许多个单个物体组成的如12个五角星、8朵花，我们称作一个整体。

师：像这样的一个实物、一个图形、一个计量单位、一个整体都可以把它叫做单位"1"。（板书：单位"1"）单位"1"可以指哪一些？

生：单位"1"可以是一个实物、一个图形、一个计量单位、一个整体。

师：一个计量单位除了1米还可以是哪些？

生：1千克、1小时。

师：关于这个整体，你能举一些例子吗？

生$_1$：这个整体可以是一堆西瓜、一盒饼干。

生$_2$：可以是天空中所有的云。

生$_3$：一群羊、铅笔盒里的铅笔、一个班级的人。

师：一个班级的人、一个五年级的人数、一个学校的人数、杭州市的人、浙江省的人、全中国的人、整个地球村的人、一项城域网的建设工程。

4. 师：刚才4幅图都是把单位"1"平均分成4份，表示这样的1份，我们可以用 $\frac{1}{4}$ 表示，其余的部分可以用什么分数表示？

生：用 $\frac{3}{4}$ 来表示。

师：为什么呢？$\frac{3}{4}$ 表示什么意思？

生$_1$：因为把单位"1"平均分成 4 份，其余的部分表示这样的 3 份。

生$_2$：其余部分有 3 个 $\frac{1}{4}$，所以可以用 $\frac{3}{4}$ 表示。

生$_3$：$\frac{3}{4}$ 表示把单位"1"平均分成 4 份，表示这样的 3 份。

5. 师：如果把单位"1"平均分成 7 份，表示这样的 5 份，用什么分数表示？如果把单位"1"平均分成 21 份，表示这样的 8 份，用什么分数表示？

……

师：像这样的分数还能举吗？

生：举不完。

师：看来分数有无穷多个。

三、总结

1. 师：到底什么是分数，你能试着用文字描述一下什么是分数吗？

生$_1$：分数就是把 1 个物体平均分成几份，表示这样的几份。

生$_2$：把单位"1"平均分成几份，表示这样的几份。

生$_3$：把单位"1"平均分成几份，表示这样的 1 份或几份。

师：书上是这样描述的：把单位"1"平均分成若干份，表示这样一份或者几份的数，叫分数。（板书）（学生自由朗读）

2. 师：请以 4 人小组为单位，任意写 4 个分数，说说这个分数的意义。（学生反馈：各组写的分数及其意义。）

师：老师发现我们班男生人数占全班人数的 $\frac{14}{25}$，这个 $\frac{14}{25}$ 表示什么意思？

生：$\frac{14}{25}$表示把单位"1"平均分成25份，表示这样的14份。

师：谁是单位"1"？平均分成几份？男生人数占其中的几份？

师：黑板上的分数，分母分别是4、7、21表示什么意思？

生：表示把单位"1"平均分成若干份的这个若干份。

师：分子又表示什么意思？

生：表示这样一份或者几份的数就是分子。（板书）

师：把单位"1"平均分成若干份，表示这样一份的数就是分数的分数单位，如$\frac{3}{4}$的分数单位是$\frac{1}{4}$。说说黑板上的这些分数的分数单位是什么？（学生逐一指出）

师：你发现这些分数的分数单位有什么特点？

生：它们都是几分之一。

师：为什么？

生：因为分数单位把单位"1"平均分成若干份，表示这样一份的数就是分数的分数单位。

3. 师：黑板上这些分数分别有几个这样的分数单位？

（学生逐一回答）指出你们写的分数中的分数单位以及有几个这样的分数单位。

小组交流。

四、巩固延伸

1. 独立作业。（课本练习）

反馈。（以（3）为重点，媒体演示。）

（1）用分数表示图中的空白部分：

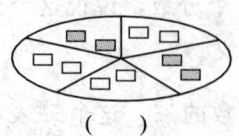
（   ）

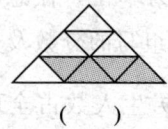
（   ）

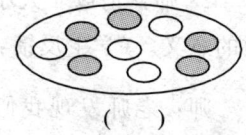
（   ）

（2）指出直线上 a、b、c、d 各点各表示几分之几？

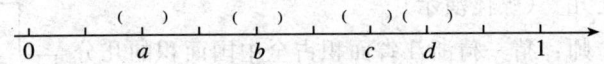

（3）用直线上的点表示 $\frac{1}{2}$、$\frac{3}{4}$、$\frac{7}{8}$。

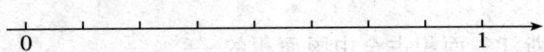

2. 任选一幅图表示出它的 $\frac{5}{6}$。

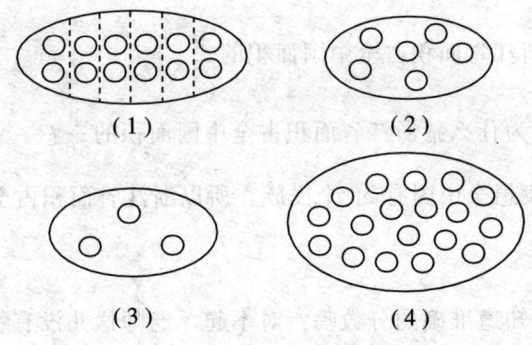

（学生反馈，其中（1）分别用 $\frac{5}{6}$、$\frac{10}{12}$、$\frac{20}{24}$ 表示，（4）用 $\frac{5}{6}$、$\frac{15}{18}$ 表示。）

师：如果让你来出题，你会画几个圆？

生：36个、48个……

师：（质疑）你有什么要问的？

生$_1$：为什么都是 $\frac{5}{6}$，可每一幅图中的圆的个数不一样？

生$_2$：因为每一幅图中的单位"1"中的个数不一样。

（渗透单位"1"的具体量、分数与所对应的具体量、分数的基本性质。）

3. 发展练习。

(1) 测一测你的眼力：涂色部分占整个图形面积的几分之几？（媒体演示）

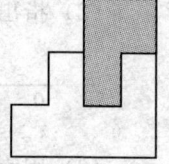

(2) 师：猜一猜浙江省面积占全中国面积的几分之几？

（媒体演示中国地图）

生$_1$：浙江省面积占全中国面积的$\frac{1}{100}$。

生$_2$：浙江省面积占全中国面积的$\frac{1}{76}$。

生$_3$：浙江省面积占全中国面积的$\frac{1}{56}$。

师：你为什么猜浙江省面积占全中国面积的$\frac{1}{56}$？

生$_3$：我想全中国有56个民族，所以浙江省面积占全中国面积的$\frac{1}{56}$。

师：想知道准确的分数吗？对不起，老师这儿没有答案。怎么办呢？

生$_1$：回家自己想。

生$_2$：到图书馆查资料、到网上查资料。

师：好办法，请你们顺便查一下浙江省人口占全国的几分之几？根据你得到的这两组数据，你想到些什么？在下一次的数学活动课中大家来交流。

课后体会

"分数的意义"是一节常规性的观摩课，关于这节课的教案不少，如何体现"观念更新、基础要实、思维要活"，是我在备课中一直思索的问题，经过对这节课的探索和研究，除了前面教学设想中提到的还有下面几点是我感悟最深的：

二、典型课例的实践与反思

1. 以往"分数的意义"一课的教学少不了操作环节。

而设计这节课时,也考虑了这一环节,所不同的是把它仅仅作为一个"选用环节"。根据课堂上学生的情况加以取舍。如果让学生用四幅图表示 $\frac{1}{4}$,大多数学生连用第一个图(一个图)表示都有困难,那么紧接着就安排操作环节,如让学生动手折一折、分一分长方形或正方形的纸。但从这节课的课堂实录中可以看到,学生的教学起点并不在此。相反,远远超出了教师的想像,连分数与除法的关系、真分数都知道了。这样这一操作环节就用不上了。

2. 让数学课具有应用味,复杂问题可以做简单处理。

以往我们对于数学与生活的联系的理解过于追求形式,为了上一节课,需要挖空心思地去创设情境。而在这节课中大大简化了这些情境,通过简单的处理同样达到了目的。如,让学生对一个整体看作单位"1"的举例,最后让他们猜测浙江省面积占全国面积的几分之几。这些环节花时不多,效果很好,拓宽了学生学习的渠道。让学生感悟了数学与生活的联系的同时,知道了书上没有答案、电脑中没有答案可以课外自己去找。

3. 以学生为主体的课堂,绝不意味着可以忽视教师的主导作用。

课前要充分估计学生学习的难点,课中要对这些难点进行点拨和引导。如独立作业的第 3 小题,要求学生用直线上的点表示 $\frac{1}{2}$、$\frac{3}{4}$、$\frac{7}{8}$。在小学阶段学生还未接触数轴的概念,要用直线上的点来表示一个数值,往往是学生学习的一个难点。在本节课中,反馈独立作业,当老师问到有什么困难时,大多数学生解答这题有困难。这时教师就用事先设计好的多媒体课件进行了演示,分别用闪烁从"0"到相应的"点"的一条线段,来帮助学生理解,从而解决了学生学习中的难点。

（六）质数与合数*

教学设想

这是一节比较抽象的数的概念课，在教学设计上突出以下几点：一是力求理顺知识间的内在联系，沟通例题教学，引导学生自己通过分类、举例理解概念，在运用概念进行判断中得出最佳方法。二是让学生参与学习材料的提供，并且注意就地取材，充实教学内容，使教学内容生活化。三是努力创设情景，适当渗透数学思想方法。

课堂实录

一、复习准备

1. 导入。

师：今天我们这里举行的是华东六省一市小学数学课堂教学观摩研讨会，谁能说一说这里的 6 和 1 有什么关系？（板书 6、1）

生：6 是 1 的倍数，1 是 6 的约数。

师：6 的约数还有哪些？

2. 师：同学们都有自己的学号，请你把表示你学号数的约数写在纸上。

指名反馈，教师板书：21 的约数：1、3、7、21

7 的约数：1、7

---

* 此课曾获华东六省一市第四届课堂教学观摩活动一等奖，全国首届录像课评比一等奖，由嘉兴市秀城区实验小学钟麒生老师执教。有关教学实录与评析曾发表在《山东教育》1999 年第 9 期，作者是钟麒生和邱正平。

29 的约数：1、29

2 的约数：1、2

24 的约数：1、2、3、4、6、8、12、24

师：超过 4 个约数的还有吗？

生：16。

师：其他同学互相介绍一下。

3. 师：请同学们仔细观察，把这些数分分类，同桌互相可以议一议。

反馈：

生$_1$：奇数、偶数。

生$_2$：按约数的个数分为三类（按含有 2 的约数等进行）

生$_3$：按约数的个数分两类。

生$_4$：按两位数、一位数来分。

师：这些数可以按奇数、偶数来分……我们今天这节课就重点来研究按照约数个数来分的情况。

二、新课展开

1. 建立质数、合数的概念。

师：（指黑板）这一类就叫做质数，这一类就叫做合数。那么什么叫质数，什么叫合数呢？有困难的同学可以同桌议一议。

生：质数的约数是 1 和它本身。合数的约数是 1 和它本身，还有其他的。

师：谁再来说一说？

指名回答。师板书：(1、它本身)、(1、它本身、其他约数)

师：看看书本上是怎么说的？指导看书，要求同桌互相交流一下。

反馈：你对质数、合数是怎么理解的？

2. 理解概念。

师：你能自己举一些例子吗？写在本子上。

反馈：

质数：5、11、13、17、19、31、59、61

合数：72

师：如果继续让你举例，你还能举吗？那黑板这么小怎么办？（省略号）

3. 质数、合数的判断方法。

师：判断一下黑板上的数举得对不对？指名回答。

师：17为什么是质数？15为什么是合数？

同桌互相检查一下找得对不对。

师：你们班上课来了多少人？（48）

本来有多少人？（73）

在听课的老师中有多少是钟老师的老乡？老师到会务组了解到是51人。来得最多的是江西，有125人。

所有这些数你能用手势表示它们是质数还是合数吗？学生判断。指名说说理由。

师：全体听课老师有2512人，这个数是质数还是合数呢？用手势表示。

你有什么好方法向大家介绍一下？

生：除了1和它本身，还有2。

师：你们听清楚了吗？就用这个方法来试一试。2884、1386 732 510

师结合前面的人数，小结方法。

4. 出示"1"，用手势判断。

其中有一生回答：1是质数，因为除了1，还有它本身。

师：它本身还是1。

5. 小结。

师：如果自然数按照约数个数来分的话就可以分为三类。形成板书：

| 质数 | 1 | 合数 |

你们还有什么问题?

三、巩固延伸

要求在黑板上找一找:哪些是奇数?哪些是奇数又是合数?哪些是偶数又是质数?

学生写在纸上,教师巡视。

反馈。

师:既是偶数又是质数的只有 2,其他偶数有可能是质数吗?为什么?同桌互相检查一下,你找对了吗?

出示 2~50 的数,要求很快找出质数。

(课本要求先划掉 2 的倍数,再依次划掉 3、5、7(2、3、5、7 本身不划掉),剩下的都是什么数?)

反馈,要求介绍一下你有什么好方法。

师:这就是古希腊数学家发明的筛选法,在日常生活中经常用到。请大家继续完成。

把下面各数写成两个质数的和。

6 = (　　) + (　　)　　　　8 = (　　) + (　　)

10 = (　　) + (　　)　　　　12 = (　　) + (　　)

14、16、18……

师:是不是所有的偶数都能写成两个质数的和呢?这就是著名数学家哥德巴赫猜想之一,同学们课后可以去思考。

（七）真分数与假分数*

教学设想

　　这是一节看似简单的概念课，在教学设计上力求有新的思路。一方面根据概念教学的特点，恰当地应用教具和学具，通过演示、操作、观察和比较，由具体感知到形成表象，再逐步抽象概括出真分数和假分数的意义；另一方面遵循小学生的心理特点和认识规律，注意在概念的引入和形成的过程中，充分发挥教师的主导作用和学生的主体作用，做到了"教师教不越位，学生学习到位"。在教学中，始终从知识的整体出发，着眼整体。在教学目标的把握上，已跳出了传统认知技能的框框，能注重数学能力的培养，特别是结合教学内容适时地进行了数学思想方法的渗透，如极限思想的渗透力求到位。整节课重点突出，教学结构严谨，环环紧扣，注意一题多用，提高课堂教学效率。课堂上多次组织小组讨论，同桌合作，真正地让全体学生主动、有效地参与教学的全过程。

课堂实录

　　一、谈话导入，揭示课题

　　这节课我们继续学习分数的有关知识（出示课题），请同学们齐读课题。分数怎么还有真假之分呢？通过这节课的学习，我们就能明白其中的奥秘了。

---

* 此课曾获华东六省一市第三届课堂教学观摩教学活动一等奖，由舟山南海实验学校苏明杰老师执教。教学实录与评析曾发表于《福建教育》1998年第7、8期，作者是苏明杰和斯苗儿。

二、认识真分数和假分数

（一）复习旧知，迁移类推。

1. 用阴影部分或直线上的点表示下列各分数。

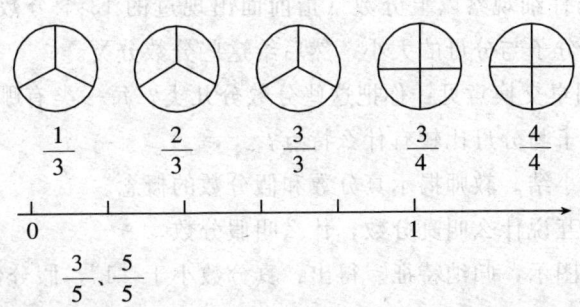

$\dfrac{3}{5}$、$\dfrac{5}{5}$

2. 汇报、讲评。

提问：$\dfrac{2}{3}$、$\dfrac{4}{4}$ 为什么这样表示？在 $\dfrac{2}{3}$、$\dfrac{4}{4}$ 的图示中，"表示的份数"与"把单位 1 平均分的份数"相比，结果分别如何？

3. 老师这里有一个分数 $\dfrac{5}{4}$，请同学们拿出老师发下的一张圆纸片，也用圆面上的阴影部分来表示它。学生操作，教师巡视并提示：你们遇到了什么困难？同桌之间可以互相交换意见，并共同协作解决这个问题。

汇报小结 $\dfrac{5}{4}$ 的意义，同桌互相说一说。

刚才我们用增加一单位"1"的方法成功地用阴影部分表示了 $\dfrac{5}{4}$。下面请你们用直线上的点表示分数 $\dfrac{7}{5}$。

汇报小结。教师指出这条直线上（实际是数轴）从 0 到 1 看作一个单位"1"，从 1 到 2 又是一个单位"1"，再要求学生说出从 0 到 $\dfrac{7}{5}$ 后面两个点分别可表示什么分数。如果有更大的分数需要表示该怎么办？（让学生懂得可以根据需要把这条直线无限延长，初步

感知数的有序性、无限性）

看图填分数。

（二）揭示概念。

1. 请仔细观察以上分数（指前面出现过的 13 个分数），比较每个分数分子与分母的大小，然后给这些分数分类。

2. 同桌交换意见：你把这些分数分几类？每一类有哪些分数？它们的分子与分母比较有什么特点？

汇报小结。教师揭示真分数和假分数的概念。

同桌互说什么叫真分数，什么叫假分数。

结合图示，归纳特征。得出：真分数小于"1"，假分数等于或大于"1"。

真分数和假分数你还能说出哪些？学生举例。如果有足够的时间让同学们一直说下去，你们可以说出多少来？教师分别板书几个真分数和假分数后，用省略号表示。

三、巩固、运用概念

用手势判断下面的分数中哪些是真分数，哪些是假分数？

$$\frac{1}{3} \quad \frac{3}{3} \quad \frac{5}{3} \quad \frac{1}{6} \quad \frac{6}{6} \quad \frac{7}{6} \quad \frac{13}{6} \quad \frac{5}{6}$$

用直线上的点表示上述分数（学生各自在练习纸上完成），看一看真假分数分别在哪一段上，并说一说为什么。

学习把分子是分母的倍数的假分数化成整数。

1. 仔细观察上题中哪些分数正好与直线上的整数在同一点上？它们的分子与分母有什么关系？

2. 我们很直观的看到分子恰好是分母倍数的假分数，实际上就是整数，我们可以根据已有的知识把这样的假分数化成整数。

投影出示：$\frac{3}{3}=$（　　）你是怎么想的？（因为 $\frac{3}{3}=3\div 3=1$，所以 $\frac{3}{3}$ 化成整数是 1，这是根据分数与除法的关系来想的；3 个 $\frac{1}{3}$

正好是一个圆,所以 $\frac{3}{3}$ 化成整数是1,这是根据分数的意义来想的。)

教师用抽拉片进行演示,3个 $\frac{1}{3}$ 正好是一个圆。

投影出示:$\frac{8}{4}$ =（　　）可以怎样想?

师生小结:说一说假分数化成整数可以通过怎样的途径来得到。

做一做:把 $\frac{8}{2}$、$\frac{9}{3}$、$\frac{4}{4}$、$\frac{12}{6}$ 化成整数。

四、看书、质疑

课堂练习

1. 读出下列分数,再把它们分别填在下面的圈里。

$\frac{1}{4}$　$\frac{3}{2}$　$\frac{6}{6}$　$\frac{14}{15}$　$\frac{24}{12}$　$\frac{39}{40}$　$\frac{27}{16}$

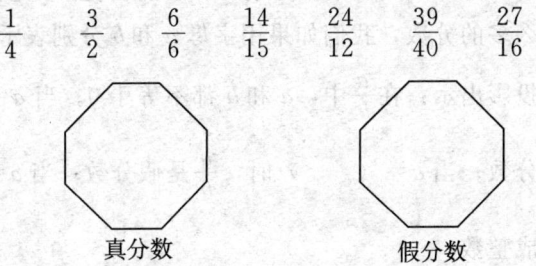

真分数　　　　　　　　假分数

2. 把下面的假分数化成整数。

$\frac{15}{3}$　$\frac{7}{7}$　$\frac{30}{10}$　$\frac{72}{24}$　$\frac{80}{80}$　$\frac{13}{1}$

投影出示:

$\frac{1}{2}$	$\frac{2}{2}$	$\frac{3}{2}$	$\frac{4}{2}$	$\frac{5}{2}$	$\frac{6}{2}$	$\frac{7}{2}$	$\frac{8}{2}$	$\frac{9}{2}$	$\frac{10}{2}$	……
$\frac{1}{3}$	$\frac{2}{3}$	$\frac{3}{3}$	$\frac{4}{3}$	$\frac{5}{3}$	$\frac{6}{3}$	$\frac{7}{3}$	$\frac{8}{3}$	$\frac{9}{3}$	$\frac{10}{3}$	……
$\frac{1}{4}$	$\frac{2}{4}$	$\frac{3}{4}$	$\frac{4}{4}$	$\frac{5}{4}$	$\frac{6}{4}$	$\frac{7}{4}$	$\frac{8}{4}$	$\frac{9}{4}$	$\frac{10}{4}$	……
$\frac{1}{5}$	$\frac{2}{5}$	$\frac{3}{5}$	$\frac{4}{5}$	$\frac{5}{5}$	$\frac{6}{5}$	$\frac{7}{5}$	$\frac{8}{5}$	$\frac{9}{5}$	$\frac{10}{5}$	……

观察并思考：

(1) 表中哪些是真分数？这些分数比"1"怎样？（用红色覆盖片盖上）

(2) 哪些是假分数？（用绿色覆盖片盖上）哪些假分数等于"1"？哪些假分数大于"1"？请同学们观察：分母是2的真分数有几个？分母是3、4呢？是5呢？想一想，真分数的个数与它的分母有什么关系？分母是6的真分数有几个？分母是10呢？

(3) 这么多的分数，我们如果用字母 a 和 b 分别表示它们的分子和分母。投影出示：在 $\frac{a}{b}$ 中，a 和 b 都不等于0。当 $a=$（　　）时，$\frac{a}{b}$ 是真分数；当 $a=$（　　）时，$\frac{a}{b}$ 是假分数；当 $a=$（　　）时，$\frac{a}{b}$ 能化成整数。

五、全课小结

1. 填空。

真分数和假分数其实都是（　　）。

教师讲述：原来这里的真假两词已不是本来意义上的真假了，只不过作为我们分数分类中的两个名称而已。（板书：分数）

2. 通过这节课的学习，你懂得了什么？

（八）能被 2、3、5 整除的数的特征*

> **教学设想**

"能被 2、3、5 整除的数的特征"是学生在理解整除这一概念的基础上，对数的整除性的进一步学习，根据学生原有的认知基础和认识规律，并结合以"学生为本"的教学理念，在本课设计中，主要力求突出以下几点：

1. 目标确定——注重"双基"，强调整合。

在确定教学目标时，力图体现"发展为本"的教学理念，不仅凸现"双基"要求，切实掌握能被 2、3、5 整除的数的特征，并能正确运用这一特征判断；而且十分注重凸现学习过程的体验、学习方法的获得等方面的发展性目标，让学生通过观察、探索、讨论，培养学生独立探寻问题的能力及合作精神，激发学生的求知欲，努力使学生在知、能、情、意诸方面得到发展。

2. 教材处理——尊重教材，不"唯"教材。

教材是落实教学大纲，实现教学计划的重要载体，也是教师进行课堂教学的主要依据。教材内容是教学内容的一个组成部分，但不是全部。在尊重教材的基础上，根据学生的实际可以对教材内容进行有目的的选择、补充或调整。基于这一认识，在设计这节课时对教材内容进行了大胆的处理。一是把能被 2、5 整除的数的特征与能被 3 整除的数的特征整合在一节课内进行教学。二是重新设计

---

* 此课是浙江省小学数学教学分会第六届年会的观摩课，由杭州市采荷第二小学郑国良老师执教。本文曾发表于《小学数学教育》2001 年第 4 期，作者是郑国良和平国强。

例题，通过用"0～9这10个数字组三位数，再判断其中分别能被2、3、5整除的数各有哪些，来探索发现能被2、3、5整除的数的特征。这样处理的意图，一方面力图使学生整体把握整除特征；另一方面力图使学习内容具有较强的灵活性，以促进学生的思维，培养学生的观察、分析、判断等能力。

3. 学生分析——尊重学生，找准起点。

对学生学习起点的正确估计是设计适合每个学生自主学习的教学过程的基本点，它直接影响新知识的学习程度。我们在教学设计时应十分注重学生原有的认知基础，促进新旧知识间的同化与顺应。因此，设计时，我考虑不直接给出能被2、3、5整除的数，让学生去观察特征，而是只给0～9这10个数字，让学生自己组数、自己利用整除的概念去判断数的整除性。把数的特征同化到整除中去，最后再观察、概括整除特征，实现认知结构的扩展。这样顺着学生的思路来设计例题，我感到既注重了概念的同化，又发挥了学生的主体作用，学生学习概念的激情也会高涨。

4. 学习材料构建——取之于"民"，用之于"民"。

现实的生活材料，能激发学生兴趣，产生亲切感，认识到现实生活中隐藏着丰富的数学问题。因此，数学学习材料的选择应十分注意联系学生生活实际。所以我感到在本节课中涉及到的数字也应尽可能从生活素材中提炼出来。于是，我设计了课一开始，通过向学生介绍学校和老师的情况，让学生介绍自己的情况，从中不断收集到典型数字：学校学生人数、班级人数、邮政编码、教师工资数等。这样设计一方面是想以此激发学生的学习兴趣，同时也力图拉近师生之间的距离，渲染课堂气氛。

课堂实录

1. 谈话引入。（略）

教师根据谈话搜集到的数字依次板书：5、1、40、22、18、

25、1395、310016、722。

师：如果现在我们把黑板上的人数、邮政编码、工资都看成一个数，你们能马上判断出哪些数能被 2 整除，哪些数能被 3 整除，哪些数能被 5 整除？

生：……（回答不上来）

师：好，今天我们就来研究能被 2、3、5 整除的数究竟有什么特征。

（板书：能被 2、3、5 整除的数的特征）

2. 展开。

师：请同学们在 0~9 这 10 个数字中，每人任意挑选三个数字组成三位数，这样的三位数可以组成几个？然后请同学看一看，算一算，想一想你写的三位数中哪些数能被 5 整除？哪些数能被 2 整除？哪些数能被 3 整除？有困难的同学可以相互讨论，也可以与老师一起讨论（学生操作练习并反馈（略））。教师根据学生反馈依次填入反馈表中：

选择的数	能被 5 整除的数	能被 2 整除的数	能被 3 整除的数
1、6、8		618、186、168、816	681、186、816、861
6、8、0	680、860	680、608、806、860	
4、9、8		498、894、984、948	489、849、948、984
2、7、0	270、720	702、720、270	270、207、702、720
3、2、5	325、235	352、532	
……	……	……	

师：请同学们先仔细观察表中和自己练习纸上能被 5、2、3 整除的数，再四人小组讨论一下：你觉得能被 5、2、3 整除的数的特征是什么？

（学生小组讨论）

师：首先谁来说一说能被 5 整除的数的特征是什么？

生：能被 5 整除的数个位上是 0 或 5。

师：你能举些例子来说明吗？

生：比如表中 680、325，我自己纸上的 745 个位上都是 0 或 5。

师：其他同学有意见吗？

生：没有。

师：刚才我们观察的都是三位数，那么是不是任何整数，只要能被 5 整除，个位上一定是 0 或 5？同学们任意写一个能被 5 整除的数验证一下。

生$_1$：如 12345 能被 5 整除，个位上就是 5。

生$_2$：如 60 也能被 5 整除，个位上是 0。

师：那么不管是几位数，能被 5 整除个位上一定是 0 或 5，是吗？

（板书：能被 5 整除数的特征是：个位上是 0 或 5）

师：我们再来讨论能被 2 整除的数的特征是什么。

生：能被 2 整除的数个位上都是双数。

师：个位上是双数，具体是指哪些数？

生：个位上的双数是指 0、2、4、6、8。

师：那么能被 2 整除的数个位上非要双数，单数行吗？

生齐说：不行。

师：那请你任意写一个个位上是单数的数，验证一下你们的结论。

（学生验证不行）

师：那看来能被 2 整除的数个位上一定要是 0、2、4、6 或 8。

（板书：能被 2 整除的数的特征是：个位上是 0、2、4、6 或 8。）

师：同学们刚才通过自己组数、观察、验证，知道了能被 5、2 整除的数的特征，那么能被 3 整除的数有什么特征呢？

生$_1$：我认为只要这个数个位上是 3 的倍数，就能被 3 整除，比如489。

师：你们赞成他的意见吗？

生₂：我不赞成。如948，个位上8就不是3的倍数，但948仍然能被3整除。

师：请同学们观察一下表格中能被3整除的数个位上分别有哪些数。

生齐说：0~9的这10个数字都有。

师：这说明能被3整除的数不能只从个位上去判断，那么究竟能被3整除的数有什么特征呢？

生：……（思考）

生₃：我认为只要这个数有一个数位上的数是3的倍数，这个数就能被3整除，如129、921、291。

师：有不同意见吗？

生₄：我有意见，比如"129"改成"119"，同样个位上"9"也是3的倍数，但119就不能被3整除。

师：是吗？请同学们计算一下，119能不能被3整除。

（学生计算，反馈不能。）

师：那么能被3整除的数除了有一个数位是3的倍数以外，还得符合什么条件？（学生同桌讨论）

生₅：我认为能被3整除的数除了有一个数位上的数是3的倍数以外，其余数位上的数字之和必须也要是3的倍数。

师：请同学们任意写一个能被3整除的数，观察一下这个数是否符合这位同学所说的要求。

生写数验证，有的同学点头，有的同学有意见。

师：请不同意的同学来说一说。

生₆：我写的147没有一个数位的数字是3的倍数，但这个数也能被3整除。

师：那么能被3整除的数究竟有什么特征？

生:……(思考)

生$_7$:能被3整除的数必须各个数位上的数字之和是3的倍数。

师:是吗,还是请大家验证一下,是不是所有能被3整除的数,各个数位上的数字之和一定能被3整除。

生:验证,同意这个观点。(板书:能被3整除的数的特征是各个数位上的数字之和是3的倍数)

师:我们又通过观察验证,讨论得出能被3整除的数的特征,到目前为止,我们知道了能被2、3、5整除的数的特征。

3.巩固。

(1) 教师指着引入时写的数5、1、40、22、18、25、63、1395、310016、722问:这些数中哪些数能被2整除?

生:40、18、22、310016、722。

师:你们怎么看出这些数能被2整除?

生:因为这些数的个位上是双数。

师:请说具体一点。

生:这些数个位上是0、2、6或8。

师:那么哪些数能被5整除呢?

生:5、40、25、1395。

师:能被3整除的数有哪些?

生:18、63、1395。

师:那么722为什么不能被3整除?

生:因为它各个数位上数字之和是"11"不能被3整除,所以722就不能被3整除。

师:如果老师的工资数可以调整,你怎么调整老师的工资,使我的工资数就能被3整除。

生:在随便哪一位上加1。

师:你打算加在哪一位上?

生$_1$:我加在百位上成822。

生₂：我加在千位上成1722。

师：你们都很大方，这样郑老师的日子就更好过了。（笑）

(2) 填表。(在相应格子内打"√")

	55	98	201	416	969	1008	730	30
能被2整除的数								
能被5整除的数								
能被3整除的数								

（反馈略）

4. 小结。

师：今天这节课我们学了什么？你怎样学会的？

（学生答略）

课后反思

听完郑国良老师的"能被2、3、5整除的数的特征"一课，给人以耳目一新的感觉，学生的主体作用在这节课中可谓得到了充分的发挥，积极的思维、热烈的气氛等均给人以很大的感染，仔细分析，我认为这堂课的成功得益于以下几方面的基础。

1. 确立基础与发展并重的教学目标。

"发展为本"是当前教育的共同理念。在这节课中，郑老师不仅重视让学生掌握能被2、3、5整除的数的特征，并能运用特征进行正确的判断。同时，还十分重视学生对学习过程的体验和学习方法的渗透，重视学生的个性化思维的展示，让学生通过观察——分析——假设——验证的学习过程来发现知识、感悟方法，促使学生学会学习。

2. 注重教材的整体化处理。

对教材的独特处理是郑老师这节课的最大特色，在这节课里老师创造性地将"能被2、3、5整除的数的特征"整合在一节课里进行教学，作为整个学习任务来处理，它在知识上是一个整体，而在特征和判断方法上又各自不同，这使学生的学习过程始终处在"产生冲突——解决冲突"的过程中，这为学生的积极探索提供了较大的思维空间，为每个学生在不同水平上参与学习提供了可能。例如，在探索能被3整除的数的特征时，有的学生提出"个位上是3的倍数"；有的学生提出"某一位上的数是3的倍数"；而水平较高的学生提出："各个数位上的数字之和是3的倍数"。在这样一个探索过程中学生的主动性和创造性得到了发挥。

3. 着力于自主探索的学习方式。

学习方式的转变是郑老师这节课的又一大特色，如何提升学生在课堂中的学习水平，是当前的一个重要课题。我们感到自主学习和合作探究是这节课中最重要的两种学习方式，学生通过自主选择研究内容，举例验证等独立思考和小组讨论，相互质疑等合作探究活动，获得了数学知识。学生的学习能动性和潜在能力得到了激发。在自主探索的过程中，学生体验到了学习成功的愉悦，同时也促进了自身的发展。这也反映出教师的一种教学观念和对自身角色的有效定位。

4. 营造民主、宽松的学习氛围。

课堂气氛在很大程度上影响着学生学习过程中创造性的发挥。这节课从一开始到结束，气氛始终处在热烈之中，生活化的学习材料，平等的师生关系和开放的研究方式，有力地支撑了这种积极的氛围，结束时教师设计的调整工资这一环节，既开放又有效地巩固了知识，还使课堂富有情趣，反映出了教师的教学艺术和机智。

郑国良老师的"能被2、3、5整除的数的特征"尽管容量大、思维要求高，但由于在内容处理和教学方法上成功创新，教学非常成功。然而，这并不意味着这样的处理都会成功，因为影响教学的因素是多方面的，这也促使我们对这一问题作深入思考：(1) 教学设计必须因教材、学生和自身教学特色而异，不可生搬硬套。

（2）如果学生对能被2、3、5整除的数的特征不能有效地发现，教师又该如何事先设计多路径的方案库，以便在课堂上作积极的调整……对这些问题的思考，有助于我们更好地把握教学设计的本质。

（九）万以内数的大小比较*

一、创设情境，呈现信息

师：小朋友们，最近在徐老师的家乡——浦江开了个很大很大的家电城，那里的东西可多啦！徐老师拍了一部分录像带过来了，给小朋友们看看。请边看边想办法记下它们的价格。

学生观看"浦江家电城"部分录像，从中获取信息。

师：你知道了哪些商品的价格？

生$_1$：我知道洗衣机965元。

生$_2$：电冰箱2150元。

生$_3$：电视机1350元、电话机98元。

生$_4$：我还知道饮水机1230元、音响2125元。

根据学生反馈情况，电脑随机出示以下家电价格：

电视机	洗衣机	饮水机	电冰箱	电话机	音响
1350元	965元	1230元	2150元	98元	2125元

师：你们真能干！一下子知道了这么多信息，今天我们就用这些信息一起来研究"比较万以内数的大小"。

（板书课题：比较万以内数的大小）

［评析：课始，教师为学生提供"浦江家电城"的现实情境，让学生观察、获取商品的单价，提供新课研究材料，使枯燥、抽象的数学变得生动、形象。］

二、自主编题，主动探究

1. 学生自由选数比较。

---

* 此课曾获华东六省一市第六届课堂教学观摩活动一等奖，由金华市浦江实验小学徐双莲老师执教。本文作者是徐双莲和项元乃。

师：请你选自己喜欢的两种商品，比一比，谁贵谁便宜？可不可以用"（ ）○（ ）"形式在学习单上写一写？

（学生选数比较，教师巡视。）

生$_1$：我是电视机和洗衣机比，电视机贵、洗衣机便宜。

师：同意吗？你是怎么知道的？

生$_1$：因为1350＞965，所以电视机比洗衣机贵。

生$_2$：我是饮水机和电冰箱比，因为1230＜2150，所以饮水机便宜、电冰箱贵。

师：说给同桌听听，可以吗？

（同桌交流，教师巡视。）

2. 呈现学生反馈材料。

师：小朋友们真不错！老师把你们刚才比的这些式子整理了一下，收集在大屏幕上，看一看，你有没有补充？（电脑出示以下无规律的式子）

(1) 98＜1230　　　(6) 2125＞965　　　(11) 965＜2150
(2) 2125＞1350　　(7) 1350＜2150　　 (12) 2150＞2125
(3) 98＜2125　　　(8) 965＞98　　　　(13) 1230＞965
(4) 1230＜2125　　(9) 965＜1350　　　(14) 1230＜2150
(5) 1350＞1230　　(10) 2150＞98　　　(15) 98＜1350

（学生摇头。）

［评析：教师及时点拨，使学生从生活情境中及时地提炼出数学问题，培养了学生用数学眼光和数学方法思考问题的能力。］

3. 学生自主分类。

师：如果给这十五道式子分一分类，你认为可以怎么分？能不能用序号在学习单上自己分一分。

生$_1$：我是按"大于号一类、小于号一类"这样分的。

生$_2$：我是1、3、5、7、9、11、13、15一类，2、4、6、8、10、12、14一类。

生₃：我是 1、3、6、8、9、10、11、13、15 这些位数不同的两个数分为一类，2、4、5、7、12、14 位数相同的两个数分为一类。

（好多小朋友点头表示同意。）

4．展示新课研究材料。

师：刚才小朋友们自己给这些式子分了类，真不简单！刚才这位小朋友把这些式子分成了"位数不同、位数相同"的两类（电脑出示）

98＜1230	2125＞1350
98＜2125	1350＜2150
965＞98	1230＜2150
965＜1350	1230＜2125
2150＞98	1350＞1230
98＜1350	2150＞2125
2125＞965	
1230＞965	
965＜2150	

位数不同　　　　位数相同

5．探究规律，总结方法。

师：请你仔细看一看、想一想：这些位数不同的两个数是怎么比的？这些位数相同的两个数又是怎么比的？

（给予充分的时间让学生进行独立思考）

师：小组可以讨论讨论。

（师生分小组讨论）

师：位数不同的两个数是怎么比的？

生₁：四位数比三位数大。

师：你能举个例子吗？

生₁：比如 965 是三位数，1350 是四位数，所以 1350 大于 965。

师：为什么四位数比三位数要大呢？

生$_2$：（急不可待）因为四位数 1350 超过了一千，965 没有超过一千，所以 1350 当然要比 965 大。

生$_3$：我们认为三位数比两位数大、四位数比两位数大。

生$_4$（同组的马上补充）：比如像上面的 965＞98、2150＞98，因为 965 是九百多了，98 才九十多，所以 965 大于 98；2150 已经是两千多了，而 98 还不到一百，当然是 2150 大于 98 了。

师：说得有道理吗？谁还想说说？

生$_5$：我们小组发现位数多的数比位数少的数要大，比如像上面位数不同的这些所有式子。

师：小朋友们同意他们的说法吗？（生纷纷点头表示赞同）

师：那五位数与四位数比，谁大？六位数与五位数比，谁大？七位数与六位数比，谁大？所以说位数多的数比……

师：小朋友们真棒！自己找出了比较位数不同两个数的好办法，那位数相同的两个数又应该怎么比呢？

（学生跃跃欲试。）

生$_1$：可以比千位。

师：能举个例子吗？

生$_1$：比如 1230＜2150，1230 千位上是 1，2150 千位上是 2，二千多比一千多肯定要大。

生$_2$：千位一样比百位，百位一样比十位。

生$_3$（同组的马上补充）：比如像上面的 1350＞1230，千位上都是 1，就比百位，300 比 200 大，所以 1350 大于 1230。

生$_4$：再比如 2150＞2125，千位、百位都一样了，就比十位上的 5 和 2，十位上的数字谁大就谁大！

师：那如果千位、百位、十位都相同怎么比？

生（异口同声）：比个位。

生$_5$：我举个例子吧，比如 3491 和 3495，千位、百位、十位都一样，就比个位上的 5 和 1，个位上的数字谁大就谁大！

6. 小结。

师生共同小结：刚才我们一起发现了比较位数相同的两个数的好办法，先比它们的最高位千位，千位上的数字谁大就谁大；千位相同比百位，百位上的数字谁大就谁大……

师：请你用自己的话把比较万以内数的好办法说给同桌听一听，可以吗？

（同桌交流，教师巡视。）

［评析：根据学生自己提供的学习材料，教师先引导学生分类，再让学生独立思考、小组合作讨论，探索出比较数大小的规律，总结出方法。构建了自主探究式学习的教学模式，充分体现了以学生为主体的教学新理念。］

三、巩固练习，拓展应用

师：刚才小朋友们通过自己看一看、分一分、比一比，发现了比较万以内数大小的好办法，真不简单！现在就用你们自己发现的办法来用一用，好吗？

1. 基本练习。（学生独立练习）

师：请在学习单上独立完成。（电脑出示）

3864○3529　　1020○1020

398○402　　　8790○8792

10000○9999　　1500○1800

（反馈略。）

2. 提高练习。

师：比得真快！还想比吗？请拿出小黑板自己任意写一个小于 10000 的数。

(1) 写数比较。

①同桌比。

师：同桌悄悄地比一比。

生₁：我写的数是999；

生₂：我写的数是1000；

生₃：我的数比你小！

生₄：我的数比你大！

……

（同桌互相比一比、说一说。）

②跟老师比。

师：小朋友们说得真好！有没有信心比得更快一点？（学生信心十足）

师：你写的数大于6000的，请举起来！

你写的数小于6000的，请举起来！

你写的数大于5000小于9000的，请举起来！

你写的数小于10000的，请举起来！

③四人小组比一比。

师：两个数小朋友比得这么快！那三个数会比吗？四个数呢？下面就用自己写的这个数小组四人排排队，请组长想办法把结果记在白纸上。

（小组四人比数、排队。）

（实物投影展示学生排数结果）

生₁：我们小组是这样排的：$9999>9998>9000>1200$，按从大到小的顺序排。

生₂：我们是按从小到大的顺序排列的：$198<978<1000<9999$。

生₃：我们是这样排的：$9988<9998<9999=9999$。

……

（2）猜数比较。

师：小朋友写得这么有趣，徐老师也写了一些数，可是还没写完，你能猜一猜小窗后面躲着谁？你喜欢猜哪个小窗就选哪一个。

(电脑出示)

       52□＞526　　　　　□99＜1000　　　　　40÷5＞□＋4

生$_1$：我猜第一题，小窗后面躲着7。

生$_2$：小窗后面还可以躲着8、9。

生$_3$：小窗后面可以躲着7、8、9。

生$_4$：我猜第二题，小窗后面躲着9。

生$_5$：(抢着说)这个小窗后面可以是1～9。

(小朋友们鼓掌表示同意。)

生$_6$：第三个小窗后面可以躲着0～3。

(小朋友们点头表示赞同。)

3．发展练习。

(1) 选商品。

师：谢谢小朋友帮老师猜出了小窗后面的数，不过老师还想请你帮个忙，愿意吗？(电脑出示)

可以买哪一种？

电视机	1350元	音　响	2125元
洗衣机	965元	热水器	1775元
饮水机	1230元	手　机	3050元
电冰箱	2150元	电饭煲	950元

师：用1000元可以买哪一种商品？2000元呢？3000元呢？请帮老师选商品。(反馈略)

(2) 比一比，评一评。

师：徐老师这次到南昌来，我们班的小朋友有个问题想跟你们交流交流，愿意吗？

师：小冬、小明和小芳都是浦江实验小学二(3)班的学生，学校到他们的家有三条不同的路。这天他们三人高高兴兴地回家了(电脑演示下页图)。

师：看完了，你发现了什么？

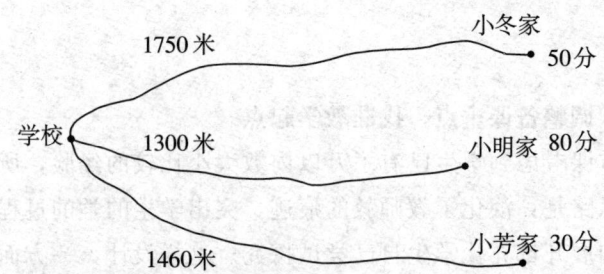

生₁：我发现小明走得最慢！

生₂：我发现小明用的时间最多！

生₃：我发现三条路小明家是最近的，小冬家是最远的，小芳家是中等的。

生₄：（迫不及待）我发现小明路最近，可是他最迟回到家。

师：小明会在路上干什么？你想对他说些什么？

生₁：小明，你不能在路上玩，要按时回家！

生₂：小明走得特别慢，我建议他要经常锻炼身体。

生₃：我认为也许小明在路上碰到了一位迷路的小妹妹，他送小妹妹回家，所以回家迟了。我应该对他说：小明，你真是个好孩子！

……

师：小朋友们分析问题真有道理！徐老师替浦江的小朋友谢谢你们！

[评析：让学生任意地写数、猜数、用数，在多种形式地练习情境中比较，层层推进、不断深化，培养了学生动手、想像、猜测、估计、应用的能力。练习设计中采用了前后呼应式、拓展延伸式的方法，增强了课堂教学的艺术性。]

四、激起反思，总结评价

师：小朋友学了今天这节课，有什么新的收获？

……

总评

一、调整备课重点，找准教学起点

本节课考虑到学生已有了万以内数大小比较的经验，所以总体的教学思路是：淡化了教师教的痕迹，突出学生的学的过程。新课的导入和展开都先让学生自己尝试探究。这样设计，一方面便于教师了解学生对于本节课的掌握情况，找准教学起点，使本节课的重点从学生会比较万以内数的大小调整为学生自主发现规律，总结方法；另一方面，又有利于培养学生学习的主动性。

二、确立探索式教学模式，建立新型师生关系

本节课整个教学过程教师把学习的主动权放给学生，首先通过让学生独立选两种物品比一比大小，分一分类，然后根据学生自己提供的学习材料进行独立思考、小组合作、探索发现出比较万以内数大小的规律、总结出方法，最后让学生自己任意写数、猜数比较，在开放的、有梯度的练习情境中，培养学生的动手、想像、猜测和创新能力，使学生由感性认识上升为理性认识，参与知识获得的全过程。在这过程中，教师放下架子，走下讲台，成为课堂的一员，成为学生的组织者、指导者、参与者与合作者，建立了新型的师生关系。

三、充分估计教学过程的复杂性，构建非直线型教学路径

本节课在把握环节目标的前提下，对每个环节设计了多个具体方案，力求构建出非直线型的教学路径，如让学生给自己反馈的算式分分类、讨论探讨位数不同、位数相同两个数大小比较的方法及任意写数、猜数比较等教学环节中学生都会有各种各样的想法和见解，教师充分估计教学过程的复杂性，准备了多种备用的方案，形成一个方案库，做到了"以不变应万变"。

纵观全课教学，无不围绕"比"字展开，在比较中引入、在比较中探索、在比较中总结、在比较中运用、在比较中拓展。

（十）多位数的读法

一、学习导入

1. 谈话，提出问题。

师：同学们，我们已经学了万以内的数，那么比 1 万大的数，你能举出一些吗？大家想想看，可在卡片上写一个比 1 万大的数。（生试写）

师：你认为自己写的数比 1 万大的，就拿到上面来。（学生将写有数的卡片贴到黑板上，加以展示。有 2435678、178000 的，也有二万五千的，还有写出"亿"的，其中第一种情况占绝大部分。）

师：这些数是否符合要求，让我们看一看。（去掉不符合的，如计数单位、数位）

师：这些数比 1 万大吗？像二万五千这样的数，已经告诉我们怎么读了，那么余下来的这些数，你会读吗？大家试试看。你认为能读的就上来读给大家听听。

生：指着"35642"，读三万五千六百四十二。

生：指着"178000"，读一百七十八千。

生：指着"2435678"读二百四十三万五千六百七十八。

师：你认为自己读得对不对？能说一说读的方法吗？（说不清）

师：其他同学说，你们认为他们读得对不对？（学生议论，相互争执对错不定）

[评析：以往这样的课的设计教师往往把万以内数的读法作为复习铺垫的内容，目的是抓住新旧知识的联接点导入新课，而骆老

---

* 此课曾获浙江省第五届课堂教学观摩活动二等奖，由杭州市安吉路实验学校骆玲芳老师执教。本文曾发表于《教学月刊》2002 年第 1 期。

师突破了这一常规，通过让学生试写比一万大的数，试读这些数，并介绍读法，从这里展开新课的教学。事实证明这样的设计更能找准教学的起点，体现学生是学习活动的主体的意识。]

2. 引入新课，揭示课题。

师：到底读得对不对呢？在我们的日常生活中，经常会遇到一些比1万大的数。如1997年浙江省总共生产皮鞋276112453双，就需要我们会读。这节课就让我们一起来学习"多位数的读法"。（揭示课题）

二、学习新知

1. 用数位顺序表，学会读多位数。

（1）投影出示：7986　3644　4542　2215

师：这里有四个数，会读吗？一起读读看。（并指名2～3人读给大家听）

师：想一想，你们是怎样读的，能讲一讲方法吗？

生："7986"我是这样读的，从高位读起，千位是7，读成七千；百位是9，读成九百；十位是8，读成八十；个位是6，读成六。

（2）运用投影，在四个数的上面覆盖，显示数位顺序表，并归纳读万以内数的方法。

师：同学们说得不错，读万以内的数，我们是从高位读起，千位上是几就读几千，百位上是几就读几百，十位上是几就读几十，个位上是几就读几。

师：接下来我们就用这种方法，来学习多位数的读法，好吗？

（3）运用读万以内数的方法，学习读多位数。

（投影片逐一拉动显示：79862　364418　4542452　22152215）

师：看"79862"轻轻地试试看。

师：这个数呢，364418，还有4542452，还有22152215。（边出示，边让学生在座位上轻轻地试读）

师：你认为哪个数有把握，请上来大声地读给大家听听。（学生自己上来读数）

师：请每个同学在四人小组里读一读，相互听一听，读对了没有。

师：接下来，再请每个小组讨论一个问题，多位数应该怎么读？

师：谁能把你们组讨论的结果说一说。（指名回答）

生$_1$：我们认为与万以内数的读法差不多。

生$_2$：多位数也是从高位读起，最高位是几千万就读几千万，再一位一位地读下去。

生$_3$：读多位数也从高位读起，但几千万，几百万，几十万，只要读一个就够了。

师：想一想，读多位数的方法与读万以内的数有什么相同与不同的呢？老师来读 22152215 这个数仔细听，二千二百一十五万二千二百一十五。

师：出示 22152215，这个数的最高位在哪一级，应该怎么读？读读看。（学生自由读，并指名读一读）

(4) 归纳方法，练一练。

师：读多位数时，要从高位开始，一级一级地读。读亿级万级时，按照个级的读法去读，但读完亿级后面要加读一个"亿"，读完万级后面要加读一个"万"。

2. 会用分级的方法读多位数。

(1) 发现问题，讨论方法。

师：读多位数的方法，我们已经掌握了。请同学们看课本62页练一练的第3、5题，给你1分钟的时间读这些数，先读完的先举手，行吗？（学生跃跃欲试）好，现在开始。（学生读数）

师：停！1分钟时间到。这么多同学没读完。请问你在读数过程中遇到什么麻烦了？

生：数太大了，最高位是什么一下子看不出。

师：为了知道最高位是什么位，你们是用什么办法的呢？

生：我是从个位开始，按个、十、百、千、万、十万的顺序往前数，数到最高一位是什么然后再读。

师：都是用这个办法的吗？真够麻烦的了。怎么办？有没有好的办法，大家商量商量看。（四人小组讨论）

师：讨论出好方法的，请介绍一下。（指名回答）

生：我们知道第五位是万位，可以从万位开始往前数确定最高位，比较快。

生：从数位顺序表上看，个级，万级，亿级都是有四个位数，可以4个4个地数，找万位，亿位，确定最高位比较快。

师：同学们很会想办法，现在请大家就用这个办法试试看，灵不灵。（学生继续读数）

（2）教学例2，讲解方法。

投影出示：675432 4538782

师：（指着675432）"7"这个数在万位，最高是什么位？

生："7"在万位，最高位是十万位。

师：一起读这个数。

师：（指着4538782）万位上是哪一个数字，这个数的最高位是什么位？

生：万位上是一个"3"字，这个数的最高位是百万位。

师：一起读这个数。

（3）定时再读第3、5题，体验成功。

师：现在再给你1分钟时间，读第3、5题里的数。（学生独立读数练习）

师：停，1分钟时间到。现在你感到怎么样？

生：比刚才快多了。

生：我虽然没有读完，但剩下不多了。

师：祝贺大家，又知道了好方法，读多位数更快了。

（4）读卡片：54637　　5832181　　43523594
　　　　　　481656　　5478522　　289754635

（5）读算盘上的数。

师：用这种方法能不能较快地读出算盘上的数呢？先请大家看课本62页的第2题，读出算盘上的数。

师：同桌的两个同学合作，一个拨数，请另一个读出这个数。自己相互交换。

[评析：从新课的教学我们可以清晰地看到学生从"不大会读"到"会读"再到"熟读"的过程。首先教师紧紧抓住了多位数读法与万以内数的读法的联系，采用讲练结合的形式，借助学生之间的讨论和教师的适时点拨，让学生依据数位顺序表，学会了读多位数。接着教师让学生两次在限定时间内读数。第一次有许多同学没有读完，迫使他们寻找读得既对又快的方法；等找到了方法后让学生第二次读，从而使他们体会到分级读的好处。]

三、学习小结

师：通过刚才的学习，你有什么收获？

生$_1$：我学会了读多位数。

生$_2$：我知道了读多位数的方法。

生$_3$：我知道了读多位数的方法和万以内数的读法差不多，不同的就是要读出万或亿。

生$_4$：读多位数确定最高位比较难，现在不难了。

[评析：骆老师用"你有什么收获"作为全课总结，通过学生的回答，不仅可以反馈学生本节课学习的情况，同时也充分体现学生是学习的主体，因为学生是有差异的，每一节课对于不同的个体收获也是不一样的。]

四、综合练习

1. 摆卡片读数。

师：现在让我们进一步练练读数的本领。请拿出1~9的数字卡片，自己摆多位数读一读，卡片不一定要用完。（学生自摆自练）

师：请你任意摆一个数，考考你旁边的同学。（同桌相互读数）

2. 读一读下面的消息。

宁波市小学生有431436人；

余姚市今年粮食总产量是377700吨；

中国塑料城（余姚）已投入资金85635000元；

浙江民航旅客发运量2674144人；

浙江钱江摩托集团生产摩托车299873辆；

浙江省总共生产皮鞋276112453双。

3. 继续用数字卡片摆数、读数。

师：接下来我们继续用数字卡片摆数。要求摆出你能读位数最多是几位的数，卡片不够可以和同桌的同学合起来练。（学生练习）

师：说一说，你最多能读到几位数？请你表演一下。（教师按学生讲的，用卡片摆数，学生读）

4. 学习延伸，为下一节课伏笔。

师：现在我们再回到黑板上，一起来看一看开始上课时大家想的比1万大的数。读一读。

师：（指着178000这个数）数里出现0。那么多位数中有0的是不是只有这种情况呢？现在老师建议你从1~9中任选4个数字，再加上"0"的4张卡片，组成多位数，可以组成怎么样的数。

生：操作，反馈展示：

14830000   14008300

14080003   14800300   14000083

师：这些数会读吗？

请同学们抄下来，作为回家作业，思考"0"的位置有哪些变化情况，应该怎样读。下节课我们就来学习数中有"0"的多位数的读法。

［评析：练习设计，别具匠心。既能巩固所学知识，又能培养学生灵活运用新知的能力；既注意到了智力的开发，又恰到好处地渗透了思想品德教育。如摆卡片读数的练习形式，看似简单，实际是一道经过教师精心设计的开放题。第一次要求学生用1～9的数字卡片摆，卡片不一定要用完，第二次要求摆一个自己能读的位数最多的数，卡片不够可以同桌合起来用。这样的练习形式不仅体现了练习的层次性和开放性，而且给了学生更大的学习自主权。］

［总评］

这节课的设计颇具特色和新意，充分地体现了"学生是主体"的教学思想。教师能充分尊重学生原有的知识经验，围绕教学目标精心选择和组织教学材料，顺着学生的思路设计教学过程。即让学生在原有的知识基础上通过试写、试读多位数，借助于"万以内数的读法"的知识基础，在自主探索、小组讨论等活动中，逐步掌握了多位数的读法。在整个教学过程中，由于教师诚心诚意地把学生当做学习的主人，敢于让学生暴露学习过程中的困难，教师教得轻松，学生学得愉快，学得主动，使师生双方在教学活动中都得到了发展。

（十一）一个因数是一位数的进位乘法*

> **教学设想**

1. 重新认识计算教学的目标。

传统的小学数学计算教学的目标只注重让学生牢记法则，形成计算技能。我们认为数学教学首先要关注的是"教育"，其次是"数学"。要充分利用数学知识这个"载体"，让学生通过主动参与、积极探索，在获取知识的过程中，情感、态度、价值观和学习能力得到培养和发展。因此，在确定"乘数是一位数的进位乘法"的教学目标时，不仅仅满足于让学生掌握计算法则，学会计算，而更注重让学生主动参与算理、算法的探索过程，注重转化、建模等数学思想方法的渗透，培养学生自主学习、合作探究的能力。从而把学生的终身可持续发展作为数学教育的根本目的。

2. 探索计算教学的新思路。

传统课堂教学采用的基本模式是：从基本训练——例题的讲解，得出计算法则——巩固练习、重复操练形成计算技能。学生因计算的枯燥，而缺乏兴趣，甚至产生厌倦的心理。学生成了计算的机器。本节课我们采取了以下教学策略，努力构建计算教学的新思路。

（1）重新组织教学内容，使其体现出更大的弹性。

---

* 此课是浙江省小学数学教学分会第六届年会的观摩课，由嘉兴市秀城区实验小学钟麒生执教。本文曾发表于《小学数学教育》2001年第4期，作者是邱正平和钟麒生。

教材把进位乘法分为一次进位、隔位进位、连续进位几块分课时编写，自然有它的优势，但对不同的班级、不同的学生体现弹性不够，在具体把握教材时，我们试图把这三部分内容统起来考虑，因为它们有共同的知识基础，也有共同的重点——解决进位问题，这样更有利于让学生从整体上把握进位的基本原理，有利于课堂教学效率的提高。但"上到哪里为止"教师可以根据学生在课堂上学习的情况及时调整教学进程。

（2）让学生参与计算原理和方法的探索过程。

在传统的计算教学中，由于受到教材等多种因素的束缚，习惯于口算就是口算，笔算就是笔算，口算与笔算分离，方法单一机械，学生的学习是被动的。教师规定用口算或笔算，计算方法是教师传授的，至于学生是怎样想的？为什么产生口算和笔算？计算方法是怎样产生的？则考虑得较少。因此，我们大胆提出"返璞归真"，用最基本的素材，让学生通过尝试解决这些计算问题的实践，主动探索，在探索中来感悟，来解决算理算法。

首先，让学生参与教学材料的提供。开门见山揭示课题后，请学生写一道两位数乘一位数的题目，教师有代表性的选择如 12×4、13×7、42×6 等题板书在黑板上。然后用学生自编的题目展开教学。让学生参与教学材料的提供和组织，扩大学生的学习自主权，调动他们的学习积极性，也有利于因材施教。

其次，在重点探索 24×3 时，不限定学生用竖式计算，而允许学生用口算或横式上直接算等多种算法，并将学生的思考过程充分展示出来。当学生再选择两道题，如 33×4、57×7 等连续进位的题目时，有的在横式上直接算，有的列竖式算，有的口算，计算的正确率也随之发生变化。教师则及时结合实例，展开讨论：怎样使计算正确率更高？让学生感悟出口算与笔算的联系及各自的特点，从而在鼓励学生计算方法的多样化的同时，又注重计算策略的优化选择。

第三，针对进位的重点和难点，"满几十要向前一位进几"，我们让学生先凭借已有的知识和经验大胆尝试，积累感性认识，然后通过多媒体直观形象的动态展示，使学生理解进位的基本原理，从而达到突出重点，突破难点的目的。

3. 力求构建非直线型的教学路径。

我们的课堂教学从学习材料的提供，到教学方式和方法的运用，都注意一定的开放性，学生有了更大的自由选择权，对教师驾驭课堂提出了更高的要求。因此，我们针对各个具体的教学环节考虑学生学习的需要和可能，均设计多个方案，具体方案的选择和使用视课堂教学的实际情况进行调节。如探索准备阶段，如果班级学生基础较好，较多学生已能正确计算两位数乘一位数的进位乘法，则不妨先让学生自己写一道这样的乘法算式，并试着算出得数，然后讨论、交流各自的算法，在学生有困难的地方组织重点研究、突破。如果班级大部分学生尚不能正确计算两位数乘一位数的进位乘法，则可先让学生任意写一道两位数乘一位数的乘法算式，选择不进位的乘法算式，作为复习准备题教学。夯实基础之后再进行新课教学。又如，教学 24×3 时，运用多媒体演示算理这一环节，也应视学生情况而定，如果学生都已经能正确地计算，并理解算理，那就没必要非演示不可，这一步可省去。但如果学生对于为什么要"先用 3 乘十位上的 2 得 6，再用 6 加上个位上进上来的 1"这一难点不是很明确的，就有必要借助多媒体小棒图，形象、直观地帮助学生理解算理，突破难点。

课堂实录

1. 复习准备，呈现材料。

师：今天老师和同学们继续研究"乘数是一位数的乘法"（板书课题）。

师：你能不能自己写一道两位数乘一位数的乘法算式？（生写，

教师巡视，反馈）

$生_1$：我写的乘法算式是 13×7。

$生_2$：我写的是 12×4。

……

学生纷纷举手，欲交流自己所写的算式，教师选择 13×7，12×4，42×6，91×5 等算式板书于黑板上。

师：老师也想写一题，行不行？（板书：24×3）

师：12×4 你们会算吗？请在本子上算一算。

生：12 乘 4 等于 48。（学生无反对意见）

师：你是怎样算的？

$生_1$：我是口算的，10 乘 4 等于 40，2 乘 4 等于 8，40 加 8 等于 48，所以，12 乘 4 等于 48。（教师板书口算过程）

$生_2$：我是笔算的，先用 4 乘被乘数个位上的 2 等于 8，在积的个位上写 8，再用 4 乘被乘数十位上的 1 等于 4，4 写在积的十位上。（教师根据学生回答板书）

2. 探究算理，掌握算法。

（1）探讨 24×3 的算理、算法。

师：同学们很轻松地算出了 12×4 的积，那么这些题你会不会算？（手指黑板上其余的算式）

师：（学生跃跃欲试）那好，请你先想办法算一算 24×3 等于多少，行吗？有困难的同学可以相互商量一下。（学生尝试计算，计算后反馈结果）

$生_1$：24 乘 3 等于 92。

$生_2$：我不同意，24 乘 3 应该等于 72。

$生_3$：我算出来 24 乘 3 的结果是 612。

……

师：还有没有不同答案？（没有学生响应）现在有三个不同的答案，究竟哪一个是对的呢？先请大家说说你们是怎样想的，好吗？

计算结果是 612 的学生：我是想，先算 2 乘 3 得六，再算 4 乘 3 得 12，所以 24 乘 3 等于 612。（立刻有学生举手表示反对）

生：老师，我认为 612 肯定是错的，因为即使是 100 乘 3 才等于 300，而 24 乘 3 的积应该比 300 小得多，所以根本不可能是 612。

师：同学们，你们赞同他的观点吗？

生齐声：同意。

师：这位同学太聪明了，我们今后也可以用估算的方法来大致检验乘法算得对不对。计算结果是 72 的同学，说说你们是怎样算的？

生$_1$：我是这样想的，3 乘 4 等于 12，3 乘 20 等于 60，60 加上 12 等于 72，所以，24 乘 3 等于 72。（教师板书口算过程）

生$_2$：24＋24＝48，48＋24＝72，所以 24 乘 3 等于 72。（教师板书）因为 24×3 表示 3 个 24 连加，所以我把 3 个 24 连加就可以算出 24×3 的积。

师：你真会动脑筋，用以前学过的知识解决了今天的难题，你们觉得这个办法行不行？

生：行，不过如果用这样的方法计算 24 乘 3 那就太麻烦了。

师：你们认为呢？（学生都表示赞同）

该生继续回答：我是笔算的，先用 3 乘被乘数个位上的 4 得 12，写 2 进 1，再用 3 乘被乘数十位上的 2 得 6，6 加 1 得 7，十位上写 7。（教师根据学生回答，板书笔算过程）

师：还有不同想法吗？

生：我是想 24×3＝8×3×3＝8×9＝72。

师：真巧妙。

师：刚才哪位同学算出结果得 92？能说说你是怎么算的吗？

生：我是想 3 乘 4 等于 12，个位上写 2 进 1，十位上 2 加进上来的 1 等于 3，3 乘 3 得 9，所以结果是 92。

师：噢，你是先把十位上的2加上进上来的1，再与乘数3相乘，所以得92。那么究竟应该先加1再乘，还是先乘再加上进上来的1呢？

（学生争论，但说不出道理）

师：我们不妨请小棒图来帮帮忙。

教师多媒体演示小棒图（边说边演示）：3个4根是几根？3个2捆是几捆（一捆是10根）？为什么共有7捆？（生：因为3个4根是12根，其中的10根又可以扎成1捆，6捆加上进上来的1捆，所以共有7捆。）

师：进上来的1捆就相当于这里的"1"（教师手指笔算竖式中个位满十进上来的1）。所以应该用2乘3再加上进上来的1，现在你们清楚了吗？

师：为了避免漏加1，我们可以在十位上写一个小一点的"1"。（教师用彩色粉笔写）

（指名说说笔算的过程，同桌互说。）

（2）进一步探究算理，明确算法。

师：同学们真不简单，计算24×3时居然想出了这么多办法。黑板上还有三道题，现在你能解决了吗？请你用你认为合适的方法，任选2题，算一算。

教师巡视，请不同算法的学生板演。分别讨论。

师：（指板演题）我们先看13×7，这位同学是笔算的，结果是91，有不同意见吗？（没有）

师：1乘7应该得7，为什么积的十位上是9？

生$_1$：因为7乘个位上的3得21，满20，要向十位进2。

生$_2$：老师我是口算的……

讨论91×5的算法，重点指导十位满40要向百位进4。

讨论42×6，重点指导连续进位的笔算方法。

师：这些题你是口算还是笔算的？（大部分同学都是笔算的）

师：（提问笔算同学）你们为什么用笔算而不选用口算？

生：因为这些题计算时都要进位，口算容易出错。

师：（板书56×8）这道题你觉得该用什么办法算？

学生计算后，投影学生的作业，说说算法。

师：（表示满意）你们非常高明，知道什么时候可以口算，什么时候该用笔算，这些题用笔算的方法计算不容易算错。

(3) 讨论小结。

师：（指黑板上左右两边的题）这些题计算时有什么不同？

生：左边的题计算时不进位，右边的题计算时要进位。

师：对，今天这节课我们研究的是乘数是一位数的进位乘法。你觉得计算乘数是一位数的进位乘法时应注意些什么问题？（四人小组交流）

生$_1$：哪一位上相乘的积满几十，就要向前一位进几。（教师板书）

生$_2$：当心漏加进上来的数。

生$_3$：要先乘再加进上来的数，不能先加进上来的数，然后再乘。

……

师：同学们，这些问题你们都注意了吗？

(4) 分层练习。（略）

3. 发展延伸。

师：刚才我们算的第一个因数都是两位数的，如果第一个因数是三位数、四位数的，现在你能不能做？

教师在黑板上写上164×6，1718×5，2345×4三道题，请学生任选两题计算，快的同学也可算三题。

学生计算，教师巡视，做好的同学可直接写在黑板上。

组织讨论。

……

二、典型课例的实践与反思

课后反思

本节课对于计算教学目标的重新认识和把握,及由此采取的相应的教学策略,教学模式,对传统的计算教学带来了强烈的冲击,给人以耳目一新的感觉。课堂实践很大程度上反映了教学设想,取得明显的效果。

1. 重组课时教学内容,扩大了学生的自由探索空间。

这样的重组,并不是把几块内容简单的相加,而是抓住"进位"这一基本原理和基本方法作为主线。先教学一位数乘两位数。以 24×3 为研究重点,通过讨论及生动、形象的多媒体教学,使学生理解"用 3 乘十位上的 2 得 6,应再加上个位相乘满十进上来的 1",从而使学生初步掌握进位乘法的算理。再让学生尝试计算 13×7、42×6、91×5 等几道题,这些题具有一定的典型性、代表性,因为其中包括了个位相乘满几十的,十位相乘满几十的及连续进位的。经过有针对性地练习、讨论,使学生进一步掌握进位乘法的算理算法,学生在理解、掌握了两位数乘一位数的算理算法之后,"顺水推舟",把因数拓展延伸到三位数、四位数,学生已经不学自会。整节课与原教材比,虽然内容大大增加,但并没有因此加重学生的负担,教师教得轻松,学生学得轻松。这样的处理方法,对我们今后的计算教学以及课程改革,带来了不少的启示。

2. 计算关注的不应仅仅是计算。

本节课的教学,我们跳出了认知技能的框框,不把法则的得出、技能的形成作为唯一的目标,而更关注学生的学习过程,让学生在自身实践探索的过程中实现发展性领域目标。如教学时,围绕可视作例题的 24×3 重点展开探索,提供自主学习的机会,给学生充分思考的空间和时间,允许并鼓励他们有不同的算法,尊重他们的想法,哪怕是不合理的,甚至是错误的,让他们在相互交流、碰撞、讨论中,进一步明确算理。重点探究后,教师并不急于得出计算法则，而是继续让学生尝试计算他们自己提供的另外几道乘法式题，仍允许他们选用自己认为合适的方法，可口算，可笔算，也可摆竖式计算，之后在相互交流中感受计算方法的灵活，比较各种方法的优缺点，基本掌握进位乘法的算理算法，体验知识的获得过程。在这基础上，教师组织学生讨论，计算这样的乘法题，你认为应注意些什么问题？学生已经在不断的尝试、探索中感悟到，要注意"哪一位上相乘的积满几十，就要向前一位进几，要当心漏加进上来的数……"，因而纷纷发表各自的见解。虽然整节课，教师都没有刻意追求得出所谓形式上的计算法则，但学生所说的不就是算理算法的核心吗？这样的计算教学，学生获得的将不仅仅是计算法则、计算方法。

3. 提倡算法的多样化，促进学生个性发展。

学生的差异是客观存在的，对同一个计算问题，由于学生的认知水平和认知风格的不同，常常会出现不同的计算方法，这正是学生具有不同个性的体现。本节课教学 $24×3$ 时，在放手让学生试算，学生中出现了多种计算方法。有根据乘法意义转化成连加的，有直接口算的，有摆竖式的。在学生独立思考解决的基础上，再让学生发表自己的观点，倾听同伴的解法，进行小组内交流、争论。这样的教学，有利于培养学生独立思考的能力和创新的能力，有利于学生间的数学交流。而且在解决这一计算问题的过程中，使每个学生都获得了成功的愉悦，使不同的人学到了不同的数学。对于口算与笔算方法的选择，平时我们习惯于口算课教口算，笔算课练笔算，学生处于被动接受的地位，碰到实际问题时往往不知道该选用什么方法。因此，这一节课虽然是笔算课，但我们不限制学生口算，而是通过多次尝试，由学生自己感悟到，复杂的计算题不宜用口算，采用笔算竖式的方法计算正确率比较高。同时，也让学生明白，为什么要学习笔算。学生能够知道什么时候需要怎样计算，以及他们需要的是精确答案还是近似答案，比拥有熟练的计算技能更有价值。当然，对于笔算算理、计算方法，这一知识技能目标，也应达成，要让每一个学生都切实掌握，这一点不容忽视。因此，计算教学中，教师同样需注意尊重学生的个性，因材施教，使每个学生都能在原有的基础上得到发展。提倡计算方法的多样化，是计算教学中实施因材施教的有效途径。新的课程标准提出，笔算教学不应仅限于竖式计算，应鼓励学生探索和运用不同的方法计算。

4. 需进一步研究的问题。

加强口算，淡化笔算，重视估算，提倡算法多样化是计算教学改革的方向。但一节课仅40分钟，要让学生尝试用多种方法解决，展开充分的讨论，在讨论中理解算理，并进一步自己"悟"出什么时候该用口算，什么时候该用笔算，始终允许学生采用不同算法，不强调笔算，是不是会影响笔算方法的掌握，影响技能的形成？我们认为，本节课对新授课作的研究和尝试是成功的，但之后的练习课该如何组织？如何看待基础知识扎实，基本技能熟练？如何继承我国计算教学的传统优势？这些都值得我们作进一步的讨论和研究。

下篇 案例透视

（十二）除数是一位数的笔算除法*

课堂实录

1. 开门见山提出问题，导入新课。

师：（板书42÷2）42÷2等于多少？

学生纷纷举手。

指名回答。

生：等于21。

师：你是怎么想的？

生：40÷2=20，2÷2=1，20+1=21。

师：大家有不同意见吗？（学生表示没有）如果要用竖式来计算这道题目，你们打算怎么列？试试看。

2. 利用学生探索得出的材料教学新课。

师：你们是怎样列式计算的？

指名学生回答，实物投影仪演示。

$生_1$：
$$\begin{array}{r} 21 \\ 2{\overline{\smash{\big)}\,42}} \\ \underline{42} \\ 0 \end{array}$$

$生_2$：
$$\begin{array}{r} 21 \\ 2{\overline{\smash{\big)}\,42}} \\ \underline{4} \\ 2 \\ \underline{2} \\ 0 \end{array}$$

---

* 此课是浙江省电化教育备课会议上的研究课，由杭州市采荷第二小学金熠老师执教。

师：还有其他方法吗？（学生表示没有）比较一下，你喜欢哪一种？说说你的理由。

生$_1$：喜欢第一种，因为简单，竖式可以短一些。

生$_2$：我也喜欢第一种，本子还可以省一点呢。

（有学生笑了，很少有学生喜欢第二种，也就是课本例题的形式。）

师：其实第二种方法有自己的优势，它能让大家很清楚地看到计算过程。边用电脑演示，边讲解：先用十位上的4除以2，商2，把2写在商的十位上，2乘2得4，在被除数十位上的4下面写4；再用个位上的2除以2，商1，把1写在商的个位上，1乘2得2，在被除数个位上的2下面写2。

生反驳：我们的竖式也能清楚地看到计算过程。4除以2得2，商2，二二得四，写4；2除以2得1，商1，一二得二，写2。

师：你们都这样认为？（学生点头）（32÷2）那就用你喜欢的方法列竖式算一算这一题。

反馈。

生$_1$：
$$\begin{array}{r}16\\2\overline{)32}\\32\\\hline 0\end{array}$$

生$_2$：
$$\begin{array}{r}16\\2\overline{)32}\\2\\\hline 12\\12\\\hline 0\end{array}$$

师：你们同意他们的做法吗？

生$_1$：同意第二种。不同意第一种。

师：为什么？

生$_1$：因为第一种，先是口算出16的。

师：什么意思？大家听明白了吗？

生₂：第一种竖式里"3"下面的应该是"2"。

师：那你上来改一改这个竖式。

师：现在大家还有意见吗？（没有意见）十位上余下来的"1"怎么办呢？同桌讨论一下。

生：应该和个位上的数合起来，再除以2。

师：合起来应该是多少呢？（生：12）我们也借助小棒来帮帮忙，请大家看大屏幕。（大屏幕边演示边讲述：32÷2，也就是把3捆和2根小棒平均分成2份，先把3捆小棒平均分成2份，得每份1捆，还余1捆，再把这多余的1捆拆开来与2根合起来平均分成2份。）

师：（指第二个竖式被除数十位上余下来的"1"），这个"1"怎么来的？表示多少？（指商个位上的"6"）这个"6"怎么得来的？同桌互相说一说。

师：笔算除法的竖式到底该怎么列呢？我们看看电脑老师是怎样来列竖式计算这两道题的。（电脑演示42÷2和32÷2），它可以让大家清楚地看到演算过程。谁愿意把电脑老师的计算过程说给大家听听？

指名学生叙述计算过程。

师：比较一下，这两道题目有什么不一样的地方？

生回答（略）

师：这两题个位上都是2，除数也都是2，为什么商不一样呢？

生：因为一道前面有余数，一道没有。

师：有不同意见吗？

学生表示没有。

3. 巩固练习。

（1）自己出题。

师：你们自己出一些题目给大家做一做，好吗？

学生出题。

二、典型课例的实践与反思

教师指名回答。

根据学生的回答把 $2\overline{)84}$　$2\overline{)46}$　$2\overline{)24}$　$3\overline{)66}$　$2\overline{)48}$　$2\overline{)56}$ 板书在黑板上。

要求学生从中选择两题算出得数。

（2）重点练习。

教师出示：$2\overline{)68}$　$5\overline{)55}$　$6\overline{)78}$　$4\overline{)96}$，要求学生独立完成。

反馈。

师：在做这些题目的过程中你有什么要提醒大家的？

生$_1$：别忘了十位上多出来的数。

生$_2$：十位上余下来的数要与个位合起来。

生$_3$：这样也是不行的。学生边说边出示下列竖式：

$$\begin{array}{r}1\\4\overline{)96}\\ \underline{4}\\5\end{array}$$

师：谁能说说他的意思吗？

生：余数不能比除数大。

师：为什么？

生：这样还可以再除。

（3）改错练习。

师：大家都提醒得很好，你们看一看：下面的计算对吗？把不对的改正过来。

$$\begin{array}{r}23\\3\overline{)79}\\ \underline{69}\\0\end{array}\qquad \begin{array}{r}11\\5\overline{)65}\\ \underline{5}\\5\\ \underline{5}\\0\end{array}\qquad \begin{array}{r}39\\2\overline{)78}\\ \underline{6}\\18\\ \underline{18}\\0\end{array}\qquad \begin{array}{r}28\\2\overline{)54}\\ \underline{4}\\14\\ \underline{16}\\0\end{array}$$

指名反馈回答，电脑出示正确算式。

4. 小结。

师：说说有什么困难的地方？（没有学生举手）那说说有什么收获？

5. 延伸。

出示 $3\overline{)396}$ $5\overline{)595}$

教学设想与体会

这是笔算除法的第一课时，作为计算课，我们在备课时着重考虑了三个问题：

1. 计算教学究竟需要怎样的情境？

现在许多教师对计算教学情境的创设，千方百计地寻找生活中的情境，我们听到的计算课，往往不是从"买东西"引入，就是从"分东西"开始。许多情境一旦导入新课，就游离于后面的教学过程。久而久之，使得本可以激发学生兴趣的手段流于一种形式。作为除数是一位数的除法的笔算的第一课时，课堂上很少有人去研究为什么会与加法、减法和乘法的笔算的竖式会不一样，学生只是照样画葫芦地笔算着。如果学生出现这样的竖式 $2\overline{)42}\atop\underline{42}\atop 0$ 上面有21（其实，只要上过这一部分的教师都有体会，这是学生作业中常见的"错误"），甚至这样的竖式 $\frac{42\div 2}{21}$，大多数教师只会怪学生上课没有专心听讲，补救的办法就是给学生再讲一遍演算过程，或者让学生打开课本看一看。结果呢，像这样的"错误"还是不能杜绝，这时教师只好用题海战术的法宝，让学生反复练习。所以我们就决定开门见山地让学生说出 42÷2 等于多少后，就让学生尝试用竖式计算。反馈时，学生中出现了两种竖式，而且大多数学生认为第一种方法更简洁，喜欢第一种方法。在学生对两种竖式展开讨论的过程中，我们再来把握这节课教学的真实起点和学生学习的难点。从课堂教学实际的进程中我们看到了金老师婉转地介绍第二种方法的好处以后，学生还是坚持"自我欣赏"。确实对于 42÷2 这一道题来说，你有什么更充分的理由来证明，课本上的方法是最佳方法呢？这时，我们就出示了 32÷2，要求学生用自己喜欢的方法列竖式计算。这样，把学生置身于新的问题情境之中，在"认知冲突"中，初步感悟到了"自我欣赏"的方法的局限性和课本上的方法的通用性。对于数学教学来说，这样从数学本身的问题出发创设的情境，更有利于激活学生的思维。因为我们觉得如果所有的课都要从生活中寻找情境，既不可能也不必要，更何况计算教学还有自己更为本质的任务要完成。

2. 需不需要用计算机辅助教学？如何使用？

计算机辅助教学在数学教学中有独特的作用，这一点我们已经在实践中有了深切的体会。但在计算教学中究竟该如何把握？我们在这节课中做了一些探索和尝试。平时我们看到的许多课除了创设情境，往往事先把题目设计在课件里，在实际使用时只是起到了电子黑板的作用。我们认为这节课在两个地方需要用到计算机辅助教学，并把握使用的时机。一是例题的反馈验证。事先把例题的竖式设计在课件中，所不同的是，我们采用动态呈现竖式、分步到位的办法，这样在集体反馈时，比起教师在黑板上的板书过程可以让学生看得更清楚。二是事先设计好小棒的演示课件，当学生用竖式计算 32÷2，对于要把"余下来的 1"看作"10"与个位上 2 合起来再除理解有困难时，就演示此课件，让学生借助更形象、更直观的手段帮助理解。其余的（如一些练习题）都可以用实物投影替代。

3. 如何体现算法多样化？

我们也事先了解到算出 42÷2、32÷2 等的得数，学生可以用多种方法，如把 42 看成 40＋2，用 40 和 2 分别除以 2，再加起来可以得到 21；同样也可以把 32 看成是 30＋2，用 30 和 2 分别除以

2得到15和1，再加起来得到16。但我们考虑的是这节课的基本要求是要达到会用竖式计算除法，为以后学习多位数除法打基础。如果我们在前面探讨个性化的算法上花很多时间，那么就很难保证能完成基本任务。所以我们在实际教学时就开门见山要求学生探讨用竖式计算的方法。在课堂上由于我们采用了让学生自主探索、自我感悟该怎样摆竖式，自己出题自己解答等激发学生学习的主动性的策略。从课堂教学的效果来看，学生的基础是扎实的，思维是活跃的，解决问题的能力也得到了一定的培养和提高。

如何处理好算法多样化与一般方法的关系，还有待于我们在今后的实践中探索。

二、典型课例的实践与反思

（十三）除数是小数的除法*

背景分析与教学设想

1. 教学目标的分析与确定。

从数学知识的体系和教材编排两方面分析，"除数是小数的除法"这一教学内容是在学生已经学习了整数除法、小数除以整数和整数除以整数（商是小数）的除法的基础上进行教学的；并在后继教学中总结除数是小数的除法的计算方法，正确熟练地进行小数除法的计算。本节课所要完成的知识技能目标应该是能正确进行除数是小数的除法计算。而发展性领域目标强调对数学的认识、情感的体验和独立思考、合作交流、解决问题等；在知识技能领域中，强调对知识的感知、理解和应用，对技能的熟练掌握。本节课应初步渗透转化、建模等数学思想，逐步培养学生主动解决问题的意识和能力。

2. 教学设计的依据。

建构主义学习理论认为，学习是获得知识的过程，知识是由学习者在一定的情境下借助其他人（包括教师和同学）、利用必要的学习资料、通过意义建构的方法获得。在这个过程中，学生是信息加工、意义建构的主体，而教师则是意义建构的帮助者和促进者。结合本课教学的实际，在选择教学方法时努力做到以下三点：第一，"不悱不启，不愤不发"——在学生需要指导的时候才进行适

---

* 此课是浙江省小学数学教学分会第六届年会的观摩课，由嘉兴海宁市实验小学张再生老师执教。本文曾发表于《小学数学教育》2001年第4期，李有臻、金裕林指导，张再生执笔。

当的、有针对性的指导。第二，适度放手让学生探究学习，尝试解决问题，让学生经历成功或失败。第三，通过分类、验证、优化等活动，为学生的活动提供较大的空间，进一步加深学生对数学的认识。让他们体验算法多样化，并为学生提供了数学交流的机会和分析、处理信息的机会，可促进思维活动，提高学生的思维能力，培养学生良好的思维品质。

教学策略的选择

（1）教学环节的拟订。为了体现以学生为本的课堂教学理念，就要改进以往"复习→新授→巩固练习→总结→作业"模式中的教学策略，而采用了这样的教学策略：一开始就直接提问学生"除数是小数的除法，你觉得应怎样算"，试图通过这个问题的讨论，使一部分缺少主动探究意识和能力的学生有他人的意见可供参考，不致于束手无策；也使一部分有主动探究意识和能力的学生能互相启发，在思考时更有广度和深度。接着就让觉得自己已能探究的同学独立进行计算，而觉得自己还不能计算的，则继续在教师的指导下学习。

用这样的分层教学策略，试图实现在"班级授课制"条件下对学生个别差异的必要关注。针对学生的不同情况，若不采取不同的措施，一定会影响到不同学生的应有发展。对不同学生采取不同的教学方式，就是想充分发挥教师应有的作用，使各类学生都得到相应的发展。

（2）课堂调控。特别要说明的是：分层教学实施过程中，要充分考虑到学生的不同反应，再采取不同的教学策略。本课考虑到以下情况和相应的策略：如果全班学生都不能独立探究——不再分层，而将分层探究中的指导提前，并适当增加指导层次；如果全部学生都认为自己能独立探究——不再分层，放手让学生自己探究，在巡视中发现问题，再个别指导；如果不能独立探究的学生占大多数或少数——分层探究时的指导形式，受到学生人数的制约，一般用自然状态下的指导（人数较多时）和集中指导两种形式（人数较少时）。

(3) 练习设计。安排四层练习，有针对性、有重点地进行训练，及时反馈、调节，使学生能正确进行除数是小数的除法计算，落实知识技能领域的目标。

课堂实录

1. 引入。

师：前几天学习了除数是整数的除法，如 $3.25 \div 5$ 之类。今天，我们要研究 $0.065 \div 0.05$ 这样的问题。这道题和以前学过的题有什么不同？

生$_1$：除数是小数了。

生$_2$：被除数和除数都是小数。

师揭题：今天就学习除数是小数的除法。（板书）

2. 展开。

师：除数是小数的除法，你觉得应怎样算？

生$_1$：按整数除法算。（板书）

生$_2$：利用商不变性质。（板书）

生$_3$：先按整数的除法算，再点小数点。（板书）

师（小结）：现在有两种意见，一是先按整数除法算，再点小数点；二是在计算过程中可能要用到商不变性质。

师：参考以上两种意见后，你觉得自己已经能够计算的可以开始独立计算，觉得还不能计算的，再和老师一起从简单的问题出发研究。

（实际情况为，大部分学生都能自己独立计算，只有 5 位同学不能尝试计算，就到讲台前和老师一起研究，以下为一起研究的情形。）

出示：豆奶 5 角一袋，1 元 5 角可以买几袋？

师：可以买几袋？

生（异口同声）：3袋。

师：能把算式列出来吗？

生$_1$：15÷5＝3

生$_2$：1.5÷0.5＝3

师：两个算式得数都是3，就可以用等号把它们连起来，写成："1.5÷0.5＝15÷5"，你们还能不能用另外的理由说明它们是相等的呢？

生$_1$：被除数和除数同时扩大10倍。（点评：商不变性质）

生$_2$：1.5元就是15角，0.5元就是5角。

师：把等式从左往右看，左边是今天要学的算式，右边是我们已经学过的算式，实际上我们只要把没学过的转化成已学过的算式就行了，现在你们能算了吗？

生：能做了！（或点头）

反馈：收集各种算法到黑板上，如下：

①
```
      1.3
0.05)0.065
     0.05
     ───
      15
      15
      ──
       0
```

②
```
       0.013
0.05)0.065
      5
      ──
      15
      15
      ──
       0
```

③
```
       0.013
0.05)0.065
      5
      ──
      15
      15
      ──
       0
```
（0.05划去）

④
```
      13
0.05)0.065
     5
     ──
     15
     15
     ──
      0
```
（0.05和0.065划去）

⑤
```
      1.3
   5)6.5
     5
     ──
     1 5
     1 5
     ──
      0
```

⑥
```
       1.3
0.05)0.06.5
      5
      ──
      1 5
      1 5
      ──
       0
```
（0.05和0.06.5划去）

师：你觉得哪个得数是正确的？

生$_1$：我觉得0.013是对的。

生$_2$：我觉得1.3是对的。

师：我们有办法来证明哪一个对吗？

生：有办法——通过乘法来验算。

师做乘法：$1.3\times0.05=0.065$，说明商是 1.3 是正确的。

请算对的学生介绍想法。

写竖式⑥的学生：我先把被除数和除数都扩大 100 倍，这样划去零和小数点，就可以算了。（边讲边演示）

师：为什么要扩大 100 倍？

生（不能尝试算的学生之一）：把不会做的转化为会做的。（表扬！）

写竖式⑤的学生：我是把划零的过程在脑子里先想好，再列出这个（指竖式）。

师：这样做干脆利落，就是要求有点高。

写竖式①的学生：我是先按整数除法想，0.06 里只有 1 个 0.05，所以商是 1，在 1 的右下角点小数点。然后余下的 0.015 除以 0.05，等于 0.3，最后得 1.3。

师：他先按整数除法算，后来又考虑写那么多零，太麻烦，就果断地不写了，他边算边改进，把过程简化，非常独特。但可以更进一步，从一开始就划零和小数点，这样就和竖式⑤、⑥一样了。（师示范）

分析算错的原因。

生：（关于竖式④）因为除数扩大了 100 倍，而被除数却扩大了 1000 倍，这样商就扩大了。

生：（关于竖式②、③）他们把除数是整数的除法和除数是小数的除法混起来了，现在不应该把小数点点在原来被除数的小数点的上面。

归纳：

擦去三种错误的算法后。

师：这三种算对的方法，它们一开始都先干什么？

生$_1$：它们都是先划去零，变成整数除法再除。

生₂：它们都是利用商不变性质，把被除数和除数同时扩大了。

师（点评）：对，除数是小数的除法一般先转化成除数是整数的除法，在转化的过程中应用了商不变的性质。（板书）

3. 尝试练习。

(1) 在下面括号里填上合适的数。(P48 练一练"1")

0.81÷0.9＝(　　)÷9　　　6.6÷0.2＝(　　)÷2

0.78÷0.03＝(　　)÷3　　0.084÷0.07＝(　　)÷7

学生在课本上填写后，校对，分析错例。点评：

师：这些除法都是把除数转化成整数，而被除数呢？

生：有的是整数，有的仍是小数。

师：如0.084÷0.07这一题，将除数和被除数同时扩大1000倍，把被除数也转化成整数可以吗？

生₁：不可以。

生₂：也可以的。

生₃：是可以的，不过没有必要，太麻烦了。

(2) 计算。

师：完成转化时，有在竖式中划零的（如竖式⑥），也有在脑中划零的（如竖式⑤），你喜欢哪一种？请举手表示。（结果发现差不多是两分局面）

师：下面就请你用喜欢的方式来计算两道题，出示（0.72÷0.04　0.096÷0.8）

学生独立计算，教师巡回指导，特别关注不能独立探究的学生。校对后将所有错误分类，进行错例辨析：

生₁：被除数和除数没有同时扩大相同的倍数，被除数是（扩大）10倍，除数却是（扩大）100倍。(7.2÷4)

生₂：我知道为什么错了，我这里被除数是（扩大）1000倍，除数却是（扩大）10倍，嗯——不能乱划零。(96÷8)

4. 小结。

师：今天学习的除数是小数的除法，你知道应怎样算？

生₁：用商不变性质来转化。

生₂：把除数是小数转化成除数是整数就可以了。

师：我们是怎么算的？——先干什么，再干什么，最后干什么？

师：现在还有问题吗？

5. 巩固练习。（略）

课后反思

1. 观察与分析。

利用课堂教学现场观察技术，从课堂现场记录和教学录像中，选取以下三个方面对本课教学进行观察与分析。

（1）对课堂提问的分析

提问行为统计表

类　型	频　次	百分比％
管理性问题	2	5.4
记忆性问题	12	32.5
推理性问题	18	48.6
创造性问题	4	10.8
批判性问题	1	2.7

课堂提问共计37次，其中推理性问题居多（48.6％），记忆性问题次之（32.5％）。值得一提的是，也有4次创造性问题（10.8％）。可以看出，重视推理、关注创造在本课教学中有所体现。

（2）课堂练习分析。

采用观察技术中已有的"练习目标层次表"进行分析，如下页表：

练习目标层次表

水　平	A. 记忆	B. 理解	C. 应用
低级	①机械记忆	②分类	③简单应用
中级	④序列记忆	⑤推理	⑥综合应用
高级	⑦离散记忆	⑧问题解决	⑨创造应用

整堂课共有6道练习，用时35分钟，占实际上课时间（42分钟）的83.3%。本节课教学中练习目标层次除简单应用外都能达到推理和综合应用水平，并在探究时达到问题解决水平；从课后的作业情况看，学生的正确率达95%以上，技能目标落实也较理想。

（3）语言互动分析。

采用弗兰德的语言互动分类表进行分析，本课教学中主要使用学生自主取向、教师中立取向和教师主导取向相结合的教学方式，行为具有一定的结构性——既有利于学生独立思考，并留下较充分的时间与机会让学生发表自己的意见；又有利于教师及时调整教学策略，以适应学生的学习。

2. 成功的方面。

（1）能正确地处理教师与学生的关系。

在整堂课中，学生是学习的主体，教师是学习的帮助者和促进者。可以从以下两方面体现出来：一是从师生活动的时间分配上。二是从分层探究、有针对性的适当的指导上。只有摆正了师生关系，才有可能使学生得到应有发展。

（2）能关注每个学生的发展。

关注每个学生的发展，特别是"两头"（尖子生、中下生）学生的发展，体现出教育以人为本的思想。如果不从学生的实际出发，搞一刀切，就会造成两个极端：一是尖子生没有思考的余地，影响到学习数学的兴趣；二是中下生在探究活动中束手无策，影响到学习数学的信心。本课的分层教学较好地处理了这个矛盾，让所有的学生都能有效地学习。学生在自我评价的基础上,有信心地进行自主学习活动,通过交流、验证、归纳等过程,实现了让全体学生都得到应有发展的目标。

(3) 取得了知识技能领域和发展性领域的双丰收。

在本课教学中,学生经历了猜想、借鉴、探究、分析、辨别等过程。其中有独立思考、有情感体验、也有信息的收集与处理,发展性领域的目标落实得好;也因为有了以上过程,再通过一系列行之有效的练习,使知识技能领域的目标也落实得好,这可以从课后的练习中得到佐证。

3. 需要进一步探讨的问题。

(1) 调控问题。

这样相对开放的课在具体的实施过程中,学生的反应各异,要求教师能根据不同的情况,及时作出判断,合理调控。如果处理不当,教学效果就要受到影响。如在讨论"$0.065 \div 0.05$,你觉得可以怎样算"时,学生会有各种回答,这时怎样点拨、讲到怎样的程度才有利于学生的探究,都需要教师当机立断。在本课教学中,当时教师的点拨基本上没有,这与后来探究的结果有许多错误是否有直接的联系?所以,上这样的课对教师的要求是很高的,因为教学的进程往往是无法按单一的程序进行的,更多地是依赖教师对学生的认识和教学机智。而相应地作出一定的预测,就显得格外的重要。

(2) 交流问题。

整堂课师生之间的交流比较充分,而学生与学生之间直接的交流基本没有。怎样在短短的40分钟内安排一定的时间,让学生进行自主、有效的讨论和交流,是值得重视的一个问题。进行学生之间的交流,可以促进学生之间的信息流通,提高他们数学交流的能力;可以使学生学会倾听、学会换位思考;还可以把讨论算法的过程简化,从而留出更广阔的时空让学生去思考、体验。

(3) 中下生的发展问题。

这样的分层教学，对中下生来说，确实能帮助他们掌握知识、技能。但在教学中，他们也相应地失去了"探究"这一块阵地。经常这样做会不会对他们的长远发展造成不利的影响？这需要在今后的教学中进一步探讨。

（十四）利息的计算*

> **教学设想**

1. 力图体现应用题教学的应用味。

"利息的计算"一课是分数、百分数乘法应用题在实际生活中的应用。应用所学知识和方法解决一些简单的实际问题是小学数学教学的一项重要任务。计算教学、概念教学和几何初步知识的教学，都应重视学生应用能力的培养，应用题教学更应强调应用味。长期以来，应用题教学在教材和课堂教学等方面，其应用性未能引起足够的重视，使应用题的教学流于简单的解题训练，这种现状必须改变。我们在设计这节课时，试图改变以往的教学模式和方法，体现应用味。由于利息的计算应用较广，学生在目前和今后的生活中都会有较多的应用机会。因此先设计了每个学生都熟知的"过年——拿压岁钱——存银行——得利息"的情景，引入新课，使学生感受到利息的计算就来源于自己的生活实际。在学生学会了利息的计算方法后，请他们设计自己的压岁钱的存取方案，为学生提供解决实际问题的机会，使他们感受到所学的知识能运用于生活。

2. 试图增强应用题教学的开放性。

开放性的教学，是培养学生的创新意识和创造才能的有效途径。应用题教学的开放性可体现在条件、问题、结论、呈现方式、解题策略等方面。现行小学数学教材应用题的呈现方式，一年级因

---

* 此课是浙江省小学数学教学分会第六届年会的观摩课，由湖州市练市中心小学范新林老师执教。本文曾发表于《小学数学教育》2001年第4期，作者是杨海荣和范新林。

学生的识字量有限，出现一些图文或图表应用题，其余各年级都以文字的形式呈现。其实应用题的呈现方式可以多种多样，不拘一格，既可以以文字的形式呈现，也可以以表格、示意图、线段图、对话、活动场景等方式呈现。本课时的教学设计，试图在呈现方式和解题策略两方面有所探索。

改变例题的文字呈现方式。根据利息计算的知识特点，以三张真实存单的形式呈现例题，请学生说一说储蓄的有关知识、算一算每张存单的利息是多少。使学生感到真实可信，可以充分调动学生探索利息计算方法的积极性。

呈现方式的开放只是形式，解题策略的开放才是本质。"利息的计算"一课，我们为学生创设了两次解题策略开放的机会。一是请学生设计如何储蓄1000元压岁钱的方案。估计通过适当的引导，学生根据自己的需要，能设计出了很多储蓄的方案。二是要求学生帮助王大爷出主意。创设的情景是这样的：王大爷1997年12月14日，把5000元存入银行，定期三年，眼看就要到期了，但是前几天王大爷的老伴突然生病住院，急需这5000元，可是银行规定，凡不到期取款一律按活期利率计息。为这，王大爷正左右为难呢。通过两个层次的问题解决，既能巩固本课时的基础知识——计算利息，又能培养学生从不同角度思考问题的能力；既掌握了数学知识，又解决了简单的实际问题；既学到了解决数学问题的策略，又学到了解决生活问题的策略。既开放了课堂的空间，又开放了学生的思维；通过数学学习，使学生变得聪明了，也更加精明了。

3. 充分尊重学生已有的生活经验和认知基础。

对于"利息的计算"学生已有一定的生活经验，且分数、百分数乘法应用题的计算技能已熟练掌握，本课时教学和认知的重点和难点不在会不会计算利息，而在于应用。存款利息的多少不需要自己去算，一般由银行计算，储户要知道是不是算错了，自己的利益是否得到保障。

因此，我们在进行教学设计时，充分尊重学生的生活经验和认知基础，用"压岁钱"的情景引入新课后，先让学生自己说说有关储蓄的知识已知道哪些，再让学生观察一张真实的存单，让学生从这张真实的存单上获取有关存款的信息，并由学生自己举例说明本金、利息的意义，引导学生理解利率的意义就是利息占本金的百分比。在理解利率意义的基础上，出示三张真实的存单，让学生自选一张计算利息，主动探索利息的计算方法，构建利息计算的模型。

4. 尝试应用题教学的新模式。

在应用题课堂教学的实践中，我们逐步探索归纳出"创设情景——构建模型——解释应用"的应用题课堂教学模式。即从学生的生活实际出发，创设问题情景，再从中提取数学问题（即应用题），进而引导学生进行探索，构建数学模型（即数量关系、分析问题的方法及解题策略），最后用所学的知识和方法去解释或解决数学问题和简单的实际问题。本节课的设计，也应用了这一教学模式。先创设压岁钱存银行的生活情景，结合真实存单理解本金、利息、利率的意义后，从存单中提取计算利息这个数学问题，通过三张真实存单的利息计算方法的探索，构建利息计算的数学模型：本金×利率×时间＝利息。学生掌握了利息的计算方法后，设计了两个层次的训练，为学生提供解决实际问题的机会。一是利用所学知识解决数学问题：分别请学生计算（1）张阿姨购买5000元三年期国库券的利息。（2）张伯伯向银行贷款7000元 4 个月的利息。（3）李叔叔存8000元活期半年的利息。二是用所学知识解决实际问题：（1）请学生设计1000元压岁钱的储蓄方案。（2）为王大爷出主意解决取款的两难问题。

课堂实录

1. 创设情景，引入新课。

从师生谈话中引出"压岁钱"的话题。

师：老师与你们一样大的时候，过年最开心的也是能拿压岁钱，那么你们现在过年一般能拿到多少压岁钱？

师：我相信每个同学都有压岁钱拿，但是不管多少，都是长辈对我们的关心。范老师那时只拿几角压岁钱，也很开心。你们拿了那么多的压岁钱，是不是都买鞭炮放了？（众生笑答：不是）那么你们是如何处理压岁钱的呢？

生$_1$：我存银行。

生$_2$：我交学费。

生$_3$：我一部分存银行，一部分买学习用品，再多的捐给灾区小朋友。

生$_4$：我用小部分买鞭炮，把大部分存入银行……

2. 联系生活，理解意义。

师：压岁钱有那么多，除了一部分消费外，多余的存银行。那么你能不能向大家介绍一下有关储蓄的知识？

生$_1$：定期利率比活期利率高。

生$_2$：活期可以自由地取，定期不到时间要用身份证才能取……

师：储蓄有定期和活期之分，定期储蓄的利率较高，就是拿到的什么比较多？（生齐答：利息。师板书）

师：那么谁来举例说明一下哪一部分是利息呢？

生：去年我存入一千元，今年到期取出1024元，这24元是利息。

师：那么存入的一千元又叫什么呢？

生：本金。（师板书）

师小结：有关储蓄的知识有很多，同学们已经知道了不少。

教师用实物投影仪出示课前准备好的一张100元的真实存单，请学生观察后回答：你能从这张存单当中知道些什么？（同桌可以商量）

反馈。

生₁：我知道储户叫范新林，存了一百元。

师：范新林就是本人，这一百元叫做什么？（生齐答：本金）还可以看出什么？

生₂：范老师要到 2002 年 11 月 7 日才能取出。

师纠正：要到 2002 年 11 月 7 日才到期。

生₃：我知道了范老师的年利率是 2.43%。

师：范老师的年利率？（众生笑）到底是什么的利率？

生₄：定期两年的利率。

师：你从哪里看出来？

生₅：存期 24 个月。

师：对。从这里可以看出它的年利率是 2.43%。谁来说说年利率 2.43%是什么意思？

生₆：假如存 100 元，那么一年后能拿到 102.43 元钱。

师：就是拿到了 2.43 元的利息，谁能更简要地说明一下？

生₇：就是利息占本金的 2.43%。

师小结：利息与本金的百分比就是利率。（板书）在一张简单的存单上，我们能知道很多的信息。

师出示三张复印的存单（分别为①200 元，存期 3 年，年利率为 2.7%。②100 元，存期 2 年，年利率为 2.43%。③200 元，存期 1 年，年利率为 2.25%。），请学生观察这三张存单，说说有什么相同的地方？有什么不相同的地方？教师巡回。

反馈。

生₁：三个户名都不一样。

生₂：分别存了 12 个月、24 个月、36 个月。

师：就是它们的什么不一样？

生₃：存期。（师板书：时间）

生₄：他们存的本金不一样。

生₅：他们的年利率不一样。

师：谁再来说说他们有什么一样的地方？

生₆：他们都是同一天存的。

师：既然是同一天存的，为什么年利率不一样呢？

生₇：他们存的钱不同。

师：存的钱不同，就是指本金不同，那么范老师存的越多，年利率就越高吗？（很多同学表示有意见）

生₈：他们的存期不同。

师小结：存期不同，所以年利率不同，其实银行的利率是国家根据经济发展的需要所确定的，不同时期的利率是不同的。

师出示银行储蓄的利率表：谁能给大家解释一下，这里的2.7％表示什么意思？

生：这里的2.7％，表示利息占本金的2.7％。

师：是定期几年的利率？

生：三年。

师：这里的月利率表示什么意思呢？

生：月利率是一个月的利息占本金的百分比。

3. 引导探索，构建模型。

师：通过比较，我们知道存期不同，利率不同，利息的多少与利率有关。请你自己选择其中的一张存单，帮哪位储户算一算，这张存单到期后可拿到多少利息？（学生用计算器计算存单利息，教师巡回指导。）

反馈。

生₁：我算第一张，200×0.027×3＝16.2元。（师板书：200×0.027×3＝16.2）

师：200×0.027表示什么？

生：200×0.027表示一年所得的利息。

生₂：我算第二张，100×2.43％×2＝4.86元。（师板书：

$100 \times 2.43\% \times 2 = 4.86$）

师：这里为什么要乘2？我看到存期写着24个月，为什么不乘24？

生：因为2.43%是年利率，$100 \times 2.43\%$表示一年所得的利息，24个月就是两年，所以乘2才表示定期两年所得的利息。（师板书：定期两年）

生：我算第三张，$200 \times 2.25\% \times 1 = 4.5$元。（师板书：$200 \times 2.25\% \times 1 = 4.5$（元））

师：把"$200 \times 2.25\% \times 1$"改成"$200 \times 2.25\% \times 5$"就是定期五年所得的利息吗？

（学生议论纷纷，有的学生开始举手。）

生$_1$：是的。（少数学生表示同意，多数学生表示反对。）

生$_2$：不对！存五年的话，年利率应该还要高。

师：对照利率表，定期五年的年利率是多少？（2.88%）那么200元存五年所得利息如何计算？

生：$200 \times 2.88\% \times 5$。

师：在计算利息时要注意，定期时间和年利率要相对应。通过刚才的讨论你知道利息的多少和哪些因素有关？

生$_1$：跟年利率和时间有关。

生$_2$：跟本金也有关。

师：利息的多少跟本金、年利率和存期有关系，那么到底有什么样的关系？（请学生观察上述三个算式）

生：本金乘利率再乘时间等于利息。

教师补上"×"和"="，形成计算利息的模型。

$\boxed{\text{本金} \times \text{利率} \times \text{时间} = \text{利息}}$

4. 巩固训练，解释应用。

师：这就是我们计算利息的基本方法，利用这种方法我们能够解决一些日常生活当中经常碰到的有关利息计算的问题。（揭示课

题:利息的计算)

师逐一出示下列题目:(只列式不计算)

(1)张阿姨购买了三年期的国库券5000元,年利率是3.85%,三年后可得利息多少元?

(2)张伯伯做生意,向银行贷款7000元,月利率0.5115%,4个月后应付利息多少元?

反馈时提问:题中的贷款是什么意思?(生:贷款就是向银行借钱。)

师:当你钱不够用可以向银行借,但不要忘了付利息,这里的利息是付给谁的?(生齐答:银行。)

师小结:储蓄时利息是银行付给储户,但是贷款时却要把利息付给银行。

(3)李叔叔把8000元存银行,存活期储蓄,月利率0.0825%,半年后可得利息多少元?

反馈。

生$_1$:8000×0.0825%×0.5。 (师板书:8000×0.0825%×0.5)

生$_2$:我有不同意见,应为8000×0.0825%×6。 (师板书:8000×0.0825%×6)

师:你为什么乘6?(生:因为半年有6个月。)

师:半年用小数表示也就是0.5年,我觉得乘0.5也没有错。(生:因为0.0825%是月利率,存期和利率应该对应,所以乘0.5是错的。)

师:8000×0.0825%算出来表示什么意思?

生齐答:一个月的利息。

师:那么乘0.5变成了几个月的利息呀?

生:半个月。

师:所以应该乘几?

生：应该乘6。

师：利率和时间单位必须相对应，如果乘0.5不变，你看怎么办？

生：8000×0.0825%×12×0.5。

师小结：总之，利率和时间要相对应。

5．实际应用。

（1）如何处理压岁钱。

师：同学们说压岁钱用不完要存银行，假如你拿到1000元压岁钱，你说说你准备怎样存？为什么这样存？

反馈。

生$_1$：我准备存五年，因为拿到的利息多。

生$_2$：500存活期，另外500元存定期两年，500元可以随时拿，另外500元过两年可能就要用。

师：这位同学把一部分钱存定期，一部分钱存活期，他考虑得真周到。

生$_3$：我把1000元存定期一年，如果一年后还不需要，再存定期一年。

生$_4$：我把它们全部存活期，随时可以用。

生$_5$：我存定期三年，那时我正好读高中，可以交学费。

（2）帮王大爷出主意。

师：自己的钱要有自己的打算，不能盲目乱花，存银行时也要选择比较合适的存期，以获得更大的实惠。但有时意料不到的情况时有发生。你看，王大爷就碰到了这样的情况。出示情景：王大爷1997年12月14日，把5000元存入银行，定期三年，眼看就要到期了，但是前几天王大爷的老伴突然生病住院，急需这5000元，可是银行规定，凡不到期取款一律按活期利率计息，为这，王大爷正左右为难呢。（注：上课这一天是2000年11月14日，离到期还有一个月。）

师：王大爷为什么左右为难呢？

生：因为取出来的话成了活期储蓄，要损失利息。

师：你能替王大爷想想办法吗？

生$_1$：向朋友借。

师：借不到怎么办？

生$_2$：我看还是拿了好，因为看病要紧。

师：实在没办法也只好拿了。

生$_3$：不！可以先向银行贷款，然后等钱到期了再归还。

……

师：贷款要付利息的，银行规定，贷款期限在半年以内月利率为0.5115%。我们帮王大爷算一算，贷款是不是合算？这位同学出的主意好不好？（生尝试，师巡回。）

生试算后一致认为：贷款合算。

师：你们是怎样算的。

生：作活期算应得利息：5000×0.0825%×35＝144.375（元）

　　贷款一个月应付利息：5000×0.5115%×1＝25.575（元）

　　定期三年应得利息：5000×2.7%×3＝405（元）

比较后发现贷款确实比较合算。

师：刚才同学们都动了很多的脑筋，为王大爷出了许多主意，我们快去告诉王大爷。

课后反思

从课堂教学的实践看，本课的总体效果良好，基本达成了事先的教学设想。具体说有以下几方面的优点：（一）通过从生活实际引入利息的计算，并应用所学知识解决了一些简单的实际问题，使学生真切地感受到数学知识和生活实际的紧密联系，数学来源于生活，并能解决实际问题，充分体现了应用题教学的应用性。（二）通过让学生根据自己的生活经验说说有关储蓄的知识已知道哪些，自

二、典型课例的实践与反思

己举例说明什么是本金、利息、利率,引导学生讨论利息的多少与什么有关等教学活动,组织学生主动探索和构建利息计算的数学模型。说明教师已成功地转换了自己在课堂教学中角色和作用,能根据学生已有的认知基础组织和展开教学活动,充分发挥了课堂教学中学生的主体作用。(三)本课基础知识的教学扎扎实实,并能在此基础上进行呈现方式和解题策略的适当开放,较恰当地处理好了继承和创新的关系。(四)在本课的教学过程中,教师处处注意创设民主、宽松的课堂教学氛围,以幽默的话语,使在学生会心的笑容中轻松掌握知识和方法,体现了教师扎实的课堂教学技能和一定的课堂教学艺术。

"利息的计算"一课,在改变传统应用题教学模式和方法上作了有益的探索和尝试,在某些方面取得了一定突破,但有一些问题值得进一步研究。这些问题也是我们在进行应用题教学研究中感到困惑的,在此一并提出以求教于大家:以此种模式和方法进行应用题的教学,在教学目标的把握上,其方向是否正确?长此以往,是否会造成另一种意义上的模式化?"利息的计算"一课,其教学内容本身具有一定的特殊性,便于找到现实生活中的原型,如果换成其他的教学内容,在现实生活中找不到原型,那么其"创设情景"、"解释应用"是否存在着很大的局限性?

（十五）百分数的应用*

教学设想

1. 教学目标的定位。

长期以来，应用题教学一直以培养学生的思维能力为核心，强调数量关系分析和解题训练，很多学生具备了高超的解题技巧，却不会分析、处理生活中简单的数学问题。我们认为，数量关系的分析，思维能力的培养，作为应用题教学本身的特点，无论过去、现在和将来都不应被忽视。但"为分析而分析"、"为解题而解题"的现状亟待改革，应用题教学要着眼于使学生学会运用数学的思维方式去观察、分析现实社会，去解决日常生活中和其他学科学习中的问题。基于以上分析，我们把本节课的教学目标定位于培养学生分析现实生活数据的意识和能力，并通过数据的观察、分析，理解掌握应用题的数量关系，从而体现"数学源于生活，寓于生活，用于生活"的思想。

2. 教学策略的选择。

（1）学习材料的选择与呈现。学习材料考虑了三方面因素，一贴近现实生活，使学生产生亲切感，能激发探究的欲望；二蕴涵与新知学习密切联系的数学问题；三具有较大信息量，使整个教学过程基本上能在同一个教学情景中展开，既培养分析数据的意识和能

---

* 此课是浙江省基础教育科研 2000 年规划课题"关于小学数学课堂教学设计的原则与策略研究"阶段性成果展示活动的一节观摩课，由嘉兴市南湖中心小学朱国荣老师执教。本文曾发表于《小学数学教育》2002 年第 1、2 期，作者是朱德江和朱国荣。

力,又突出数量关系的理解和掌握。本节课选择"申奥"投票数据作为学习材料,正是以上思考的结果。

应用题非得以文字叙述形式呈现吗?几个条件加一个问题才是应用题吗?学习材料的呈现是教师的"责任田"吗?长期以来,应用题的呈现往往与学生无关,而且呈现方式非常呆板。我们尝试把材料呈现与创设情境紧密结合,引导学生积极参与材料的提供。改变以文字叙述出示题目的单一形式,采用统计图(表)的形式呈现各城市"申奥"时的得票情况,并引导学生从多种角度观察、分析数据,提出问题。题目的呈现不是一步到位的,各种数据条件是可选择的,问题则由师生共同提出来的,改变以往"出示题目→理解题意→找出条件和问题"的老三步,使应用题呈现过程本身就成为学生观察、思考现实生活问题的过程,从而增强学生学习活动的新鲜感和课堂教学的信息容量。

(2) 探究过程的组织。波利亚曾说,学习任何知识的最佳途径都是由自己去发现,因为这种发现,理解最深刻,也最容易掌握其中内在规律、性质和联系。"北京得票数比多伦多多百分之几"、"多伦多得票数比北京少百分之几"是本节课的两个核心问题。学生是否积极参与核心问题的探究,探究活动是否充分暴露学生的思维过程,学生是否通过自主探究真正理解掌握了数量关系,是教学成败的关键。怎样突出核心问题的探究过程呢?

首先,引导学生通过对数据的观察,感受到需要解决的问题,并把它作为学习的起点,从而激发探究欲望,明确探究的目标和方向。如在呈现投票数据后,教师设疑:"北京申奥成功后,很多电视、报纸评论'北京得票数遥遥领先',这是为什么?"通过讨论,师生共同提出核心问题。又如,在计算出第一个问题的答案后,教师精心设问:"北京得票数比多伦多多154.5%,那么,多伦多得票数比北京是不是也少154.5%吗?"这样设计,试图让新知的学习成为学生解决问题的需要,并使核心问题解决更富层次性。

其次，鼓励尝试，引导学生自主解决问题。张天孝老师说过"数学教师是不应该讲清楚的"，这句话提醒我们，教师不能"把所有问题都自己扛"，要把解决问题的机会留给学生，鼓励学生大胆尝试，独立寻找解决问题的方法。在我们的设计中，核心问题呈现之后，先让学生尝试解决，再汇报交流，对学生的算法教师不作任何暗示，为学生充分暴露自己的思维活动创造一种心理安全的氛围，然后通过说思路、讨论辨析、课件演示让学生弄清数量关系，理解解题思路。力图使整个探究过程都是学生在独立思考，在表达，在交流，在争论，在主动获取知识，而教师则真正成为学习活动的组织者、引导者与合作者。

（3）练习的设计。如果将每个城市的得票数都进行比较，那么一共可以提出12个类似的问题，设计中我们注意挖掘材料包含的信息量，精心设计基本练习，让学生"任意选择两个城市的得票数，提出类似问题，并写出算式"。把练习自然融合于数据分析之中，改变了以往"就题解题"的练习形式，情境的延续既使学生的思维集中于数量关系分析，又使教学过程显得十分流畅。习题内容的开放性，习题选择的自主性，使每个学生都可以根据自己的学习能力自主选择。综合练习更具开放性和应用性，学生可以应用整数、百分数的知识，从多种角度对本班男女生人数进行分析，从而培养学生运用数学的思维方式分析现实生活的意识和能力。

（4）多媒体的应用。本节课多媒体演示体现了三方面的作用，一创设情境，渲染学习气氛，如录像片段；二快速、直观呈现学习材料，如统计图（表）；三突破教学难点，帮助学生理解数量关系，这是演示的核心作用。"求一个数比另一个数多（或少）百分之几"应用题的数量关系就比较抽象，学生理解时需要解决两个障碍：一是确定谁是单位"1"，二是理解谁与单位"1"比。抽象的数量关系如果仅靠抽象的语言去分析，效果是不言而喻的，直观、生动的动画演示正好可以表达语言难于表达的作用。因此，当学生在独立探究、合作交流的过程中产生疑惑时,结合学生的分析进行动画演示,以期帮助学生理解数量关系,突破教学难点。

课堂实录

1. 创设情境,导入新课。

多媒体呈现北京申奥成功时激动人心的录像片段,引导学生分别说出北京、多伦多、巴黎、伊斯坦布尔得票数,多媒体呈现条形统计图:

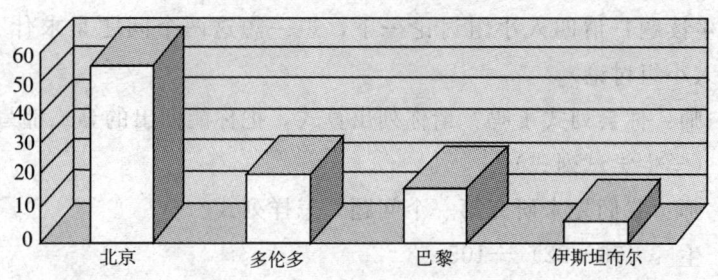

申奥第二轮各城市得票情况统计图

单位:票

(接着呈现第一轮得票统计表)师设疑:北京得票数第一轮就已经遥遥领先,为什么到第二轮才宣布北京获胜呢?(生:因为第一轮北京的得票数还没有超过一半)超过一半也就是超过50%。看来,北京申奥要成功,不能光看北京的得票数,还要计算北京得票数占总票数的百分之几?(板书问题)请你算一算。

学生计算后反馈:$56+22+18+9=105$(票),$56÷105≈53.3\%$(板书)

师:看来,我们在分析一些数据的时候,不但可以直接比较它们的大小,还可以运用百分数的知识进行比较,获取有用的信息。这节课我们继续学习"百分数的应用"。(板书课题)

2. 呈现问题,探究新知。

(1) 引导提问，呈现探究材料。

师设疑：北京申奥成功后，很多报纸、电视评论"北京得票数遥遥领先"，这是为什么？

生$_1$：北京得票数比其他三个城市得票数的总和还要多。

生$_2$：北京得了56票，比多伦多还多34票。

师：老师也有一种比较方法，用北京得票数与多伦多比，求"北京得票数比多伦多多百分之几"（板书）。反过来可以怎样提问？

生：多伦多得票数比北京少百分之几？（板书）

(2) 指导探究，解决问题。

师：这两个问题要我们求什么，请大家先读一读这两个问题（学生读题）请四人小组讨论一下，想一想这两个问题是求什么？（四人小组讨论）

师：你会列式了吗？请你列出算式，把你能列出的算式都写出来。（学生尝试列式）

师：我们先来研究第一个问题，怎样列式？

生$_1$：(56－22)÷105。

生$_2$：(56－22)÷22。

生$_3$：(56－22)÷56。

生$_4$：56÷22－1。

师：说说你是怎样想的？

生$_1$：我先求北京比多伦多多几票，再用多的票数除以总票数。

生$_2$：我也是先求北京比多伦多多几票，但我是用多的票数除以多伦多的票数。

生$_3$：我先求北京比多伦多多几票，再用多的票数除以北京的得票数。

师：（教师把三个算式圈起来）这三个算式有相同的地方，谁已经发现了？（生：这三个算式都是先求北京得票数与多伦多的差）看来这一点我们的意见已经统一了。但应该用这个差除以总票数、多伦多的得票数，还是北京的得票数呢？（学生思考）请每个小组的同学讨论一下（小组讨论，教师巡视听取意见，参与讨论）哪个小组先发表意见？

生₁：我们组同意除以22。因为多伦多得票数是单位"1"。

生₂：我们组也认为要除以22。因为求"北京得票数比多伦多多百分之几？"，要用北京得票数与多伦多的差，除以多伦多得票数。

师：（多媒体演示）同学们都认为多伦多得票数是单位"1"（多伦多的直条变成红色），先求出多几票，（北京的直条变成黄色，移动多伦多的直条，在北京的直条上表示出与多伦多相等的部分，多的部分变色、闪烁，并显示56－22），再把多的票数与多伦多比，求出多百分之几。现在你们想明白了吗？请同桌互相说一说想法。

师：（指56÷22－1）这个算式我们还没有讨论，这是谁的算法？怎么想的？

生：我先用56÷22求出北京得票数是多伦多的百分之几，再减去多伦多的单位"1"，就求出了"北京得票数比多伦多多百分之几"。

师：你的想法真有创造性。这两个算式的结果一样吗？请你任选一个算出答案。（学生选择计算后汇报结果，板书）

师设疑：北京得票数比多伦多多154.5%，那么多伦多得票数比北京是不是也少154.5%？（大部分学生认为不是，也有一些学生犹疑不决）

师：到底是不是少154.5%呢？请大家列出算式，算出答案。（学生列式计算）。

生₁：(56－22)÷56≈60.7%。

师追问：为什么要除以56？

生₁：因为北京得票数是单位"1"。

生₂：我是这样列式的，1－22÷56，结果也是约等于60.7%。

师：为什么这两个问题的结果会不一样呢？（学生小组讨论）

生₁：因为单位"1"不一样。

生₂：因为第一个问题多伦多是单位"1"，第二个问题北京是单位"1"。

师小结：看来，多百分之几和少百分之几的算法和结果都是不一样的。

3. 巩固新知，迁移应用。

(1) 基本练习。

师：刚才我们比较了北京与多伦多的得票情况，其他几个城市之间能不能比，请你也这样提出问题，并写出算式。

生₁：北京得票数比巴黎多百分之几？(56－18)÷18。

生₂：(18－9)÷18，伊斯坦布尔得票数比巴黎少百分之几？

……

(2) 变式练习（选择正确的列式，略）

(3) 综合运用。

师：应用百分数知识可以分析生活中的很多数据，其实在我们班级里也有很多数据可以这样分析。我们来统计一组数据。我们班有男生（22）人，女生（34）人。（教师板书）请四人小组合作分析这些数据。（投影出示要求：每人提出一个问题，并选择其中一个说说想法和算式）

小组合作学习，反馈。

4. 总结全课。

师：今天的学习你成功了吗？说说你有哪些进步。

生₁：我成功了，以前我不会找单位"1"，现在已经会找了。

生₂：我也成功了，我又学会了一种数据分析的方法。

生₃：我知道了多百分之几和少百分之几是不一样的。

二、典型课例的实践与反思

课后反思

从教学实践过程看，本节课中教师本着以学生发展为本的教育理念，着眼于学生的可持续发展，注重教学目标的多元化，在价值目标取向上不仅仅局限于学生获得一般的解题知识技能，更重要的是让学生在数学学习过程中增强应用意识，获得数学的基本思想，了解数学的价值，体验问题解决的过程，在情感、态度、价值观等方面都得到充分的发展。教学中，我们可以感受到教师强烈的改革意识，正在努力改变传统教学中"应用题教学题材呆板，数据老化，缺少'应用味'，教学程式化，学生不感兴趣"等问题，力图构建应用题教学的新模式。

1. 合理地选择和使用学习材料。

本节课中，教师在学习材料的选择和使用上下了一番功夫，使本节课的学习题材更具现实性、趣味性、探索性，而且应用得充分到位，促进了学生的学习。

（1）选择有丰富现实背景的学习材料。数学源于生活，生活中充满着数学。本节课的执教教师有敏锐的数学眼光，及时地抓住北京"申奥成功"不久的有利时机，把"申奥成功"这个刚刚发生的学生熟悉的题材作为数学教学的活教材，并且题材的处理也非常得当。开始，教师播放申奥成功时那段激动人心的录像，让学生再一次感受了成功的喜悦，渲染了现场的学习气氛，提高了学生探索发现的兴趣。接着，教师没有纠缠于"申奥成功"的具体情节，而是迅速地抽取了"申奥得票数"这个对数学教学有用的信息，以统计图的形式呈现给学生，迅速地把生活情境转化成了数学情境，引导学生通过比较，提出数学问题。然后，教师引导学生用百分数的知识来分析数据，师生共同提出本节课主要要探究的问题——"北京的得票数比多伦多多百分之几，多伦多的得票数比北京少百分之几"。这样，将本来很枯燥的百分数应用题的题材生活化，使学习材料具有丰富的现实背景,增加学生的信息量,提高了学生探索的积极性,使学生体会到生活中处处有数学,感受到数学的趣味和作用,体验数学的魅力。

(2) 合理使用,充分发挥每一个学习材料的作用。平时教学中,经常可以看到有的教师为学生准备了多层次的学习材料,但有的材料使用时匆匆而过,没有发挥应有的作用。本节课中,教师在每一个材料的使用上都比较充分到位。如:"四个城市的申奥得票数"这个材料,题材内容非常丰富,教师处理时除了作为探究新知识的主要材料,还将其作为"基本练习"的学习材料,让学生自己提出问题列出算式,而且练习的形式多样。有自己提问题列算式的、有同桌间互相说问题列算式的、也有让学生根据算式提问题的。这样处理,既充分利用已有材料解决了"申奥话题"中一个个实际问题,达到巩固知识的目的,又调动了学生主动学习的积极性,体验到了解决问题的乐趣。再如在练习中有这样一道选择题:"同学们把零用钱省下来存入银行。小明存了150元,小军存了100元,小明比小军多存百分之几?①$150\div100$,②$(150-100)\div100$,③$100\div150$,④$(150-100)\div150$",结果学生都选择了"②",但教师对这个材料的使用并不是到此为止,而是先让学生口算出答案,再问学生"为什么不选'④',这个算式求的是什么?",这样处理,材料的作用发挥得比较充分。

2. 以"问题"为导,构建探索性的学习方式。

"问题"是学生学习的重要载体,是学生探究学习的出发点,是学生思维的发动机。美国教育家布鲁纳也曾说过:"向学生提出挑战性的问题,可以引导学生发展智慧。"本节课教学中,教师精心创设问题情境,引导学生自己提出问题、研究问题、解决问题,以"问题"为导,构建探索性的学习方式。

首先,教师精心设疑,把学生引入与问题有关的情境之中,引导学生把现实问题数学化。本节课中,教师的三次"设疑"非常精彩，学生从"疑"处产生了要探究的问题，并产生强烈的解决问题的心向。第一次设疑：在出示第一、第二轮的得票数后，教师设疑"北京得票数第一轮就已经遥遥领先，为什么到第二轮才宣布北京获胜呢？"导出我们分析数据时有时也可以用百分数进行分析，并揭示课题。第二次设疑："北京申奥成功后，很多报纸、电视评论北京得票数遥遥领先，这是为什么？"抓住"遥遥领先"这个词引导学生进行比较，共同提出了探究的核心问题。第三次设疑："北京得票数比多伦多多154.5%，那么多伦多得票数是不是比北京少154.5%呢？"这样很自然地引出了学生很容易犯的直觉错误，并产生了强烈的探究欲望。

其次，让学生经历知识的探索过程。荷兰数学教育家弗赖登塔尔曾说过："学习数学的惟一正确的方法是实行'再创造'，也就是由学生本人把要学的东西自己去发现或创造出来。"反思传统的应用题教学，教学程式化严重，过于强调应用题教学的思维训练，数量关系分析过于琐碎、抽象，学生没有自主探索的空间。本节课教学中，教师精心构造以学生为主体的教学策略。以学生主动学习为出发点设计灵活多变的教学，开放知识和问题的探究过程，努力做到"凡是学生能自己探索得出的，决不替代；凡是学生能自己独立思考的，决不暗示"，自主探索、交流反思成了学生学习的主要形式。如在第一个核心问题——"北京的得票数比多伦多多百分之几"的探索过程中，先让学生小组内共同理解题意，然后让学生独立尝试列式解答，再让学生充分地说说自己的想法，暴露学生的思维过程，最后进行几种方法的比较分析，得出解决问题的方法。学习过程中学生凭借学习和生活的经验感受，自己主动地探索发现，充分发表自己的见解，获取解决问题的方法，在用百分数的知识分析数据、研究现实问题的过程中学习、理解和发展数学，逐步学会用数学的思维方式去观察和分析现实社会。

3. 营造民主、宽松的教学氛围，建立平等、合作的师生关系。

和谐的教学气氛、平等的师生关系能激发学生的学习热情,提高学生探索知识过程中的主动参与度,激发学生的创造潜能。本节课教学中,教师努力摆正自己的位置,教师不仅关注教师怎样教,更关注学生怎样学,运用讨论式进行教学,在平等、民主、和谐的学习氛围中学生的主体地位得到充分体现。教师在学生探究知识的过程中经常走下讲台,成为学生小组中的一员,起到了引导者、参与者、帮助者的作用。在学生探究知识过程中,教师注意营造民主、宽松的教学氛围。鼓励学生充分发表自己的意见,学生有错时也并不急于打断学生批评责备,如学生解决问题时出现了"(56－22)÷105,(56－22)÷22"等错误的算式,教师让学生说说自己的想法,充分暴露学生的思维过程,让学生在交流的过程中"悟"出错误的原因,进而自我否定。而学生在学习过程中出现一些闪光点,教师及时给予肯定和赞扬,使学生获得成功的体验。这样做有利于学生自己领悟知识,有利于保护学生探索知识的积极性,有利于学生主体作用的发挥,有利于学生创造性思维火花的闪现,学生在民主宽松的教学氛围中学习潜能和创造欲都得到充分的发挥。

4. 需要进一步研究的问题。

本节课在改革传统的应用题教学方式上进行了大胆的尝试,并在学习材料的选择和使用、探索性的学习方式等方面取得了一定的突破,但还有一些问题需要我们进一步研究。这些问题也是我们当前应用题教学研究中碰到的困惑的问题:如有的教学内容很难在现实生活中找到生活的原型,我们认为可以进行纯数学问题的研究,但如何处理这类应用题的"实践性"、"应用味"?在引导用探索性的学习方式进行学习过程中,有时会碰到知识技能目标与发展性目标之间难以两全的"两难"问题,我们该如何处理两者之间的关系,如何在落实知识技能目标的基础上拓展发展性领域的目标。

（十六）列方程解应用题[*]

> **教学设想**

1. 力求体现以学生为本的课堂教学理念。

考虑到学生已有了列方程解应用题和用算术方法解答这类题的经验，本节课总体教学思路是：淡化教师教的痕迹，突出学生学的过程。新课的导入和展开先让学生自己尝试解决。这样设计，一方面便于教师了解学生对于本节课的掌握情况，找准教学起点；另一方面，有利于培养学生学习的主动性。

2. 试图突破传统的应用题教学模式。

一是改变呈现方式。传统应用题例题的呈现，一般是在复习铺垫的基础上，通过改变准备题的条件或问题，出示课本例题，而本节课通过让学生选择信息提出问题的方式使复习题、例题和尝试练习整体呈现。

二是恰当运用线段图。传统的例题教学基本上就遵循了这样一条呈现途径：从读题——分析条件问题——列式解答——说解题思路。线段图总是在读题、分析条件问题时出现。实际上线段图仅仅是学生理解数量关系可以凭借的手段之一，也并不是所有学生的解题都要依赖于线段图。学生是有差异的，所以本节课就把线段图的出示放在学生尝试解答之后，以帮助学习有困难的同学能直观地看到题中的数量关系，以更好地体现线段图的优势。

3. 重视暴露学生获取知识的思维过程。

---

[*] 此课曾获全国第五届课堂教学观摩课评比一等奖，由宁波市宁海城中小学刘永宽老师执教。本文发表于《小学数学教育》2001年第7、8期。

本节课力求让学生去发现和概括出规律性的知识。无论在体会列方程解应用题的优越性，还是在多种方程的择优上，都尽量让学生自己体验。使他们在分析对比中，探索规律，在探究知识的过程中发展学生思维的创造性。十分珍惜学生解题过程中出现的错误，课前有足够的估计，课中给予足够的时间分析和纠正错误。

教学过程

一、呈现信息，提出问题

师：刘老师昨天到了市少年宫，少年宫的老师告诉我，为了培养同学们的兴趣和特长，组织了许多兴趣小组，其中有舞蹈队，合唱队。（课件出示）（1）舞蹈队有20人，（2）合唱队有69人。根据这两条信息，你想到了什么数学问题？

根据学生的回答，课件演示。（3）合唱队的人数比舞蹈队的3倍多9人。（4）合唱队的人数比舞蹈队的4倍少11人。

师：现在有4条信息了，能不能选取其中两条，提出一个问题。

反馈，课件演示。

（1）少年宫舞蹈队有20人，合唱队的人数比舞蹈队的3倍多9人，合唱队有多少人？

（2）少年宫舞蹈队有20人，合唱队的人数比舞蹈队的4倍少11人，合唱队有多少人？

（3）少年宫合唱队有69人，合唱队的人数比舞蹈队的3倍多9人，舞蹈队有多少人？

（4）少年宫合唱队有69人，合唱队的人数比舞蹈队的4倍少11人，舞蹈队有多少人？

二、探索尝试，总结规律

1. 师：同学们提出了4个问题，前两个问题会解答吗？试试看。（学生解答）

反馈（略）

2. 师：第三个问题想试一试吗？请列式解答。（学生解答）（课件演示放大第三题）

反馈。

师：谁来说说？

根据学生的回答形成板书：

$(69-9) \div 3$ 解：设舞蹈队有 x 人。

$69 \div 3 - 9$ $3x + 9 = 69$ $69 - 3x = 9$

                  $3x = 69 - 9$ $(69-9) \div x = 3$

3. 师：每位同学来说说你们这样列式的理由好吗？

学生说思路。

当学生说到 $(69-9) \div 3$ 时，出示线段图，帮助理解数量关系。

当学生说到 $69 \div 3 - 9$ 时，重点引导学生说一说 $69 \div 3 - 9$ 表示什么，以帮助学生找到错误的原因。

当学生说到 $3x + 9 = 69$ 时，要求学生说出是根据怎样的相等关系来列方程的。并用课件演示闪烁与 x、$3x$、9、69 相应的线段图。并要求同桌说说。

板书： 舞蹈队人数的3倍 + 9 = 合唱队的人数

让学生说说其他方程的相等关系。

完成例4板书，并检验。

师：解答这道题你喜欢用算术方法还是方程方法？为什么？

4. 揭示课题，指导看书。要求边看边思考：列方程解这样的应用题要你分几步进行？还有不理解的吗？

5. 要求学生列方程解答第四题。

6. 小结。强调：列方程最关键的是什么？

三、运用规律，解决问题

1. 专项训练（大屏幕出示）：说说下列各题之间的相等关系。

(1) 红毛衣的件数比蓝毛衣的 2 倍还多 13 件。

(2) 一只麻雀的体重比一只蜂鸟的 50 倍少 2 克。

(3) 买 3 个篮球比 4 个排球多花 5 元。

2. 尝试解决问题。

师：在实际生活中，有好多这样的问题。下面我们用学到的知识解决这样的一些实际问题。刘老师这次来这里了解到很多信息，其中有一个经济信息。淄博市是全国著名的五大陶瓷生产基地之一，去年陶瓷产品有 4.3 亿件。有一个专门生产瓷玩具的陶瓷厂去年生产瓷玩具 38 万件。（边说边用大屏幕出示）

淄博某陶瓷厂去年生产瓷玩具 38 万件，比前年的 4 倍还多 2 万件，前年生产瓷玩具多少万件？

反馈时着重讲解列方程的方法。

3. 独立解决问题。

师：刘老师还了解到一条教育信息和文化信息。（大屏幕出示）

(1) 学校五年级学生人数比一年级的 2 倍少 50 人，五年级有 350 人，一年级有多少人？

(2) 书店有科技书 495 本，连环画 576 本，科技书比故事书的 4 倍还多 47 本，故事书有多少本？

（学生练习后，强调在实际生活中，我们要选择信息解决问题。）

4. 改错练习。

师：刘老师班上的同学也曾经用列方程的方法解决一些实际问题，请大家检查一下，哪些是正确的？

(1) 学校饲养小组今年养兔 25 只，比去年养的 3 倍少 8 只，去年养兔多少只？

解：设去年养兔 x 只。

　　　① $3x-8=25$　　② $3x+8=25$

(2) 买 3 枝钢笔比买 5 枝圆珠笔要多花 0.9 元，每枝圆珠笔的价钱是 0.6 元，每枝钢笔多少钱？

解：设每枝钢笔 x 元。

① $3x - 0.6 \times 5 = 0.9$ ② $3x + 0.9 = 0.6 \times 5$

③ $0.6 \times 5 - 3x = 0.9$

(学生练习后反馈时，针对第（1）题提问：如果方程②正确的话，题中的条件要怎样改变？)

四、课堂小结，课后延伸

师：今天的内容学完了，通过今天的学习，你感受最深的是什么？

学生答（略）

师：同学们学得很不错，刘老师很想和大家交朋友，你们愿意吗？我们先相互了解一下。刘老师今年 40 岁，请你补充一个条件，让我通过列方程能知道你的年龄。

其他同学请你回家根据你、你爸爸、爷爷或外公的年龄补上条件，做一做猜年龄的游戏，能列方程解答的同学肯定是刘老师的朋友，刘老师的电话是：0574—5563918。

（十七）百分数的综合应用*

"百分数的综合应用"一课，是人教版五年制小学数学教材第十册的一节单元复习课。本课设计三个层次引导学生在应用中进行复习：一是简单百分数应用题的应用和复习；二是稍复杂百分数应用题的应用和复习；三是百分数的综合应用。在本课的教学设计中，我们尝试以"中庸"的思想来处理"教"与"学"的关系，力图体现"以人为本"的教学理念，企望"教"与"学"的双赢。

教学设想

一、在教师的主导下发挥学生的主体作用

教师的主导作用和学生的主体作用是课堂教学中一对永恒的矛盾。强调在课堂教学中充分发挥学生主体作用，不是说教师在课堂中可以无所作为，而是从另一个角度对教师如何发挥主导作用提出了更高的要求。本课的设计将教师定位为：学习路径的引导者、学习材料的提供者、学习活动的组织者。通过提供"人体血液占自身体重的百分比"和"头长占身高的百分比"的材料，组织学生复习简单的百分数应用题；通过提供"本次会议江西和浙江听课教师人数"和"练市至南昌路程"等材料，组织学生复习稍复杂的百分数应用题；通过提供"练市小学概况"和"建新校运沙子"等材料，组织学生进行综合应用。为学生构建了由浅入深、由易到难，较为完整的复习路径，并以上述材料为载体，组织学生展开学习活动，自主解决有关百分数的问题。试图"在教师的主导下发挥学生的主

---

* 此课曾获华东六省一市第六届课堂教学观摩活动一等奖，由湖州市南浔练市小学范新林执教。本文作者是杨海荣和范新林。

二、典型课例的实践与反思

体作用"。

二、在落实"双基"的基础上渗透应用性和开放性

理解和掌握数学的基础知识和基本技能,在任何时候都是数学教学的首要任务。在此基础上再适当渗透应用性和开放性,以培养学生的应用意识和解决实际问题的能力,也是本课的教学设想之一。本课用一、两个教学环节,以较多的教学时间进行"简单和稍复杂的百分数应用题"基本解答方法的复习和整理,意在巩固其基础知识和基本技能。教学本课中所提供的学习材料都来自于现实生活,是学生感兴趣或所熟知的,使学生感受数学与生活的密切联系,体会数学的应用价值。同时还设计了一些开放题,以体现数学教学的开放性,培养学生解决实际问题的能力,如:解决"练市至南昌的路程问题",引导学生用多种方法解答,可视为方法的开放;根据"练市小学概况",除直接获知信息外,还能知道什么?请学生自由提出最想知道的问题,可视为问题的开放;请学生为练市小学"建新校运沙问题"设计不同的运沙方案,并说明设计理由,可视为策略的开放。

三、在引导学生合作学习的同时给予独立思考的时空

在课堂教学中有效地组织学生开展合作学习,有利于培养学生团队意识和交往能力。且在目前教班级学额普遍较多的情况下,对扩大学生学习活动的参与面,提高课堂教学效率,合作学习不失为一种有效的教学组织形式,但同时应给予学生独立思考的时空。用"以人为本"的理念来观照数学教学,独立思考是一个人获得持续发展所必需的一种能力。而数学学习从某种程度上可以说是一种个体的劳动,所以在数学课堂教学中,应给予学生一定的独立思考的时空。本课在组织学生复习"稍复杂的百分数应用题"时,设计了"先独立思考,再合作学习"的教学环节:(1)每人独立解决教师给出的四个问题。(2)反馈合作:交流解答方法、互说解题思路等。以体现上述教学设想。

四、在生动有趣的情景中展开科学严密的数学训练

数学作为一门科学,具有严密、抽象的特点,对小学生来说可能是枯燥乏味的。但数学作为一门学科,应让学生觉得是可亲可近、生动有趣的。故我们在本课的学习材料组织和教学过程安排时,设计了"让学生计算自己血液的重量"、"误导学生根据12岁少年头长与身高的百分比计算老师的身高"等环节,故设疑阵,适时幽默,力图创设生动有趣的教学情景,让学生在轻松自然的氛围中掌握有关数学知识。

课堂实录

一、揭示课题

今天这节课,老师准备与同学们一起应用百分数的知识来解决一些实际问题。(出示课题:百分数的综合应用)

二、基本练习

师:老师想向大家了解一些情况,你们愿意提供吗?(生:愿意。)你的身高是多少?你的体重是多少千克?(生分别回答自己的身高和体重)

师:你知道自己体内大约有多少千克的血液在流动吗?(生茫然并窃窃私语)

师:你们称过吗?(生:没有)能称吗?(生:不能)

师:是呀!称体内的血液?这不要了大家的命了(众人笑)。所以老师去查了一些资料,找到了一个科学研究的结果。(课件出示:人体中血液的重量约占体重的7%)现在能知道吗?

学生根据自己的体重来计算体内的血液重量。

反馈。

生:我的体内有4.7千克的血液。

师:是怎样计算的?

生:用自己的体重乘7%。

师：你们都是这样来算的吗？

生：是。

(学生讲述计算过程，教师板书算式。)

师：对呀！用这样一条简单的百分数知识就可以解决体内血液的重量问题，其实类似的问题在我们身上还可以找到许多，比如说：12岁左右的少年，头高占自己身高的14.28%。(课件同步出示)你能知道什么？

生：能知道自己的头有多高。

师：你想知道自己的头高吗？(生：想)请算一算吧！(学生计算，师巡回。)

反馈。

生$_1$：我的身高是155厘米，头高就是 $155×14.28\%=22.134$ 厘米。

生$_2$：我的身高是141厘米，头高就是 $141×14.28\%=20.13$ 厘米。

……

师：与上面同学的计算结果比较一下，我们的头高都一样吗？为什么？

生：头高不一样，是因为身高不相同。

师：老师的头高是21.7厘米，你能帮老师算算身高吗？(课件同步出示)

(学生计算，师巡回。)

反馈。

生：老师的身高是 $21.7÷14.28\%=151$ 厘米。

师：都一样吗？(生：一样)噢，老师谢谢你们啦！(个别学生开始举手)你想说什么？

生：不对，这里是12岁左右的少年头高是身高的14.28%，老师是成年人了。

师：讲得有道理，人在各个不同的生长时期，头高与身高的百分比是不相同的，老师忘了告诉大家了。

课件出示人在各个生长时期头高与身高的百分比：

> 1. 胎儿的头高约占身高的 33.3%
> 2. 婴儿的头高约占身高的 25%
> 3. 12 岁左右的少年，头高约占自己身高的 14.28%
> 4. 成人的头高约占身高的 12.5%

师：请你选择合适的条件，再为老师算算身高。（学生计算）

生：老师的身高应该是 21.7÷12.5%＝173.6 厘米。

师：大家一样吗？（生：一样）这还差不多，虽然第一次计算身高时选择的条件是错误的，但是思考的方法是（生：正确的）。

小结：我们用百分数的知识，能解决这些问题，你还知道日常生活中哪些方面也经常用到百分数的知识？

生：商店打折的折扣。

生：银行的存款利率。

生：小麦的发芽率。

生：产品的合格率。

……

三、巩固深化

师：看样子，百分数的知识作用可不小啊！老师也收集了一些这方面的材料。这些问题你们有信心解决吗？（生：能）如果在解决过程中碰到困难可以同桌讨论，也可以向老师求援，能用多种方法解决那就更好了。

课件出示：

(1) 某班有男生 25 人，女生 20 人，男生人数比女生多百分之几？

(2) 根据会务组统计，本次活动浙江省参加听课的老师约 130 人，比江西省参加的老师少 90%。江西省参加听课的老师有多少人？

(3) 小明家刚买了一套新房，向银行贷款 40000 元，月利率是

0.466%，期限一年，到期时应付利息多少元？

（4）如右图，练市到南昌的总路程约是985千米，其中练市到杭州约占总路程的10%，老师坐汽车从练市到杭州用了2小时。照这样计算，从练市到南昌要多少小时？

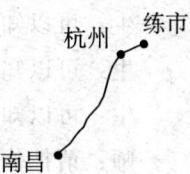

学生独立练习，师巡回指导。

反馈讲评：

（1）反馈时提问：为什么除以20，而不除以25呢？还有其他方法吗？

（2）反馈时提问：你是怎样思考的？

（3）反馈时提问：利息如何算？12从哪里而来？

（4）解法一：985÷（985×10%÷2）=20（时）。

师：你是怎样思考的？

解法二：2÷10%=20（时）

师：这样简单，你给大家解释一下好吗？

生：路程是全程的10%，在速度不变的情况下，那么从练市到杭州所用的时间应是全部时间的10%。

师：从刚才的练习中可以体会到解决这些问题的方法是多种多样的，那么在解决百分数的问题时，你们一般是怎样来思考的呢？

（学生讨论，同组互说。）

归纳小结：一般是先找关键条件，确定单位"1"的量，再根据具体情况进行分析。

四、综合应用

应用1：

练市小学创办于1920年，已有80多年的历史。创办初期只有13位教师，8个班级，而现在已有25个班，占地8400平方米，其中绿化面积占总面积的20%，学校教师数比创办初期增加了400%，现在在校学生1220人，相当于创办初期的488%。

师：根据这些情况，你还能知道一些其他的问题吗？

生：可以知道练市小学现在有多少位教师。

生：可以知道练市小学的绿化面积是多少。

生：可以知道练市小学创办初期有多少学生。

师：请把你最想知道的问题计算出来。

反馈：

师：（指着 $8400×20\%=1680$ 平方米）能给大家说一说你算的是什么吗？

生：我算的是绿化面积有多少平方米。

师：指着"$13×(1+400\%)=65$（人）"你猜一猜他算的是什么？

生：他计算的是现在学校教师的人数。

师：还有其他的吗？

生：（指着 $25÷8=312.5\%$）我算的是练市小学现在的班级数相当于原来的百分之几？

师：讲的真不错，从这里我们可以看出练市小学在不断地发展，为了给我们同学提供更好的学习环境，我校正在新建一座现代化的新校。（出示新校设计效果图）建新校需运沙，你们能不能为我校解决运沙问题？

应用2：

有62吨沙子准备运往建校工地，甲乙两人都想承运这批沙子。

甲说：我有一辆载重10吨的大卡车，每次运费200元。如果这些沙子全部由我运，运费可以打九折。

乙说：我有一辆载重4吨的小卡车，每次运费90元。如果这些沙子全部由我运，运费可以打八五折。

师：根据这样的情况，请你们设计几种不同的运货方案，并算出总运费。（同桌合作）

生：我们决定全部由甲运：总运费是：$62÷10≈7$ 次；$7×$

200×90％＝1260 元

生：我们决定全部由乙运：总运费是：62÷4≈16 次；90×16×85％＝1224 元

生：我们决定由甲乙合运：甲运 5 次，乙运 3 次，总运费是：5×200＋3×90＝1270 元。

师：你怎么会想到由甲运 5 次，乙运 3 次呢？

生：这样运可以不运半车的，效率比较高。

师：上面有三种不同的运货方案，你们最喜欢哪一种方案？请说明理由。

生：我喜欢第二个方案，运费比较省。

生：我喜欢第三种方案，同时合运比较快。

……

课后反思

反思"百分数的综合应用"的课堂教学实践，我们认为，本课基本达成了教学设想所期望的目标，但也有不少值得反思的问题，主要有以下几点：一是教学设计未能充分估计到当地学生的实际。在复习"稍复杂百分数应用题"时，提供的学习材料过多，致使学生未能在预定的时间内完成学习任务，从而造成课堂教学时间分配不甚合理。即基础知识、基本技能部分复习花时过多，而综合应用部分（特别是设计运沙方案）未能充分展开，草草收场。二是教师的主导作用失当。基于上述课堂教学实际，教师应充分发挥主导作用，临场调控教学进程，合理调配教学时间。这也反映出教师的临场应变能力有待进一步提高。三是教学材料的组织与选择在符合数学知识需要的同时，也应符合实际生活的一般情理。如教师在引导学生用"12 岁少年的身高与头长的百分比"计算老师的身高时说："老师只记得自己的头长而忘记了自己身高"，显然有违生活情理，也说明教师的课堂教学用语的随意性，应加以克服。

主要参考文献

1. 张祖忻等编著:《教学设计——基本原理与方法》,上海外语教育出版社,1992年版。
2. R.M.加涅著,皮连生等译:《学习的条件与教学论》,华东师范大学出版社,1999年版。
3. R.M.加涅等著,皮连生等译:《教学设计原理》,华东师范大学出版社,1999年版。
4. 盛群力、李志强编著:《现代教学设计论》,浙江教育出版社,1999年版。
5. 李蔚、祖晶著:《课堂教学心理学》中国科学技术出版社,1999年版。
6. 麦曦主编:《教学设计的原理和方法》,新世纪出版社,1996年版。
7. 周玉仁主编:《小学数学教学论》,中国人民大学出版社,1999年版。
8. 《全日制义务教育数学课程标准(实验稿)》,北京师范大学出版社,2001年7月版。
9. 陶志琼等译,《透视课堂》,中国轻工业出版社,2002年1月版。
10. 罗静等译,《讨论式教学法——实现民主课堂的方法与技巧》,中国轻工业出版社,2002年1月版。
11. 中国教育学会小学数学教学专业委员会、中国小学数学教学编辑部编,《九年义务教育全日制小学数学教学大纲20讲》,辽宁大学出版社,1992年12月版。
12. 柯孔标著,《教学评价》,知识出版社,1999年6月版。
13. 钟启泉等主编,《基础教育课程改革纲要(试行)》解读,华东师范大学出版社，2001年8月版。

14. 包国庆著，《论课堂系统》，广西教育出版社，1992年6月版。

15. 张卫国，知识经济时代与小学数学教育改革/《小学数学教育》1999年第1、2期。

16. 张卫国，认真学习邓小平教育理论，推进小学数学素质教育/《小学数学教育》2000年第1、2期。

17. 叶澜，让课堂焕发出生命活力/〈教育参考〉1997.4。

18. 郑俊选，使学生成为课堂学习的主人/〈小学数学教育〉2000年第11期。

19. 辛涛、林崇德，教师教学监控能力发展/《中国教育学刊》1999年第3期。

20. 斯苗儿，试谈优化课时教学内容的原则与策略/《小学数学教育》1998年第10期。

21. 斯苗儿，对当前小学数学课堂教学评价的几点思考/《小学数学教育》2000年第4、5期。

22. 斯苗儿，今天，我们该怎样备好一节课/《小学数学教育》2002年第1、2期。